全面抗战时期后方工业发展及其长期效应

The Rear-area Industrial Development and its Long-term Effect during the Anti-Japanese War

王 鑫 著

中国社会科学出版社

图书在版编目（CIP）数据

全面抗战时期后方工业发展及其长期效应／王鑫著．—北京：中国社会科学出版社，2021.4
ISBN 978-7-5203-8218-2

Ⅰ.①全… Ⅱ.①王… Ⅲ.①工业史—研究—中国—1931-1945 Ⅳ.①F429.06

中国版本图书馆 CIP 数据核字（2021）第 063292 号

出 版 人	赵剑英
责任编辑	吴丽平
责任校对	季　静
责任印制	李寡寡

出　　版	中国社会科学出版社
社　　址	北京鼓楼西大街甲 158 号
邮　　编	100720
网　　址	http://www.csspw.cn
发 行 部	010-84083685
门 市 部	010-84029450
经　　销	新华书店及其他书店
印　　刷	北京君升印刷有限公司
装　　订	廊坊市广阳区广增装订厂
版　　次	2021 年 4 月第 1 版
印　　次	2021 年 4 月第 1 次印刷
开　　本	710×1000　1/16
印　　张	17.5
插　　页	2
字　　数	270 千字
定　　价	89.00 元

凡购买中国社会科学出版社图书，如有质量问题请与本社营销中心联系调换
电话：010-84083683
版权所有　侵权必究

出 版 说 明

为进一步加大对哲学社会科学领域青年人才扶持力度，促进优秀青年学者更快更好成长，国家社科基金2019年起设立博士论文出版项目，重点资助学术基础扎实、具有创新意识和发展潜力的青年学者。每年评选一次。2020年经组织申报、专家评审、社会公示，评选出第二批博士论文项目，按照"统一标识、统一封面、统一版式、统一标准"的总体要求，现予出版，以飨读者。

全国哲学社会科学工作办公室
2021年

序

王鑫博士著《全面抗战时期后方工业发展及其长期效应》一书是在他的博士学位论文《全面抗战时期的后方工业发展及其长期效应——一个量化历史研究》基础上修改完成的。

回顾百余年中国近现代史,从鸦片战争到新中国成立,历经19世纪西方资本主义列强炮舰打开国门抵御外辱的鸦片战争、20世纪初推翻传统帝制后军阀割据的北伐战争、1931年开始的14年抗日战争,以及之后的解放战争,中国近代经济在内忧外患的战乱中曲折发展。因此,战争时期的经济发展是中国近代经济史研究的重要领域,也是中国近代经济史研究的难点所在。

王鑫本科和硕士所学专业都是应用经济学,博士阶段他选择了理论经济学,入学随我攻读经济史专业博士学位,他执着于经济学理论在经济史研究中的运用,先完成了几篇小论文作为尝试。博士学位论文选题时,我建议他做抗日战争时期的工业内迁与战后重庆经济发展之间的关系研究。主要是考虑:其一,重庆作为抗日战争时期的陪都,对战时经济研究具有典型意义;其二,国内外史学界与重庆当地的学者对抗战史资料的挖掘已经很丰富,为经济学的研究分析积累了非常好的资料基础;其三,重庆作为中国西南部的直辖市,对它经济发展的历史基础进行研究对西部开发具有很强的现实意义;其四,他是重庆人有地利之便。选题方向确定之后,王鑫广泛梳理了以重庆为中心的抗战史资料、国民政府的经济发展计划等,他的学术视野从战时重庆经济的案例研究扩展到新中国成立后第一个五年计划时期的"156项目"和60年代的"三线建设",将研究的视角放大到战时经济与长期经济发展的关系,最终确定《全面抗战时期的后方工业发展及其长期效应——一个量化研究》作为博士学位论文题目。这篇学位论文在同行专家(匿名)评审中得到五位评审专家的一致肯定,获得全A的评审结果,先后获得2019年南开大学优秀博士论文和2019年天津市优秀博士论文,入选2020年国家社科基金优秀博士论文出版项目。

《全面抗战时期后方工业发展及其长期效应》与以往抗日战争研究的论著相比,有以下几点不同之处:

第一,经济学的研究视角。经济学的研究大多集中于和平时期的经济发展,而非常时期——战争时期的经济发展研究因为有很多不确定性因素和资料的不完整等困难而关注度较低。中国抗日战争史的研究是从历史学开始的,从经济学的视角研究和分析抗日战争史的研究不多见,王鑫的《全面抗战时期后方工业发展及其长期效应》以全面抗战时期大后方的工业发展状况以及战争对经济的长期影响为研究目标,扩展了抗日战争史研究的视野,拓展了中国经济史和经济发展的研究领域。

第二,历史资料丰富。该研究在前人对抗战史已有研究的基础上,充分挖掘和梳理档案和历史文献资料,并对南京国民政府重工业五年计划、三年计划以及内迁工作计划、1933年《中国工业调查报告》、《后方工业概括统计(1942)》等数据资料进行整理,丰富了抗日战争史研究的文献资料。

第三,对比较优势战略进行反思,提出抗战时期的工业基础可以通过改变初始经济条件和吸引人口迁移来影响长期经济增长的新结论。该书在描述事实的基础上,运用1933年《中国工业调查报告》的统计数据,核算了206个细分行业的技术效率值;根据国民政府经济部编制的《后方工业概况统计(1942年)》《后方重要工矿产品第一次统计》《后方重要工矿产品第二次统计》《后方工矿资金研究(1943年)》以及《中华民国统计年鉴》、谭熙鸿主编的《十年来之中国经济》、陈真等编《近代工业史资料》等相关统计数据,测算了战时后方工业的集聚情况;用全面抗战时期后方各省的统计年鉴数据,构建了一套战时工业企业分布的县域数据,并将其和2000年各县的经济统计数据相匹配,通过计量模型来验证抗战的工业遗产所带来的长期影响,对比较优势战略进行了反思,认为大后方在战时的工业结构明显是违背其比较优势的,然而从长远来看,这种产业政策却可能带来正向效应;对落后国家或地区而言,要想实现工业化,国家主动干预经济仍是一个可能的选项;当然,如何避免国家干预经济过程中的政府失灵,将会成为我们面临的另一个问题。

第四,史论结合,是一项建立在扎实的历史事实基础上的实证研究。关于计量分析方法在经济史中的运用,吴承明先生认为:"计量经济学是以函数关系代替事物间的相互关系,从历史研究说,就是只见事物的演进过程,看不见整体结构性的变化。总之,计量经济学方法用于经济史研究,其范围是有限的。在这个范围内,我主张要用它来检验已有的定性分析,而不宜用它创立新的论点。"[①]《全面抗战时期后方工业发展及其长期效应》运用比较优势理论和计量方法,定性与定量分析相结合,研究的结论建立在坚实的史料基础上,较好地发挥了计量分析对定性分析的补充作用。如果说运用经济学理论解读经济发展的历史是经济史研究的初级目标,而通过对经济发展历史的经济学分析,检验和发展经济学理论的适用性则是经济史研究的终极目标,该研究是这一目标的一项实践成果。

第五,战争是政治的继续,工业革命以来,在资本主义的发展中为瓜分世界资源(原材料和产品市场)先后爆发了两次世界大战,后发展国家在经济现代化的过程中遭遇了不同程度的侵略和掠夺,由于自然环境条件和历史发展过程中形成的文化差异,后发展国家现代化的道路不尽相同,但是后发展国家实现工业化过程中政府的决定性作用是不容置疑的。该书对政府与市场的关系、比较优势发展战略等重要理

[①] 吴承明:《经济史:历史关于方法论》,上海财经大学出版社2006年版,第248页。

论问题的探讨,对当今世界经济发展,对中国特色社会主义发展道路的探索都具有重要的学术价值和理论意义。

最后,要说一个老生常谈的问题,即学术研究的创新与规范问题。任何的理论和方法都是在一定的历史条件下,为解决某一个或者某一类问题而产生,有其内在的逻辑和规范,包括概念、范畴,前提条件和约束条件等,而后来的使用者能否成功地运用在于对研究对象的把握和理论方法的熟悉程度,使用得当,对研究成果锦上添花,而使用不当,甚至望文生义随意"创造"一些概念而谓之"创新"令人尴尬。

任何一项学术研究的成功与否取决于两个基本因素:一是对研究对象的熟悉和了解的程度,二是对所用相关理论和方法的驾驭程度。只有对研究对象有充分的了解,才能选择正确的理论与方法;而对理论的精通和方法的熟练才能正确地使用和自如地驾驭。一如一名医术高超的医生,充分了解病人病症的来龙去脉之后,运用医学理论与从医的经验给出诊断,才能开出有效的药方,达到药到病除或减轻症状(不是所有的病症都可以根治)的疗效。做一个好学者的前提在于要有一颗对学术的敬畏之心,肯为之付出气力、下苦功夫做扎实的资料收集与梳理的工作,而不是心浮气躁的一蹴而就。

《全面抗战时期后方工业发展及其长期效应》作为一项经济史研究成果,受资料取得等各种因素的影响,还有许多有待完善之处,西部经济发展也还有很多有待深入研究的课题,期待王鑫在此基础上有更多深入研究的优秀成果。

王玉茹
2021 年元月于南开园

摘　　要

本书研究了全面抗战时期大后方的工业发展状况以及由此带来的长期影响。"七七事变"后,东部沿海省、市的工业企业大量迁往西部地区,开启了大后方经济的"黄金时代"。利用各种档案资料,首先梳理了全面抗战以来工业企业内迁的历程,然后在一系列统计数据的支撑下对后方工业的发展状况进行了分析和评价,最后通过计量模型考察了战时后方工业所带来的长期效应。本书的主要内容体现在以下四个方面。

其一,通过对当局重工业五年计划、三年计划以及内迁工作计划的分析,发现国民党政府对战争形势存在误判。在重工业计划中,湘、赣、鄂三省被列为核心区域,内迁计划中武汉成为首选目的地。然而,全面抗战爆发以后,上述三省很快沦于日军的炮火之下,四川、云南等西部省区成为后方真正的中心。对形势的误判导致内迁工作在仓促中进行,增加了转移中的经济损失。

其二,利用1933年《中国工业调查报告》的统计数据,核算了206个细分行业的技术效率值,发现以劳动密集型为特征的轻工业相对来说更具生产效率。这一结果也解释了为什么在缺乏政府干预的情况下(表现为更少的公营企业),经营轻工业的私有企业有着更好的发展。全面抗战爆发以后,为应对战争的需要,政府开始更多地干预经济,后方省市的重工业才得以在这一时段发展起来。这一史实告诉我们,若想违背比较优势发展重工业,国家的主动干预将是必不可少的。

其三,根据《后方工业概况统计(1942年)》的相关数据,测算了战时后方工业的集聚情况。计算的空间基尼系数值仅为0.055,这意味着战时各产业的集聚度较低,区域分布相对均匀。相比空间基尼系数,θ指数考虑了不同企业的规模特征,用该指标计算的产业集聚度也高于空间基尼系数。然而在细分行业的排序上,两个指标提供了足够的共识,即杂项工业、冶炼工业和金属品工业的集聚程度普遍较高,而机器制造工业、纺织工业和化学工业等对后方工业贡献较大的重要行业其区域集聚程度则相对较低。为衡量后方各地区行业的专业化水平,测算了熵指数和Krugman指数,其结果表明后方省份的专业化程度普遍较低。绝对指标方面(熵指数),湖南、广西和四川的专业化程度最低;相对指标方面(Krugman指数),甘肃、江西和四川的专业化程度则是最低的。

其四,利用全面抗战时期后方各省的统计年鉴数据,构建了一套战时工业企业分布的县域数据,并将其和当下各县的经济统计数据相匹配,通过计量模型来验证抗战的工业遗产所带来的长期影响。其回归结果表明,在抗战时期拥有工业企业数量越多的县,在新中国时期的经济发展水平也越高,不过该效应随时间推移逐渐减弱。在进行了一系列稳健性检验后,该结论依然稳健。进一步地,还发现历史上工业投资越高的地区,当下的工业化程度也越高,但工业企业的生产效率并没有显著差别;历史上拥有更多工业投资的地区在当下能够吸引更多的人口迁入,同时拥有更高的城市化率。

与过去历史学的研究方法不同,本书的研究更加注重量化分析,期望通过客观的数据来描述全面抗战时期后方工业的发展状况,增强定性分析结论的科学性和可信度。在研究视角方面,与以往研究的不同之处在于:已有的历史学文献多关注事实的考证,而本书的研究则在描述事实的基础上,通过对统计数据的量化分析进一步增加了对后方工业所带来长期影响的讨论。研究结论反思了比较优势战略。大后方在战时的工业结构明显是违背其比较优势的,然而从长远来看,这种产业政策却可能带来正向效应。对落后国家或地区而言,要想实现工业化,国家主动干预经济仍是一个可能的选项。

当然,如何避免国家干预经济过程中的政府失灵,将会成为我们面临的另一个问题。

关键词:抗日战争;企业内迁;后方工业;量化历史

Abstract

This paper studies the industrial development of the rear area during the Anti-Japanese War and its long-term influence. After the July 7 Incident, the industrial enterprises in the eastern coastal provinces and cities moved to the western region in large numbers, which opened the "golden age" of the rear area economy. Using all kinds of archival materials, the paper first combed the internal migration of industrial enterprises since the War of Resistance against Japan. Then, supported by a series of statistical data, the development of rear industry is analyzed and evaluated. Finally, the long-term effect of rear industry in wartime is investigated through econometric model. The main work of this paper is as follows.

Firstly, through the analysis of the authorities' five-year plan for heavy industry, the three-year plan and the work plan for internal relocation, it was found that the Kuomintang government had a serious misjudgment of the war situation. In the heavy industry plan, the three provinces of Hunan, Jiangxi and Hubei were listed as the core regions, of which Wuhan topped the list. However, after the outbreak of the all-out War of Resistance, the three provinces were quickly caught under the fire of the Japanese army, Sichuan, Yunnan and other western provinces and regions became the real center of the rerarea. The misjudgment of the situation led to the internal relocation in a hurry, increasing the economic losses in the transfer.

Secondly, the technical efficiency of 206 subdivision industries was calculated by using the statistical data from the 1933 *China Industrial Survey Report*. Light industry, characterized by labor-intensive, was found to be relatively more productive. This result also explains why, in the absence of government intervention, there were fewer public enterprises and private enterprises operating light industry were with better development. After the outbreak of the all-out War of Resistance, in response to the needs of the war, the government began to intervene more in the economy, so that heavy industry in the rear provinces and cities developed during this period of time. This historical fact tells us that if we want to develop heavy industry against our comparative advantage, active state intervention will be essential.

Thirdly, according to *The Summary Statistics Rear Industry* (1942) related data, the paper calculates the agglomeration in the rear industry. Spatial Gini coefficient calculation is only 0.055, which means that the wartime industrial agglomeration degree was low, while the regional distribution was relatively uniform. Compared with the spatial Gini coefficient, the θ index considered the characteristics of different scale enterprises, which we use to calculate the degree of industrial agglomeration that is also higher than the spatial Gini coefficient. However, in the breakdown of the industry ranking, the two indicators provide sufficient consensus, that is to say, the agglomeration degree is generally high in miscellaneous industry, smelting industry and metal products industry, while the regional agglomeration degree is relatively low in machine manufacturing industry, textile industry and chemical industry and so on which were important to the contribution to the rear industry. In order to measure the rear area of specialization in the industry level, the paper calculates the entropy index and Krugman index, whose results show that the professional degree of specialization is generally low in the rear provinces. The absolute index (entropy index) is the lowest in Hunan, Guangxi and Sichuan. The relative index (Krugman index) is the lowest in Gansu, Jiangxi and Sichuan.

Fourthly, using the statistical yearbook data of the provinces in rear area during the period of the War of Resistance against Japan, a set of county data on the distribution of industrial enterprises in wartime was constructed, which was matched with the economic statistics of the current counties, and the long-term impact of the industrial heritage of the War of Resistance was verified by econometric models. The regression results showed that the larger the number of industrial enterprises in the counties during the War of Resistance against Japan was, the higher the level of economic development in the New China period was, but the effect gradually weakened over time. After a series of robustness tests, the conclusion is still robust. Further, we also found that the higher the industrial investment was in the history, the higher the degree of industrialization is now, but the production efficiency of industrial enterprises is not significantly different. Regions with more industrial investment in history can attract more people and have higher urbanization rates in the meantime.

Different from the historical research methods in the past, the research in this paper pays more attention to quantitative analysis and expects to describe the development of the rear industry during the War of Resistance against Japan through objective data, enhancing the scientificity and credibility of qualitative analysis conclusions. The difference between this paper and previous studies lies in that the existing historical literature pays more attention to the textual research of facts, while the research in this paper is based on the description of facts, and through the quantitative analysis of the statistical data, the paper further discusses the long-term influence on the rear industry. The conclusion of this paper reflects on the strategy of comparative advantage. The industrial structure of the rear area in wartime is obviously contrary to its comparative advantage. In the long run, however, this kind of industrial policy may have a positive effect. For backward countries or regions, active state intervention in the economy is still a possible option for industrialization. Of course, how to avoid government failure in the process of state intervention will be another problem we are faced with.

Key Words: Anti-Japanese War; enterprise migration; rear industry; quantitative history

目 录

第一章 导论 (1)
  第一节 问题的提出 (1)
  第二节 研究意义 (4)
  第三节 资料与概念界定 (7)
  第四节 方法与创新之处 (11)

第二章 文献综述：史实与因果 (16)
  第一节 企业内迁：组织过程、案例和评价 (16)
  第二节 产业转移与后方工业兴起 (19)
  第三节 基于计量方法的因果性研究 (25)
  第四节 评价与探讨 (31)

第三章 全面抗战前的中国工业 (35)
  第一节 战前全国工业发展概况 (35)
  第二节 战前工业的技术效率 (45)
  第三节 全面抗战前的西部工业 (50)
  小结 (55)

第四章 战时工业内迁——基本史实 (57)
  第一节 民国政府战前准备及内迁政策 (57)
  第二节 兵工企业内迁 (72)
  第三节 民营企业内迁 (77)

第四节　内迁完成与复工情况 …………………………………… (84)
　　小结 ……………………………………………………………… (88)

第五章　后方的工业发展：行业和地域 ………………………… (90)
　　第一节　战时的工业发展：行业视角 …………………………… (90)
　　第二节　战时的工业发展：地域视角 …………………………… (115)
　　第三节　产业集聚比较 …………………………………………… (127)
　　小结 ……………………………………………………………… (139)

第六章　后方工业兴起与长期经济增长：实证研究 …………… (141)
　　第一节　计量模型、变量与数据 ………………………………… (142)
　　第二节　实证模型：基准回归与稳健性检验 …………………… (148)
　　第三节　长期影响的进一步讨论 ………………………………… (157)
　　第四节　历史的耦合："三线"建设 ……………………………… (162)
　　小结 ……………………………………………………………… (176)

第七章　结论与研究展望 ………………………………………… (178)

附　　表 …………………………………………………………… (182)

参考文献 …………………………………………………………… (234)

索　　引 …………………………………………………………… (254)

Contents

Chapter 1 Introduction ··· (1)
   Section 1 Research Questions ································· (1)
   Section 2 Significance of the Research ······················· (4)
   Section 3 Materials and definitions of the concepts ············ (7)
   Section 4 Methods and innovations ·························· (11)

Chapter 2 Literature review: historical facts and causality ················· (16)
   Section 1 Internal migration: organizational processes, cases and evaluations ···································· (16)
   Section 2 Industrial Transfer and the Rise-area Industry ······· (19)
   Section 3 Causal Research based on econometrics ············ (25)
   Section 4 Evaluation and discussion ······················· (31)

Chapter 3 Chinese Industry Before the Anti-Japanese War on 1937 ·············· (35)
   Section 1 Pre-war Industrial Development Survey ············ (35)
   Section 2 Technical efficiency of pre-war industries ··········· (45)
   Section 3 Western Industries Before the Anti-Japanese War on 1937 ·································· (50)

Summary ··· (55)

Chapter 4 Industrial relocation in wartime——Basic facts ··· (57)

Section 1 Pre-war preparation and internal relocation policy of the Government of the Republic of China ·· (57)
Section 2 Internal relocation of military enterprises ············ (72)
Section 3 Internal relocation of private enterprises ············· (77)
Section 4 Completion of internal relocation and resumption ·· (84)
Summary ··· (88)

Chapter 5 Industrial development in the rear: Industry and Regions ··· (90)

Section 1 Industrial development in wartime: an industrial perspective ·· (90)
Section 2 Industrial development in wartime: a regional perspective ··· (115)
Section 3 The comparison of industrial agglomeration ········ (127)
Summary ·· (139)

Chapter 6 The Rise of Rear-area Industry and The Long-term Economic Growth ············· (141)

Section 1 Econometrical Models, Variables and Data ········ (142)
Section 2 Empirical Models: Benchmark Regression and Robustness Test ··· (148)
Section 3 Further discussion of long-term implications ······· (157)
Section 4 Coupling of History: "Three-line" Construction ····· (162)
Summary ·· (176)

Chapter 7　Conclusions and Research Prospects ············· (178)

Appendix ·· (182)

Main References ··· (234)

Index ·· (254)

第一章

导　　论

"The further backward you look, the further forward you can see. (回首越深邃，前瞻越智慧)" ——Winston Churchill

第一节　问题的提出

1945年9月2日，日本在东京湾的密苏里号军舰上签署投降书，人类历史终于翻过满是疮痍的一页。时至今日，那面反法西斯的胜利旗帜已经在大地上空飘扬了整整75年。日本和德国在此期间重新崛起为经济强国，中国也在新的世纪里创造着令人瞩目的经济奇迹。世界经济一体化的浪潮将各个国家更紧密地整合在一起，和平与发展成为新的旋律。然而，当我们并肩携手、共赴美好未来的时候，看似平静的世界实则波涛汹涌。争端的来源之一是，我们选择了不同的方式回望过去。日本首相一次又一次地参拜靖国神社，纪念带给亚洲人民无限苦难的甲级战犯。失望与愤怒随之蔓延在整个亚细亚大陆。德国总理勃兰特跪倒于犹太人遇难者纪念碑前，并发出祈祷"上帝饶恕我们吧。愿苦难的灵魂得到安宁"。全世界人民在那一刻都看到，跪下的是勃兰特，站起来的却是整个德意志。如何看待过去将决定未来你将选择怎样的生活。正如波契亚所言：今天将要结束，明天将要结束，但真正难以结束的却是昨天。然而，需要提醒的是，我们真的理解抗日战争所带来的意义吗？在那些杀戮与拼死抵抗中，除了愤怒与同情，还有别的理性的东西留下吗？如果对抗日战争的纪念仅是简单的欢呼胜利，那么该如何回应这个简单的问题："战争，有胜利者吗？"那些被带往战场，冻于荒野，曝尸于沟壑的人们；那些烽火幸存，却一生动荡、万里飘零的人们；那些所有在战争中被践踏、侮辱、伤害的人们。胜利究竟可以通过何种方式告慰他们的灵魂呢？非理性的战争实在需要理性的反思。反思战争到底带给了我们什么，历史又到底是在何种意义上塑造了我们当下的生活？

本书对抗日战争的反思在于，这一外生事件究竟对中国造成了怎样的长期影响？从经济史的角度看，前人的大量研究已表明，1937年之后，日本的侵略使得东部沿海地区的工厂内迁至西部地区，从而直接导致了西部工业在战时经历了一段少有的繁荣期。不过随着日本在1945年宣布投降，西部工业似乎又迅速走向了没落。根据《国民公报》1945年10月13日的报道：目前重庆市失业工人最少已达55000人，其中纺织业4000人，建筑业5000人，玻璃业2000人，机器业5000人，化工业4000人，其他国营工厂裁减员工约20000人。另外成都、昆明、贵阳各地失业工人也在3万人以上[①]。1946年1月，社会部劳动局报告称："重庆民营工厂还需裁减工人17000余人。"[②] 到1946年2月，经济部核准重庆停业工厂226家，裁减工人12384人[③]。抗战时期后方兴建电厂97家，1946年统

---

① 《国民公报》，1945年10月13日，转引自重庆市档案馆编《战时工业》，重庆出版社2014年版，第302—303页。
② 中国第二历史档案馆编：《中华民国史档案资料汇编〔第5辑第3编财政经济(5)〕》，江苏古籍出版社2000年版，第543页。
③ 中国第二历史档案馆编：《中华民国史档案资料汇编〔第5辑第3编财政经济(5)〕》，江苏古籍出版社2000年版，第555页。

计中情况不明者达59家之多①。迁川的400余家工厂，到1946年只剩100多家，且正常开工者又不到一半②。1947年1月，贵阳大小工厂商店有1095家倒闭③。"抗战结束，后方重要工业企业迁回东部，西部省市工业重回低谷"，这几乎是能看到的所有经济史文献关于抗战后方工业研究的共同结束语。1949年后，中国翻开了新的篇章，从断代的角度看，至此结束也似乎有可理解之处。然而，我们似乎忘了，政治或许可以呈现离散状态，但经济则一定是一个连续过程。1947年第16卷的《西南实业通讯》卷首语暗示了抗战的故事应该还有续集："八年的抗战，究竟还给西南留下了可贵的遗产，即战争已给西南普遍带来了新的工业生产方法，而人们亦不再安于落后的农村经济了。"④ 不仅是经济观念的转变，这些"遗产"在当下仍是可以被直接观察到的：战时的南洋兄弟烟草公司成了现在的重庆卷烟厂，钢铁迁建委员会所办企业改名为重庆钢铁厂，长安集团曾经的厂名是金陵兵工厂。那些在战争年代迁入和新建的兵工企业和机械企业，直接奠定了新中国时期重庆的重工业基础，使装备制造业在很长一段时期内成为该市的主导产业。南岸区因迁入了最多的工业企业⑤，在改革开放后的很长一段时间内都是重庆的工业区。沙坪坝区迁入了最多的学校⑥，今日仍是重庆的文化重镇。所

---

① 中国第二历史档案馆编：《中华民国史档案资料汇编〔第5辑第3编财政经济(5)〕》，江苏古籍出版社2000年版，第96页。
② 中国第二历史档案馆编：《中华民国史档案资料汇编〔第5辑第3编财政经济(5)〕》，江苏古籍出版社2000年版，第445页。
③ 中国第二历史档案馆编：《中华民国史档案资料汇编〔第5辑第3编财政经济(5)〕》，江苏古籍出版社2000年版，第444页。
④ 《卷头语》《西南实业通讯》1947年第16期。
⑤ 根据统计，当时有确切记载的迁入重庆的工业企业共有59家，其中机械工业36家、电气工业4家、化学工业5家、棉纺织工业7家、食品工业2家、教育工业2家、军工企业3家。后文还有关于内迁企业的详细的统计描述，此处不赘述。
⑥ 迁往沙坪坝的学校包括国立中央大学、私立南开大学经济研究所、私立中国公学大学部、国立上海医学院、国立湘雅医学院、国立中央工业职业专科学校、国立药学专科学校、兵工学校、南开中学等（重庆市教育委员会，2002）。

有这一切都清楚表明，抗日战争的冲击发挥了持久的影响，而并非像大多数文献陈述的那样在战争结束后就以衰落而告终。本书想要回答的一个问题是：战争背景下的产业转移与后方企业的新建，到底在何种程度上影响了西部地区当下的经济发展？这种影响是具有普遍意义，还是只存在于后方如重庆、贵阳、昆明等个别地区？进一步地，如果这种长期效应可以被证明具有统计上的显著性，那么其具体的传导机制又是怎样的呢？最后，作为近代以来的第一次"西部开发"，此次工业的迁建又与1949年后的"三线"建设有着怎样的联系和区别呢？短时期、大规模定向投资的大推进战略是有助于还是有碍于该地区的长期经济增长？

第二节　研究意义

工业革命改变了人类的历史。加州大学戴维斯分校的格里高利·克拉格教授甚至认为，人类历史上其实只发生了一件事，即1800年前后开始的工业革命。世界也只有工业革命之前的世界和工业革命之后的世界之分。工业化与经济增长的正向联系深深吸引着学者和政策制定者，如何推动发展中国家的经济结构转型成为发展经济学的重要命题之一。当我们探索经济繁荣的动力时，无数相互矛盾的政策被提出和践行，那些混杂的声音包括：是该强调政府的作用，通过"大推进"的投资让那些低水平地区开启工业化进程，还是说始终强调自由主义政策在经济增长中的核心作用？是坚持出口导向的战略，还是采取进口替代战略？是该让重工业优先发展还是推行符合比较优势的产业政策？现实的复杂性往往增加了我们理解政策效果的难度。一个显而易见的问题是：政策并非被随机地制定。那些有更好发展条件（如靠近港口或者有更多的人力资本等）的地区更有可能获得国家的工业投资，进一步地，某地更好的经济绩效又使其有能力去影响政府的政策选择。面对这一复杂状态，Greif（2003）的提醒或许有助于我们走出谜团：必须认识到当下的体制和经济政策是历史的产物，所以我们能够提供最好的也是仅有的政策建议就是抓住一个"新的历史"。为了促进发展，我们需要弄清楚历史是如何利用当前的体制结构的细节来证实自己的，以及我们该如何来培养其增长能力或者弱化其抑制增长的特性①。

根据新古典经济学理论，经济增长由物质资本、教育水平和技术进步决定，外生冲击会带来暂时性扰动，但经济最终会收敛到唯一且稳定的均衡增长路径上（Solow，1956；Romer，1986）。在该解释框架下，每个国家（或地区）独特的发展背景变得无足轻重，因为历史的作用无法被清晰识别。考虑一个多重均衡模型可以有效缓解这种困境（Nunn，2007），当历史事件所引发的外生冲击促使经济从一种均衡状态跳跃至另一种均衡状态时，后发国家的经济起飞便可能实现（Henrich，2004；Acemoglu 等，2011）。对许多发展中国家而言，较小的市场规模以及私人投资激励不足是导致经济停滞的重要原因（Rosenstein-Rodan，1943），因此从理论上讲，由特定历史事件带来的大规模投资有可能促使经济体完成工业化，从而进入高速发展轨道（Murphy 等，1989）。另外一种理论是比较优势发展战略。林毅夫（2004）认为，在改革开放之前，中国实施的重工业优先发展战略极大扭曲了资源配置，从而导致经济运行极度缺乏效率。1978 年以后，从重工业优先发展战略到比较优势战略的转变促成了中国的发展奇迹。林毅夫（2014）并未完全排除政府在经济发展中的作用，不过仍强调政府的产业政策应该是符合内生于该地区的要素禀赋优势的。抗战内迁同样为验证该论断提供了契机。我们想知道的是，在一个更长的历史时

---

① Bauer（1987）也有类似的看法：我们的研究常常因为忽视历史而陷入困境。在经济学的诸多领域中，我们很难说自己能够理解那些观察到的现象，除非能够知道其形成的原因。

期内,违背比较优势的发展战略是否就一定只带来了负面的影响。对于抗战开始前的西部地区而言,农业经济占据了绝对优势,因此无论从哪个角度看(人力资本、基础设施、资本规模、技术水平),后方产业的比较优势都是农业而非工业。故我们完全可以把沿海工厂的内移与后方工业企业的勃兴看作一种违背比较优势的发展过程。

实证方面,在评估历史冲击带来的长期影响时研究者们必须面对两个重要挑战:其一,历史数据的缺失阻碍了有关长期影响的量化研究;其二,内生性问题增加了因果识别的难度——那些获得外部支持的地区并非随机选择的结果。克服内生性问题的一个重要途径是寻找历史上的自然实验,中国所经历的抗日战争正好为识别产业投资的长期效应提供了可能。"七七事变"后,为保存抗战实力,东部大量工业企业内迁至西部地区[1]。战争带来了巨大的灾难,但同时也导致了一些非期然性结果:厂矿迁徙促进了战时后方的工业发展,加速了其现代化进程(江沛,2005;刘国武、李朝辉,2015)。更为重要的是,这场实业界的战略撤退并无事先详细规划[2],工厂内迁大都在战火中仓促完成,因而更具自然实验中所要求的随机性质,可以帮助识别一次巨大的工业投资(big-push)[3]是否会对落后地区的长期经济增长产生显著影响。

---

[1] 这里说的西部是一个更宽泛的概念,其更准确的含义是抗日战争时期的大后方。它不仅包括现在所认为的四川、贵州、陕西等西部省份,还包括江西、湖北、福建等省份内部的未被日军占领的西部地区。

[2] 甚至到1936年3月,国民政府仍将鄂南、赣西以及湖南列为国防工业的中心地域。全面抗日战争爆发后,民国政府虽将武汉作为东部厂矿内迁目的地,但态度并不积极。1937年10月,工矿调整委员会依然认为:"迁厂不是经济办法,如非军需急用者,以少迁为佳。如果内迁工厂太多,财政上负担太重,且各厂竞争迁移而无安插办法,将来亦必发生不良影响。"随着战事恶化,工业企业很快从武汉再次内迁,此时四川等后方省份才真正成为战时的工业中心。

[3] 很多时候,这类工业投资是违背地区比较优势的。

第三节 资料与概念界定

一 资料

（一）内迁的史料

中国第二历史档案馆于2016年出版了一套档案文献选辑，书名为《国民政府抗战时期厂企内迁档案选辑（上、中、下）》，该档案汇编包含了战时厂企内迁的各种会议记录，各行政部门的往来函电、签署的相关政策文件等。另外，重庆市档案馆编的《中国战时首都档案文献战时工业》也记载了与工厂内迁相关的档案资料。

1. 后方工业状况的史料

抗日战争开始以后，所能查找到的与工业相关的统计资料是比较丰富的①。本书所使用的资料主要有以下三种。

其一，《后方工业概况统计（1942年）》②。该资料由经济部统计处编写，是省级层面最为详尽的统计资料。该资料从行业和区域③两个维度描述了抗战中期后方工业的发展状况。所涉及的指标包括企业数量、资本额、工人数量、动力设备和产权形式（公营或是民营）等。对于比较重要的资本和工人数两个变量，该资料也详细说明了哪些行业和区域，但具体有多少企业数据不明，这有利于我们

---

① 相比之下，抗日战争之前的工业统计资料反而比较缺乏。实业部的《中国工业调查报告（1933）》是为数不多的较为详尽和规范的全国统计资料。北洋政府时期曾有过类似统计，不过所得数据仅是各地部门任意填报，而非实地调查，故其可信度较低；国民政府成立以后，工商部于1930年调查全国工人生活和工业生产情况，但调查范围仅涉及33个城市，调查项目更偏重工人生活而非工业本身。不仅如此，各地工业调查的项目参差不齐，以致很难对其加总而获得全国总数。

② 经济部统计处编：《后方工业概况统计（1942年）》，经济部统计处1943年版。

③ 其中行业包括水电工业、冶炼工业、金属品工业、机器制造工业等13个；区域则涵盖了四川、西康、贵州、云南等20个省份。在这些省份里，包含江苏、河南、福建、江西等省份的非沦陷地区。

计算出比较准确的厂均资本额和厂均工人数,以衡量后方工厂的平均规模。除此之外,《后方工业概况统计（1942年）》还提供了不同年份成立的企业数量（分行业和区域的数据都包含）以及各资本规模分组下的企业数量。更为难得的是,在13个行业大类之下,每个行业还进一步提供了某些细分行业在各个地区的统计数据①,这使我们了解后方工业行业的更多细节成为可能。

其二,《后方工矿资金研究（1943年）》②。该资料同样由经济部统计处编写,提供了后方工业企业的资产负债的相关统计数据。这些数据来自经济部统计处对1941年（有些样本是1942年）后方121家厂矿的调查。具体而言,这些数据包括资金来源、资金运用、固定资产及长期负债比、流动资产及短期负债比、产业利润五个类别。这套数据可以帮助我们了解战时后方企业的资金状况,但缺点也比较明显。首先,它来自对121家企业的抽样调查,显然那些大型企业更加可能拥有详细的会计报表,这样所获取的样本明显是有偏颇的,无论是总资产、固定资产、流动资产还是净值都有被高估的风险。其次,该统计资料只包含了行业的数据而未提供区域的数据,这样就无法了解在不同区域,企业的资金状况是否存在着某种差别。

其三,《后方重要工矿产品第二次统计》③。经济部统计处在1943年编制了《后方重要工矿产品第一次统计》,该统计从1942年6月开始,到年底之前基本结束,共收集1543家企业的统计资料。但该统计只包含了1941年和1942年两年的统计数据,并且有部分产品的数据引用自资源委员会和工矿调整处,并非直接向各工厂调查所得。鉴于此,经济部统计处又在1944年编写了《后方重要工矿产品第二次统计》,此次调查的数据全部来自对各工厂的1420多份

---

① 和行业大类一样,这些统计数据也包含工厂数量、资本额、工人数以及动力设备。
② 经济部统计处编:《后方工矿资金研究（1943年）》,经济部统计处1943年版。
③ 经济部统计处编:《后方重要工矿产品第二次统计》,经济部统计处1944年版。

问卷，并对第一次统计中存在变动的工厂（新增、歇业、转卖等）做了处理。另外，第二次统计除了在第一次统计的基础上新增了 1943 年的数据，还同时增补了 1940 年的数据，故涉及的时间范围更广。此统计数据可以近似地看作一个面板数据（panal data），对各种产品而言，既有时间序列（1940—1943 年），又有截面数据（包含四川、贵阳、湖南等 15 个省份）。

最后，除了上述三种资料以外，谭熙鸿主编的《十年来之中国经济》《中华民国统计年鉴（1948 年）》，陈真等编的《近代工业史资料》以及民国时期发表在各种刊物上的相关论文也提供了战时后方工业的统计数据。

2. 计量部分的资料

在计量部分，所使用的战时的统计数据主要来自各省的统计年鉴或调查报告，如贵州省的数据来自《贵州省统计年鉴》，陕西省的数据来自《陕西省经济调查报告》，广西数据来自《广西年鉴》等。有关新中国时期的统计数据，20 世纪 90 年代之前的数据来自《中华人民共和国 1985 年工业普查资料》，90 年代以后的数据则来自各省历年的统计年鉴。其具体的情况将在第五章有详细的介绍，此处不赘述。

二 概念界定

1. 抗战的时间界定

2005 年 9 月，胡锦涛在纪念抗日战争胜利 60 周年的讲话中指出：1931 年"九一八"事变是中国抗日战争的起点，中国人民不屈不挠的局部抗战揭开了世界反法西斯战争的序幕。2017 年 1 月，教育部基础教育司发文要求基础教材全面落实"十四年抗战概念"的精神。十四年抗战是指包括"九一八"事变的局部抗战在内的整个反抗日本帝国主义侵略的斗争，八年抗战则主要是指"七七事变"后的全国性抗战，二者在实质内容上并无矛盾。就研究而言，所涉及的文献和史料大都采用了八年抗战这一提法，特别当包含"战时工业""战时经济""战时政策"等概念时，皆指1937—1945年这一全面抗战时段，为了保持与之前文献的统一，本书在提及战时或抗日战争这一概念时，也系指该时段。当然，更重要的是，从研究内容出发，抗战内迁这一历史事件是在"七七事变"以后才发生的，故以1937年之后的全面抗战来界定本书的研究更为合适一些。

2. 后方的界定

"后方"这一概念是由战争而来的，通常是指那些没有直接受到日军部队攻击的地区。陈长蘅（1940）认为："目前所谓后方，除一部分沦为战区之各省不计外，大致指西南的川黔滇康西藏与西北的陕甘宁青新疆外蒙各省。"显然，陈氏的这一划分方法就是基于军事的。然而，这里的研究主题是经济史而非军事史，故按照经济状况界定的大后方要更契合本书的主题。清庆瑞在《抗战时期的经济》[①]一书中指出：国民党的抗日大后方包括，西南、西北、湘、桂以及鄂、粤、闽、浙、赣、苏、皖、豫、晋等省一小部分地区。最主要的还是川、滇、黔、陕、甘、湘、贵7省。从经济部的各项关于后方的工业统计中，我们可以识别出从经济层面是如何界定后方区域的。袁梅因（1945）给出了1941年后方各省的工厂数量，这些省份包括：四川[②]、西康、贵州、云南、广西、广东、福建、湖南、江西、浙江、江苏、安徽、陕西、甘肃、青海、宁夏、绥远、湖北、河南、山西、河北，共计21个省；在经济部统计处编的《后方工业概况统计（1942年）》中，后方地区变为20个省，河北省被剔除；随后在1943年的统计中（李紫翔，1944），河北省又被统计进来，后方重新变为21个省；1944年的统计中（李紫翔，1944），可以考查的数据包括四川、广西、云南、贵州、甘肃、陕西、湖南和其他各省；在1945年的《经济工矿商业复员计划》[③]中，后方工

---

① 清庆瑞主编：《抗战时期的经济》，北京出版社2005年版，第255页。
② 我们未把战时首都重庆单列，它包含在四川省中。后文若未作特殊说明，皆按此处理。
③ 转引自重庆市档案馆《战时工业》，重庆出版社2014年版，第197页。

厂的调查涵盖区域为：四川、湖南、广西、陕西、甘肃、贵州、云南、江西、浙江。综上可以看出，广义的后方实则包含了中国的西部地区加上中东部省份，如山西、福建、浙江等地的未沦陷区域，而狭义的后方主要就是《抗战时期的经济》提到的四川、云南、贵州、陕西、甘肃、湖南和广西 7 省。若从战事的角度看，新疆和西藏理应属于后方，但几乎没有统计数据将其列入，故本书中的后方实则也没有包含这两个地区。在分析战时后方工业发展的基本情况时，使用了包含 20 个省（除去了河北）的广义后方概念。这 20 个省份分别是四川、贵州、陕西、甘肃、广西、云南、广东、福建、湖南、江西、浙江、江苏、安徽、青海、宁夏、绥远、湖北、河南、山西和西康。而在计量模型中，鉴于数据的可得性，所指的后方则包括四川、云南、贵州、陕西、甘肃、广西以及湖北、江西、安徽、福建的未沦陷区域。

第四节 方法与创新之处

在经济史的研究中，谈方法论几乎必谈吴承明先生的"史无定法"①。然而，笔者认为，正如维特根斯坦所说的那样：那些表达出来的，都是不重要的。真正重要的，是没有表达出来的那一部分。"史无定法"的精髓并非我们通常认为的那样，强调要没有偏见地对待不同方法，吴承明真正想告诫我们的是"史无定法"之前的那一句，即因为要研究不同的问题，所以应该采用不同的方法。故我们的研究应该是以问题为导向的！而这才是核心所在。

---

① 吴承明（1992）讲道："就方法论而言，有新、老学派之分，但很难说有高下、优劣之别；新方法有新的功能，以至开辟新的研究领域；但就历史研究来说，我不认为有什么方法是太老的，必须放弃。我以为，在方法论上不应抱有倾向性，而是根据所论问题的需要，和资料等条件的可能，作出选择。同一问题可用不同方法论证者，不妨并用；若结论相同，益增信心；若不同，可存疑。"

本书所关心的问题是抗战时期工厂的内迁以及后方工业企业的兴建是否对后方各省的长期经济增长产生了影响，并且这一影响可以被归结为因果关系，而不仅仅是相关关系。对这一题目而言，使用计量方法是更加适合的。事实上，当讨论变量之间的关系时，计量方法一直都是非常强有力的工具之一，定性分析则往往在逻辑的严谨性方面存在缺陷。举例来说，大量文献都总结战时后方工业的兴起改变了战前中国经济不均衡的格局。事实上，这一说法更像是一种假说而非结论。需要更加严格的分析才能证明或证伪这一假说。首先，要论证改变了不均衡的格局，那么就必须清楚地定义何谓不均衡，这种不均衡是以总产出来界定，还是人均产出，抑或是企业数量、企业规模来界定。其次，东西部多大的差距才可以界定为不均衡，以总产出为例，东部产出 1000 万，西部产出 100 万是为不均衡，还是说东部产出 500 万，西部产出 490 万为不均衡？如果连不均衡是什么都没有讲清楚，又怎么能说它受其他因素的影响呢？我们永远无法知道一个变量是否对一个很模糊的东西产生了影响。再次，即使接受不均衡就是东部多西部少这一模糊定义，上述结论也是需要严谨论证的。日本的侵略行为本身就使得东部地区大量工厂毁于战火，即使没有后方工业的兴起，东西部经济不均衡的格局也有可能被缩小了。但这种缩小可不是因为西部变好了，它仅仅是因为东部变得更差了。另外，某些强调后发优势的理论认为，落后地区凭借先进地区的技术输入，可以实现更好的经济发展速度，从而使经济处于一种收敛状态。那么，又如何知道战时为后方工业带来的正面冲击，到底在多大程度上为缩小东西部差距做出了贡献呢？因为即使完全没有这种冲击，在自然状态下这种差距也有可能会缩小。

上述例子告诉我们，在分析变量间的因果关系时，单纯依赖孤立的史料考证是很难给出令人信服的结论的。问题的核心在于某一事件的结果通常由多种原因所致，若不借助计量经济学的理论框架，便很难在分析其中一个原因时排除掉其他因素的影响。史学前辈无数次强调了史料的重要性①,"若史料不可信,所作的历史便无信史的价值"②,"史学便是史料学"③,"史料是史学的根本,绝对尊重史料,言必有证,论从史出"④,"考据的精髓就是无证不信"⑤。这种看法践行了朗克的名言,历史学家的任务只在于"如实地说明历史"。把历史当作一种确定的客观存在,这种历史观也契合了英国的经验主义哲学传统。然而,"准确是责任,却不是美德"⑥。准确叙述是历史学家进行工作的必要条件,却不是其主要职能(卡尔,1981)。一些新的声音开始出现,"所有的历史都是当代史"⑦,"一切历史都是思想史"⑧,"在历史学家创造历史事实之前,历史事实对于任何历史学家而言都是不存在的"⑨。年鉴学派的代表人物布罗代尔也一再宣称"没有理论就没有历史"。这一时期,认为历史是一种确定的客观存在的经验主义哲学思想开始受到怀疑,历史学家的认识选择重塑了历史。古典的先验主义哲学开始占据优势,历史学家的任务不再仅仅是记录,而在评价(卡尔,1981)。而有什么样的

---

① 李伯重(2013)在《"选精"、"集粹"与"宋代江南农业革命"》一文提到,经济史作为史学的一个分支,因此其基本的研究方法当然是史学方法。照此逻辑,我们是否可以说经济史也同时是经济学的一个分支,故其基本的研究方法当然是经济学方法。事实上,李伯重(2013)在随后的《历史上的经济革命与经济史的研究方法——从〈"选精"、"集粹"与"宋代江南农业革命"——对传统经济史研究方法的检讨〉引起的反响谈起》一文中重新提到,由于经济史的特殊性,历史学和经济学的方法是经济史研究的两大基本方法。

② 胡适:《中国哲学史大纲》,商务印书馆2011年版,第19页。

③ 傅斯年:《史学方法导论》,中国人民大学出版社2004年版,第2页。

④ 吴承明:《论历史主义》,《中国经济史研究》1993年第2期。

⑤ 季羡林:《我的学术总结》,《文艺研究》1999年第3期。

⑥ Manilius M. Astronomus, *Liber Primus*, Cambridge University Press, 1937, p. 87.

⑦ Croce(1941)这一名言的上下文是这样的:"作为每一历史判断的基础要求,使一切历史具有'当代史的性质',因为不管这样记述的事件的年代看来有多么久远,实际上,历史所涉及的是当前的需要以及这些事件活动于其中的当前的局势"。这也就是说,历史学家是根据当前的问题来看过去,他们的任务不在于记录,而在于评价。

⑧ 卡尔:《历史是什么?》,商务印书馆1981年版,第19页。

⑨ 贝克尔发表于1928年的《大西洋》月刊,转引自卡尔《历史是什么?》,商务印书馆1981年版,第18页。

评价，关键在于你相信什么样的理论。在经济史的研究中，福格尔批评道：传统经济史家尽管也试图描述和解释经济增长，但由于缺乏精确的计量方法和统计资料，只能在模糊的推测里打转，不能给人提供关于经济增长的准确信息；而经济史学与经济理论的分离使得经济史研究束缚于单纯对史料的考证，不能对现代经济发展提出有益的见解[①]。当然，经济学分析方法仅被视作分析历史的一种工具而不该被认为就是历史本身。从历史事件中抽象出特征事实，然后根据这些特征事实构建模型，最后，这些模型所导出的结果应该再次接受更多历史事实的检验（格雷夫，2008）。经济史学家可以利用经济学的工具，但不能回敬给经济学家"同样一碗粥"（Solow，1985）。

就本书的研究而言，弄清楚抗战时期大后方工业的发展状况是分析的第一步。不过与传统的史学分析不同，定性分析更多地依赖于战时的统计数据，寄希望通过相对客观的数据分析还原当时的真实情况。有了第一步后，接下来便是将考证的材料放到历史中去分析，对其历史作用和地位进行评价。最后是考察战时后方工业发展所带来的长期影响。即对历史事件的当代史意义做出评价。综合来看，本书的创新主要表现在以下三个方面。其一，试图从一个新的视角来理解抗日战争这一历史事件。过去的文献大都倾向考察史实的相关细节，而忽略掉对其长期影响的分析。本书的研究在一定程度上填补了这一空白，计量经济学方法的运用可以帮助寻找过去事件对当今经济增长的影响机制。其二，使用了一些新的资料。为提高计量模型估计的准确度以及捕捉到战时后方各区域的个体特征，我们需要去寻找更多的微观样本。幸运的是，抗战时期后方大多数省份的统计年鉴提供了县域级别的工业统计数据，并将其整理为一个比较完整的工业数据库。由于之前的研究大都没有采用计量方法，

---

① 具体内容参见谭崇台编《发展经济学的新发展》，武汉大学出版社1999年版，第258—294页。

因此这些文献基本也都没有动力去寻找县域层面的统计资料。从所获得的文献来看，对后方工业的统计分析也大都是在省别层面上展开的。其三，突破了传统史学以时间段划分研究对象的局限，将同为战争背景下的两次产业转移（抗战工业内迁和"三线"建设）联系起来。本书认为，政治体制的变革可以是离散的，但经济的发展过程却一定是连续的。路径依赖在很多情况下都发挥了作用，"三线"建设除了新建许多工业企业外，还同时进一步扩建了抗战时期留在西部地区的工业遗产。另外，一些新方法的使用也可以使我们对近代中国工业的发展有更全面的理解。《中国工业调查报告（1933）》提供了1933年全国200多个行业的统计数据，结合随机前沿方法（SFA），测算了各行业的技术效率值，这有助于了解当时各工业部门的生产效率。《后方工业概况统计（1942）》提供了全面抗战时期后方20个省份和13个行业的统计数据，依此计算了各产业的集聚指数（如空间基尼系数）和各省份的专业化程度（如Kurgman专业化指数），这增加了关于战时后方工业分布的知识。

第二章

文献综述：史实与因果

本章包含两个部分，一是对基本史实的研究，二是对历史因果效应的分析。两类研究既有联系又相互区别。一般而言，对变量间因果关系的分析总是要基于一定的客观事实，从这一层面讲，第一类研究往往是第二类研究的基础。但对因果效应的分析通常是以某个抽象的理论为前提，不同的理论将导致我们观察到不同的事实，即使这一事实来自同一史料。这又在一定程度上意味着两类研究是分离的。综合来看，对事实的描述和研究工作通常是由历史学家完成的，而对变量因果关系的讨论则大都由经济学家完成。本章的综述同时包含了这两个方面的内容，以获得对历史事件更为准确的认识。

第一节 企业内迁：组织过程、案例和评价

1937年7月7日后，大量沿海的工业企业迁往后方以躲避战争。关于内迁过程最早的文献之一是林继庸的《民营厂矿内迁纪略》[①]。该书详细记载了民营工厂迁往内地的整个过程，包括迁移的路线、运输工具的选择以及内迁的企业数量和机料重量等。严格来说，该

[①] 林继庸：《民营厂矿内迁纪略》，星星出版社1942年版。

书更应该算作史料而非研究。林继庸本身是民国政府关于抗战内迁的重要组织者，所以《民营厂矿内迁纪略》更多的是一种记录，具备的是史料价值。然而，该书在研究方面仍有一个重要贡献，那就是首次为抗战内迁划分了三个阶段，分别是1937年8月—1937年11月，1937年12月—1938年10月，1938年11月—1940年6月。后继的学者在研究内迁过程时，或多或少以该划分方法作为参照。第二部重要的著作是孙果达的《民族工业大迁徙——抗日战争时期民营工厂的内迁》[①]，相比《民营厂矿内迁纪略》，该书的内容更加丰富，对事实的描述也更加详尽。此外，该书首次梳理出内迁四川、广西、湖南等地的工业企业名录，其内容包括厂名、原设地点、内迁地点、复工日期、主要产品和备注，勾勒出一幅更加细致的抗战内迁图景。可以说，这两部著作对抗战时期企业内迁的组织过程已经有了比较好的概括，后续的相关研究大都是在细节上对其进行修补，如黄立人（1994）、魏宏运（1999）、薛毅（2005）、张守广（2012，2015）等人的研究，在涉及民营企业和资源委员会企业内迁组织经过时，与前人的成果并无太大差别。唯一的例外是兵器企业。对于战争时期最重要的企业，其内迁的组织过程与民营企业和资源委员会企业皆不相同，这主要是由于管辖机构不同所致。民营企业的内迁组织由迁移委员会负责，而兵工企业则是受兵工署管辖。黄立人、张有高（1991）较早研究了兵器企业的内迁经过，发现兵工企业的内迁高潮要晚于民营企业，这主要是因为中日激战，内迁兵工厂会减少前线的军火供应所致。戚厚杰和王德中（1993）、戚厚杰（2003）则对各兵工厂的迁移路线进行了更详尽的描述。如果我们只关心抗战内迁最主要的脉络，那么无疑是从战前的工业中心上海到战时的工业中心重庆的空间转移。然而这并非企业内迁的全貌，一些位于东部沿海其他省份的企业也在战争爆发后完成了内迁，只不

[①] 孙果达：《民族工业大迁徙——抗日战争时期民营工厂的内迁》，中国文史出版社1991年版。

过其内迁的地点除了大后方以外还包括本省的西部地区。张根福（1999）研究了浙江各地企业（主要包括杭州、温州、金华和永康等）迁入丽水地区（位于浙江省西南部）的情况；黄菊艳（2000）考察了广东省营工厂的内迁情况，发现由于产权变更、利润损失以及设备拆运困难等原因，虽经济部多次督促迁厂，但绝大多数省营企业并未及时迁出，导致损失惨重；游海华（2017）则将研究范围扩展到整个东南区域，并详细介绍了浙江、广东和福建三个省工厂的内迁经过。

内迁中的代表性企业也得到了学者们的更多关注。孙果达（1994）特别详细地介绍了刘鸿生企业、大鑫钢铁厂、大中华橡胶厂、中国化学工业社等工业企业的内迁经过；张守广（2015）考察了资源委员会所属的中央钢铁厂和中央电工器材厂的内迁经过；薛毅（2005）详细讨论了由英国福公司和河南中原股份有限公司合资经营的中福煤矿的内迁过程。除了专门的论文，一些传记史料也记载了典型企业的内迁经过，比较有代表性的论著包括《裕大华纺织资本集团史料》[①]《荣家企业发展史》[②]《范旭东企业集团历史资料汇编》[③]《吴蕴初企业史料：天原化工厂卷》[④]《民生公司史》[⑤]《宝鸡申新纺织厂史》[⑥]《阎锡山与西北实业公司》[⑦]《林继庸先生访问录》[⑧] 等。

---

① 《裕大华纺织资本集团史料》编写组：《裕大华纺织资本集团史料》，湖北人民出版社1984年版。
② 许维雍、黄汉民：《荣家企业发展史》，人民出版社1985年版。
③ 赵津：《范旭东企业集团历史资料汇编》，天津人民出版社2006年版。
④ 上海市档案馆编：《吴蕴初企业史料：天原化工厂卷》，中国档案出版社1989年版。
⑤ 凌耀伦：《民生公司史》，人民交通出版社1990年版。
⑥ 萧尹：《宝鸡申新纺织厂史》，陕西人民出版社1992年版。
⑦ 景占魁：《阎锡山与西北实业公司》，山西经济出版社1991年版。
⑧ 林继庸口述，林泉记录：《林继庸先生访问录》，"中央研究院"近代史研究所1983年版。

孙果达（1994）以工矿调整委员会的成立为界，认为前期政府对民营工厂的内迁工作是全力以赴，后期则是多方限制，消极怠工。在内迁过程中，政府的官僚资本还对民营企业进行了无情的掠夺，带来了比较严重的后果（黄立人，1985；孙果达，1985；黄逸锋，1990）。张守广（2015）发现厂矿的内迁以国营工厂为主、民营工厂为辅，同时大型民营厂矿在内迁过程中表现被动。另外，内迁工作十分仓促，导致广东、山东、山西等地的企业未能及时迁出；江满情（2009）认为，民国政府的内迁政策经历了从劝导、资助到强制的转变，工厂内迁的范围也由机器五金工业扩展到纺织工业。同时对内迁工作的评价不仅要考虑政府的组织，还应考察民营企业的迁厂态度。方显庭（1941）和任扶善（1941）则强调了人力资本的作用，称未把沿海地区熟练的技术工人迁往内地是一个极大的错误。虽然在抗战内迁工作中存在诸多失误之处，但学者们还是高度赞扬了参与内迁的企业家和工人们的爱国主义精神，并认为内迁工厂确实为后期的抗战保留了实力（林继庸，1983；孙果达，1991；黄立人，1994；诸葛达，2001）。

第二节　产业转移与后方工业兴起

一　亲历者的现状研究：政策与事实

1949 年之前的学者大都直接经历了抗日战争的动荡，其研究的目的多为挽救民族于危亡之际，故这些文献大都倾向于提出如何发展国家工业的具体政策。当然，这也许和作者们的政府背景有着一定的关联。首先是经济政策，以当时国民政府行政院院长翁文灏的意见最具代表性。他认为，战时经济建设的基本任务是：（1）增加军需生产，提高国防能力；（2）增加出口，提高对外支付能力；（3）增加日用品生产，安定人们生活；（4）发展工矿业，奠定工业化基础①。在更高的战略层面上,应该坚持实施计划经济与统制经济(翁文灏,1940)。张国瑞(1939)、罗敦伟(1940)则对战时西南经济建设与计划经济做出了更为详细的论述。除了纲领性政策,工业布局是另一个被提及较多的问题,这或许是战前中国经济太过注重沿海,而这些发达地区的沦陷使得抗战局面无比被动所致。综合已有的文献来看,学者们的观点比较一致,那就是工业布局除了经济考虑,还应该有国防考虑,同时,不同工业的区位选择还应该和当地的资源禀赋相匹配(黄汲清,1939;吴景超,1943;齐植璐,1943;李承三,1943;张肖梅,1945)。最后我们单独列出刘大钧(1942),作为民国时期最出色的经济学家之一,他的工业建设方针主要是对重工业与轻工业、集中与分散、工业与农业、现代工业与手工业四对矛盾的阐述分析后得出的。此见解的深刻之处在于,不仅对于抗战时期的中国,对于新中国成立以后的很长一段时期内(乃至现在),都是我们发展工业所必须面临的课题。鉴于篇幅,仅列出他对轻重工业的观点:战后世界是以和平为主,我国也无侵略他国之心,故应以发展和居民生活水平相关的轻工业为主。

与政策研究相呼应的是现状研究,即弄清战时后方工业的发展状况到底如何,当然这些研究的目的仍是为政策制定提供依据。影响力较大的两部著作是《中国战时经济志》②和《十年来之中国经济》③。稍有区别的是,前者考察了战时中国经济的各个方面,包括经济政策、经济动员、金融政策、贸易状况、人民生活之诸多方面,其中第四章产业动员专门讲到了工业发展状况。相比之下,后者写成的时间已至抗战结束,故对抗战时期的经济描述更为系统全面。更为重要的是,《十年来之中国经济》对各细分工业部门,如棉纺织工业、化学工业、电力业、冶炼业等有着详尽的介绍,是了解当时

---

① 翁文灏:《经济部的战时工业建设》,《中央周刊》1941年第3期。
② 沈雷春、陈禾章:《中国战时经济志》,中国金融年鉴社1941年版。
③ 谭熙鸿:《十年来之中国经济》,中华书局1948年版。

工业情况的重要史料。另一重要的学者是身为战时国民政府经济部统计人员的李紫翔,其所著《大后方工业的发展》①《大后方的民营工业》②《大后方的国营工业》③《战时工业资本的估计与分析》④《大后方战时工业鸟瞰》⑤《我国战时工业生产与前瞻》⑥ 皆是在详细的统计资料基础上展开分析的,可谓最早期的量化研究。这些数据分析可以避免作者的主观偏好,有利于我们了解战时工业发展的真实情况。除了上述综合性较强的研究,还有一些学者专门讨论了战时后方的特定产业⑦和特定区域⑧的工业发展。

二 后来者的历史研究:史料整理与评价

（一）是什么？

对于历史学家而言,弄清楚是什么始终为其重要使命之一。从这一点上讲,当代学者对战时后方工业的研究与民国学者多有重合的部分。特别地,当研究涉及战时工业的整体概况、区域布局以及某些具体行业（如机器工业、化学工业）和省（市）份（如四川、重庆）时,这种重合就更加明显了。可以说,当下文献在这些方面的研究更多的是对某些细节的修补而已。然而作为后来者的历史学家,可以比亲历者拥有更宽广和完整的视野,以下几个领域的研究具有一定的开创性。

---

① 李紫翔:《大后方工业的发展》,《经济周报》1945 年第 1 期。
② 李紫翔:《大后方的民营工业》,《经济周报》1946 年第 2 期。
③ 李紫翔:《大后方的国营工业》,《经济周报》1946 年第 2 期。
④ 李紫翔:《战时工业资本的估计与分析》,《中国工业（桂林）》1945 年第 32/33 期。
⑤ 李紫翔:《大后方战时工业鸟瞰》,《经济周报》1945 年第 1 期。
⑥ 李紫翔:《我国战时工业生产与前瞻》,《四川经济季刊》1945 年第 2 期。
⑦ 如机器工业（马雄冠、叶竹,1943;欧阳仑,1948）、电气业（孙玉声,1946）、电器工业（郭德文、孙克铭,1946）和化学工业（顾葆常,1948）等。
⑧ 如战时的贵州工业（丁道谦,1942）、云南工业（张肖梅,1942）、四川工业（李紫翔,1946）、重庆工业（付润华、汤约生,1945）和西北地区的工业（建子,1944）等。

其一，兵器工业。或许出于保密的原因，很少在民国学者的著述中看到关于兵器工业的研究。而这种禁忌并不存在于当代学者之中。根据《中国近代兵器工业档案史料》等资料，学者整理了战时后方兵工企业的分布和生产情况（王德中、程树武，1988；蒋仕民，1995；戚厚杰，2003；张守广，2015）。还有一些文献专门研究某个省份战时的兵器工业，不过内容仍是以布局和产品为主（田霞，2002；戚厚杰、奚霞，2005；刘国武，2009；王兆辉、张亚斌，2014）。另外还有学者研究了后方兵工产品的技术改良问题（曹敏华，2003；王安中，2009）。

其二，个案研究。当代学者丰富的个案研究是对过去文献有效的补充。如张守广（2015）考察了中国兴业公司、中国植物油料厂股份有限公司等官商合办企业在抗日战争时期的发展状况，景占魁（1980）研究了"西北实业公司"在战时的发展情况，张圻福和韦恒（1990）研究了战时的刘鸿生企业，薛毅（1993）讨论了中福公司在战时的发展情况。

其三，资本与产权。最具代表性的研究来自许涤新、吴承明（2003），他们利用档案数据测算了1938—1945年经济部对工矿业的投资情况，研究中对各年物价进行了平减，因此计算的投资额度更能反映战时的真实情况；丁日初、沈祖炜（1986）专门讨论了抗战时期的国家资本；吴太昌（1987）则是依据详尽的统计数据作了国营资本和民营资本的比较研究；郭红娟（2007）和王红曼（2007）分别讨论了资源委员会和四联总处的投资；另外还有一些学者讨论了战时典型企业的融资及股权情况（朱海嘉，2015；卢征良，2017）。

其四，中东部地区。在地域方面，由于信息获取所限，民国的学者更加关注后方的工业发展，以四川、重庆、贵州、云南、广西、甘肃等省份的研究居多。当下的学者则将目光转移到中东部省份的非沦陷地区，并进一步考察战争对这些地区的工业发展带来的影响。已有文献所涉及的区域包括浙江（张根福，1999；袁成毅，2003）、广东（黄菊艳，2000）、江西（刘莉莉，2001；刘义程，2010）、湖北（徐旭阳，2005）以及东南（游海华，2017）和华北（汪敬虞，2009）等地区。

（二）受什么影响？

前文介绍了过去文献关于战时后方工业基本情况的研究，本小节主要讲述到底哪些因素影响了战时后方工业的发展。被学者们提及最多的是国家政策，然而可谓成也政策，败也政策，该变量被认为既促进又阻碍了后方工业的发展。在促进方面，主要是《西南和西北工业建设计划》《非常时期矿业奖励暂行条例》《经济部小型工业贷款暂行办法》《经济部工矿调整处核定厂矿请求协助借款原则》等法规条例的出台给予后方兴办工业以支持（王同起，1998；江沛，2005）。另外以四联总处、资源委员会为代表的国家机构也为后方工业发展做出了贡献①（丁日初、沈祖炜，1986；董长芝，1997；刘祯贵、侯德础，1997；王卫星，1997；虞和平，2006）。李云峰、曹敏（2003）认为政府对基础设施的投入显著促进了西北地区工业的发展。在一个更高的层面上，战时统制经济的实施也被认为有效地支持了后方工业的发展（刘殿君，1996；陈雷，2008）。然而不幸的是，有为政府似乎很难持续。在抗战后期，限价、产品专卖、统购统销、增加税负等一系列政策直接导致了后方工业的衰落（戴鞍钢，2006；吴仁明，2011）。在微观领域，官僚机构频繁干预企业经营管理，使其效率低下（卢征良，2017），旧中国国家政权与近代资本主义技术的结合缺乏根本的经济动力（蒋仕民，1995）。

除了政策，战争本身就是影响后方工业发展的一个重要因素，它同样包含正反两个方面的效应。对日战争增加了工业品的需求，同时由于战争塑造的封闭经济环境隔绝了国外替代品的竞争，使这些需求可以直接刺激后方本土工业的发展。战争还为后方地区带来

---

① 事实上，学界对资源委员会的评价并不太一致，如吴太昌（1983）就认为资源委员会的工业管制是失败的。

了沿海的技术人才，形成可观的人力资本。大量移民的涌入增加了劳动力供给，为工业发展提供了廉价的劳动要素（黄立人，1985；林建曾，1996；戴鞍钢，2006）。此为正面效应。在另一个维度，战争导致后方工厂的布局违背了经济规律，降低了生产效率（张守广，2015）。战争的破坏降低了社会的购买能力，抑制了后方工业的发展（汪敬虞，2004）。同时，战局的变化使工厂频繁搬迁，也不利于后方工业的发展（游海华，2017）。

社会制度也带来了正反两个方面的影响。抗日战争激化了民族矛盾，降低了阶级矛盾，缓和了劳资关系从而促进后方工业发展（黄立人，1985）；然而，旧中国半殖民地半封建社会的根本属性阻碍了后方工业的进一步发展（黄立人、张有高，1991）。工业团体的组建（张守广，2015），工人合作运动的开展（田霞，2002；刘国武，2009），后方战前的工业基础（黄立人，1994），企业家的爱国主义精神（张守广，2005）和卓越的领导能力（游海华，2017）被认为显著促进了战时后方工业的发展。在战争快结束时，大量美货在中国市场上的倾销则加速了后方工业的衰落（黄立人，1994）。

（三）影响了什么？

对于战时后方工业发展所带来的影响，学者们有更多的共识。一个被广泛接受的观点是，战时后方工业的发展显著改变了战前中国经济不均衡的格局，有效地刺激了重庆、桂林、昆明、贵阳等西部中心城市的工业化发展，进一步缩小了东西部的差距（蒋仕民，1995；李云峰、曹敏，2003；江沛，2005）。游海华（2017）的研究进一步指出，不仅是全国，东南地区内部发展不平衡的情况也因为东部省份后方的工业发展而改变。工业发展还孕育了一个自然的结果，那就是促进了后方各地的城市化与商业繁荣，加速了其现代化过程（忻平，1995；刘国武，2009；刘国武、李朝辉，2015）。与此同时，后方工业的发展还提高了工人的生产技术、改进了生产设备，促进新产品的研发并建立了一批具有现代化管理经验的工业企业（林建曾，1996；戚厚杰、奚霞，2005；王安中，2011）。军事工业的发展有效支持了正面战场（陆大钺，1993；田霞，2002）。然而，也有学者提醒到，战时后方工业虽较战前有了快速的发展，但其成就也不应太过高估。事实上除了兵器工业，全国工业布局结构在战后并未有太大的改变（黄立人，1994；汪敬虞，2004），随着战后工厂复员，后方的工业又衰落下去（林建曾，1996；戴鞍钢，2006；王安中，2011）。

以上研究皆是陈述了战时后方工业发展所带来的现实影响，还有一些学者从中总结了其中的理论意义。戚厚杰（2003）从后方军事工业入手，认为战时后方经济呈现了一种先军事化后重工业化的新型发展模式。张守广（2015）则认为战时后方是在统制经济名义下，一方面维持私有制，另一方面又实行计划经济来发展国家资本，推进国家工业化，算是一种工业化道路的尝试。

第三节　基于计量方法的因果性研究

一　历史事件的长期效应

越来越多的经济学家在研究经济增长时开始考虑历史事件的作用。学者们利用构建的微观数据和各种识别策略，试图去检验历史事件是否具有长期效应以及为什么会具有这种效应？从获得的结论看，制度、文化、知识、技术以及各种运动导致的多重均衡被认为是历史发挥作用的关键所在（Nunn，2009）。在已有文献中，La Porta 等（1997）、Acemoglu 等（2001）以及 Engerman、Sokoloff（1994）的经验研究具有开创性贡献，有趣的是，这三类研究都同时关注了从16世纪开始的欧洲的全球殖民活动。

La Porta 等（1997，1998）研究了英属殖民地和欧洲其他国家（西班牙、法国和葡萄牙）殖民地的经济情况，发现英属殖民地继承了英国的普通法传统，其他殖民地则更多继承了西班牙等国的大陆法传统。前者相对来说可以更好地保护产权以促进金融发展，从而带来长期经济增长。一些学者对此结论提出了挑战，他们认为，殖民地的法律起源不仅来自殖民国，还与自身的特征，如征兵制度（Mulligan、Shleifer，2005a，b）、劳动力市场规则（Botero等，2004）、可执行的契约（Djankov等，2003；Acemoglu and Johnson，2004）、比较优势（Nunn，2007）甚至是经济增长本身（Mahoney，2001）相关。如此一来，利用法律起源作为产权保护的工具变量的识别策略将受到质疑。新的计量模型需要控制更多与国家特征相关的变量，正如Berkowitz、Clay（2005）所做的那样。从结论来看，他们的研究支持了La Porta等（1997，1998）关于普通法可以带来更好的经济效果的论断。

同La Porta等（1997）一样，Acemoglu等（2001）也检验了殖民地的制度规则及其对经济增长所带来的长期效应。所不同的是Acemoglu等（2001）运用的是识别策略。他们认为，殖民者更愿意在那些利于他们定居的殖民地（作者用更少致命疾病的自然环境来定义）建立有效保护产权的制度，而对那些死亡率高的殖民地，则采取一种摄取性的掠夺制度，结果前一种殖民地从长期来看表现出更好的经济绩效。这一研究为制度在长期经济增长中的作用提供了经验证据，也支持了早期North、Thomas（1973）和North（1981）的论断。随后，一些学者扩展了Acemoglu等（2001）的研究。Dell（2010）考察了西班牙殖民者1573—1812年间在秘鲁和玻利维亚建立的叫作"mita"的强制劳动制度。其研究发现"mita"制度对当今的经济发展产生了负面的影响。与Dell（2010）类似，Banerjee、Iyer（2005）考察了殖民时期印度各地的征税制度。通过比较不同地区的税收主体（英国官员和本地地主），他们发现，在印度独立之后，那些运行非地主征税系统的地区在健康水平、受教育程度和农业技术投资方面有更好的表现。

Engerman、Sokoloff（2002）关注了美洲国家的不同发展路径。他们认为，美洲不同国家的发展经验和路径可以用初始资源禀赋和地理等外生条件的差异来解释。例如，制糖业在那些使用奴隶和拥有广阔土地的国家发展的更好。这些区域往往倾向于构建不平等的政治经济制度，以保证精英的权利和限制其他人参与商业活动。随后的一系列研究支持了作者关于经济发展状况决定了奴隶制度的假设，发现奴隶的使用确实对当下的经济增长造成了负面影响（Mitchener、Mclean，2003；Nunn，2008b）。Acemoglu 等（2008）的研究为 Engerman、Sokoloff 关于不平等机制假说的合理性提供了额外的证据。他们发现在昆迪纳马卡（属于哥伦比亚）地区内部，19 世纪不平等的土地所有权同当今的经济发展（用小学和中学的入学率做代理变量）存在着正向联系。这一结论可以拿来同 Galor 等（2009）的研究作比较。他们发现，直到 1940 年，美国的不平等和教育水平还存在着负向联系。同时在昆迪纳马卡，经济不平等和政治不平等往往存在负向关系，这同样与 Engerman、Sokoloff 所认为的经济不平等会导致政治不平等的观点背道而驰。Dell（2010）的研究同样没有支持 Engerman、Sokoloff，她发现在那些执行"mita"劳动制度的地区往往存在很多大地主，而这些大地主可以说服殖民者提供更多的公共品，从而使得该地区在长期获得更好的经济表现。相应地，在那些没有大地主的非"mita"地区，公共品的缺乏影响了其长期经济表现。故土地所有权的不平等和长期经济增长表现出一种正向联系。

为识别历史事件同当前经济发展的因果效应，越来越多的研究偏好使用微观数据来构建计量模型。然而这一做法本身存在着局限性。举例来说，我们很难知道 Dell（2010）识别的"mita"劳动制度的各种长期效应是否与世界上其他国家或地区劳动制度的长期效应具有可比性。为对历史事件所带来的长期影响的全部图景有更加清晰的认识，还需要对更多的历史案例和相关机制做进一步研究。

二　对中国历史的量化研究

中国计量史学的兴起源于对"大分流"命题的讨论（Mitchener、Ma，2016）。Allen 等（2011）敏锐地指出："在这场争论中，唯一清楚的事情是，我们的论证还需要更多经验证据的支持。"而后，学者们开始尝试构建中国的长期序列数据，包括人口数据（曹树基，2005）、人力资本数据（Baten 等，2010）、价格数据（彭凯翔，2006）、货币和金融数据（Liu，2015）、利率数据（Peng 等，2009；Keller 等，2016）、王朝数据（陈强，2015）、气候数据（陈强，2014）等。历史数据的挖掘和处理使得进一步的量化研究成为可能。

就历史事件而言，可以粗略地分为人为事件和非人为事件两个大类，前者包含安史之乱、辛亥革命等历史事件，后者更多地是指与自然气候相关的事件，如洪水、干旱、冰川期等。需要说明的是，学者们关注非人为的历史事件，重点也是研究气候以及灾害冲击对人类社会的影响。针对非人为事件（主要是气候冲击），已有的文献几乎得出了相似的结论，即负向的气候冲击显著提高了农民起义和战争的概率，加快了王朝的更迭（Zhang 等，2006；Bai、Kung，2011；Jia，2014；陈强，2015）。另一类外部冲击是美洲作物的引进。Jia（2014a）发现抗旱作物的引进可以抑制农民起义，陈永伟等（2014）则发现玉米的引种短期可以抑制农民起义，长期却会提升起义的概率。Chen、Kung（2015）发现美洲作物带来了清代人口的显著增长，而这种效应又被认为破坏了环境承载力，对当今的环境造成影响（何祚宇，2016）。

除了外生气候冲击，内生于中国古代社会的文化特征也是学者们关注的重点内容。Greif、Guido（2010）的研究最具代表性，他们比较了古代的中国社会和欧洲社会，发现中国的社会组织结构更多是以强调道德和声誉的宗族为基础，而欧洲的合作组织则是依赖城邦构建起来的。相比之下，后者的合作秩序更容易扩展，也就更容易产生工业革命；Zhang（2017）研究了宗族传统对当下经济的影响。研究发现中国传统的宗族文化有力地促进了当下私人部门经济的发展。机制方面，宗族文化可以帮助私人企业克服金融约束，有效避免政府的攫取之手。然而，宗族文化也阻碍了正式公司制度的发展。儒家文化是中国文化的又一重要特征。大多数的量化研究都表明，儒家文化对抑制社会冲突有显著的正向作用（Kung、Ma，2014）。Yuchtman（2016）利用津浦铁路的劳工数据，发现受过现代教育的工人比接受传统儒家教育的工人更有可能在现代工业企业里出任管理者。现代化教育对中国近代化有着显著的正向作用。

由于年代的原因，清代以降的统计数据变得更加丰富了，这也使得学者们更加注重对清以后相关历史事件的计量研究。Jia（2014b）考察了中国18世纪中期开放通商口岸的长期影响，发现口岸地区通常具备更好的经济机会（商业和服务部门的发展），从而通过对移民的吸引使其在当下具有更大的人口规模。梁若冰（2015）跟进了口岸的研究，发现近代铁路的兴建强化了口岸的作用，促进了中国的早期工业化。Jin（2017）考察了海关税收制度变革的影响。1902年，西方国家控制的海关开始改变中国过去的税收制度。从长期来看，那些受新税收制度影响的地区有更好的经济表现。新的税收制度促进了人力资本积累和市场整合，同时西方文化的冲击降低了腐败，这些都促进了长期经济增长。对于近代中国，另一个吸引学者们关注的命题是基督教在内地的传播与长期影响。Bai、Kung（2015）利用Stauffer（1922）对清代长城以南的14个省1175个县的基督教调查实录，构建了计量模型，其回归结果表明，每万人中新教信众增加1人能够带来城市化率18.8%的提升（用城市化率均值衡量），而这一提升的90%可被教会建立学校和医院带来的知识传播这一新渠道解释。利用同样的数据库，Chen等（2014）发现新教不仅对近代中国，甚至对2000年的中国也产生了显著影响。新教传播更多的地区拥有更好的长期经济增长绩效、教育和健康水平。方颖和赵扬（2011）则认为，新教的传播有利于在当地建立可以有效保护产权的制度，从而促进长期经济增长。

三 冲突与战争的相关研究

正如Charles Tilly的名言：国家制造战争，战争创造国家。的确，在人类历史上，战争所带来的影响是无比深远的。Alesina等

(2017)详细讨论了战争如何创造国家。他们认为国家精英为了说服民众忍受战争会选择在本国提供更多的公共产品和服务；Acemoglu 等（2011）研究了法国在 18 世纪入侵德国所带来的长期影响。法国直接控制了德国西部地区，并将拿破仑法典的新生制度带到了这些地区。作者发现，相比于未被法国直接占领的南部地区，那些受法国大革命影响的西部地区经历了更显著的经济增长，特别在 1850 年以后，该效应更加显著；Dincecco、Prado（2012）发现，对于前现代国家而言，对外扩张往往需要增加税收以负担战争的消耗，这一做法促进了国家的金融创新，其结果是促进了国家的长期经济增长；Voigtländer、Voth（2013）认为欧洲国家之间频繁的战争是导致"大分流"的重要原因之一。在 16、17 世纪的欧洲，战争导致了大量的人口死亡（战死或死于由战争带来的瘟疫）却并没有杀死资本，被抬高的资本—劳动比让幸存者过上了更高质量的生活，也更有助于其逃离马尔萨斯陷阱；Weinstein 等（2002）和 Miguel、Roland（2006）对 20 世纪日本和越南的研究发现，那些在战争中遭受美国炸弹重创的地区并未出现持久的负面影响，令人意外的是，这些地区往往比战前拥有更快的人口和经济增长速度。Bellows、Miguel（2013）对塞拉利昂的研究也表明，内战并未给该国的制度构建带来持续的负面影响，而那些经历过战争的人在和平时期往往更倾向于同他人合作（Bauer 等，2016）。特别有意思的是，当过去的文献一再强调战争通过各种间接机制对经济发展产生正面影响时，其带来的直接投资效应似乎并未发挥显著作用。第二次世界大战期间，美国政府对工业产品的需求大大增加，这刺激了政府对美国南部地区的投资，Jaworski（2017）的研究却表明，这种投资与该地区随后制造业的增长并无太大关联。大推进假说在该案例中没有得到支持。

国内学者主要关注第一次世界大战和第二次世界大战给中国带来的影响。Du 等（2017）考察了第一次世界大战对近代中国经济增长所带来的影响。通过 1901—1927 年 282 个县的面板数据，他们发现那些更多被外国力量渗透的地区（指那些拥有更多口岸和更靠近外国人集聚地的地区），在战后外国势力减弱时获得了较快的发展。相比于那些靠近日本人集聚地的地区而言，靠近欧洲人集聚地的地区这一效应更加明显。该结论意味着外国力量的干预，抑制而非促进了中国本土经济的发展；Kris 等（2014）研究了第一次世界大战对中国贸易结构的影响，利用《中国旧海关史料》数据，作者发现在 1914 年前后，中国的贸易结构又发生了重大转变，非技术密集型产品出口份额相对扩大，进口比例下降，而技术密集型产品则经历了相反的变动。贸易结构的变化又影响了劳动力市场，非技术产品出口的增加明显拉低了技术工人的工资水平；Liu（2017）利用收集的统计数据，发现在 20 世纪早期的军阀割据时代，地区军阀的政治能力对工业投资，特别是轻工业的投资有显著的正向影响。该结论表明，稳定的政治环境对于经济发展是十分必要的；Guo（2017）研究了太平洋战争爆发后，美国向中国提供武器装备所带来的负面影响。由于美国要求提高军火购买的预付款比例，中国政府的财政支出大大增加了。作者的实证研究表明，中国购买美国军火的预付款每增加 10%，将导致国内价格水平上涨 7.8%。从这一角度看，美国需要为抗战后期中国经历的恶性通货膨胀承担一定责任；贺嵬嵬（2016）研究了抗日战争中的人口损失与民族主义的联系。实证结果表明，对于那些在战争中死亡人数更多的省份，其居民在当代往往拥有更高的国家自豪感，更具尚武精神以及更愿意为国家战斗。而后的工具变量回归（使用各省中心到第二阶梯和第三阶梯分界线的距离作为 IV）表明战时人口损失确实加强了战后民族主义情绪。

第四节 评价与探讨

之所以将文献综述分为史实与因果两个部分，是因为本书也由这两块构建而成，前者是研究的事实基础，后者是方法基础。对于抗战时期后方工业发展的基本情况，学者们做了比较详尽的考证与分析，呈现出比较清晰的图像。可以说，史实的描述已比较完善，进一步的工作只是细节方面的修补，如继续增加工业企业和企业家的个案研究，对后方某省份具体县市的研究，对某一具体工业行业的研究，等等。更多的细节当然有助于从中抽象出特征事实，从而加深对抗战时期后方工业状况的理解。然而，特别需要注意的是，案例分析的一个显著弱点是无法回避特殊性的质疑，由于存在过度拟合的风险，导致其给出的结果缺乏一般解释力。

在质性研究方面，学者们往往倾向于做静态分析，或多或少地忽略了比较静态和动态分析。关于比较静态分析，过去的文献做的较多的是比较战前和战时后方的工业情况，而对战时和战后后方工业的比较相对缺乏[①]。不知是否受历史学科断代史划分方法的影响，几乎没有文献将1949年前后的西部工业进行比较。事实上，抗战时期工厂内迁与1964年开始的"三线"建设有着非常高的可比性，二者都是在战争背景下实施的（前者基于现实的战争，后者基于想象的战争），都涉及工厂和人口的大规模迁移，都以重工业为主等。但此类比较研究却仍难得一见。跨区域的比较分析同样稀少，如同样作为抗战大后方，重庆和昆明、贵阳和兰州的发展路径有着怎样的相似性和差异性。另外，同样都是外生冲击的结果，鸦片战争后口岸的开放所导致沿海地区工业的兴起与抗日战争中西部地区工业的繁荣又有着怎样的异同呢？

在动态分析方面，过去的文献仅在战时后方工业产品数量、工厂数量、资本和工人规模等少数变量上考虑了其在连续时间序列上的变化，经济政策的连续性则很少有人关注。1937—1945年的抗日战争阶段，特殊的外部环境使国民党政府采取了统制经济和计划经济相结合的发展战略，强调国家对整体经济的管制，实施限制价格、统购统销措施以维持对正面战场的支持。回顾历史不难发现，从1949—1978年，新中国采取了非常类似的发展策略，通过计划经济

[①] 张守广（2015）是少数的例外，他比较了战时工业和复员后的后方工业。

手段迅速推进了国家的重工业建设，为改革开放后的经济奇迹打下了坚实基础。究竟什么原因使得相似的政策在不同的历史阶段（民国时期和新中国时期）取得了不同的发展绩效呢？① 这也将会是一个十分值得探寻的问题。

关于抗战时期大后方工业的研究，基于史学视角的相关文献最大的弱点在于分析工具以及相关理论的缺乏。史料的收集与整理当然有利于增进对某个问题的认识与理解，它同样也是构建抽象理论所必不可少的现实材料。然而，试图完全从可观察到的历史事实去总结出抽象的规律是不够的，或者说是不完全的，很多时候恰恰相反，是先行的理论决定了我们将观察到何种事实②。举例来说，大量文献提到战时工厂内迁和后方工业的兴起大大改善了战前中国经济东西部不均衡的状态。然而，如果不了解以新古典经济学理论为基础的均衡发展理论，以增长极理论、循环累积因果理论、区域经济增长的传递理论为代表的非均衡发展理论，以及这两种理论对区域经济增长带来的不同影响，那么仅仅知道后方工业的发展改变了过去东西部的非均衡格局又有多大的意义呢？如果对克鲁格曼（1991）的核心边缘模型一无所知，又怎么能够理解抗战内迁这一产业转移的空间转移过程将会对过去的经济均衡状态造成何种的冲击呢？是实现新的均衡抑或是在战争结束后收敛到原来的均衡状态呢？本书的工作同样是一个例子。我们猜测论证战时后方工业的发展可能通

---

① 当然，究竟是不同的发展绩效还是相同的发展绩效，仍需要更多的经验证据来支持。

② 此方法论来自物理学界。哥本哈根学派的代表人物波尔和海森堡皆认为：只有可观察的量才能构建物理理论。深受先验主义哲学思想影响的爱因斯坦并不同意这种观点，他问海森堡：你不会真的相信只有可观察的量才有资格进入物理学吧？海森堡回答：为什么不呢？你创立相对论时不正是因为"绝对时间"不可观察而放弃它吗？爱因斯坦笑答："同样的把戏不能玩两次啊。你要知道在原则上，试图仅仅靠观察的量来建立理论是不对的，事实恰恰相反，是理论决定了我们能观察到的东西。"更多相关的内容，感兴趣的读者可以参见曹天元《上帝掷骰子吗：量子物理史话》，宁夏教育出版社2006年版。

过路径依赖、物质资本积累、人力资本积累以及基础设施改善等途径对经济产生长期影响。为界定后方工业的发展情况，考虑使用各县战时的工厂数量作为代理变量。回顾过去的文献，没有发现有学者专门总结各县工厂数量这一变量，最多是在省级层面提供了工厂数的数据。前人这样做并非由于县级数据不可得，而更多是因为没有必要。说明地区工业的发展概况，省级数据也是可以接受的。然而对本书的研究而言，更小地域范围的数据有助于捕获区域间的个体差异，即能在更大程度上排除个体异质性的影响。另外，县级数据还可以扩大实证研究的样本，提高估计的有效性。计量模型的这些内在要求促使本书去寻找县别数据而非省级数据。

　　传统史学文献的另一个劣势在于，一旦涉及变量间的关系，其逻辑分析通常不够严谨[①]。如前文中所提到的，有学者认为，企业家的爱国主义精神促进了后方工业的发展。一个自然的追问是，如何界定爱国主义精神呢？是把一家工厂迁往内地是爱国主义精神，还是说要迁两家才算爱国主义精神呢？在迁厂的过程中，是只要政府一半的补贴算爱国，还是完全不要政府的补贴才算爱国呢？如果对一个变量（爱国主义精神）没有足够客观的认识，又怎能说它对其他变量产生了影响呢？又如黄立人（1985）提到，战时民族矛盾替代了阶级矛盾，从而促进了后方工业的发展。如果这一论断准确的话，又如何解释1937年之前民族矛盾还未兴起，劳资冲突频发的中国工业却经历了快速的增长呢？比较而言，以统计学为基础的计量方法在处理变量间相关关系，甚至因果关系方面更具优势。各种稳健性检验以及处理内生性问题的识别方法可以使结论相对稳健。从现有的文献看，只有贺嵬嵬（2016）和 Guo（2017）对抗日战争时期的相关事件做了量化研究，还没有学者直接考察抗战内迁工业对中国经济产生的长期影响。而这也正是本书的主要工作。

---

① 当然，这或许是历史学家更加强调对历史事实的考证所致。在我们所看到的关于抗战时期后方工业的相关文献中，绝大多数文献的重点篇幅都放在对事实的梳理上。

第三章

全面抗战前的中国工业

第一节 战前全国工业发展概况

从 19 世纪 80 年代中期开始，中国开启了经济近代化的历程。工业部门在此期间迅速崛起，到 1936 年，全国工业总产值达 106.9 亿元，在工农业总产值中的比重为 34.92%，比 1920 年提高了近 10.3 个百分点（王玉茹，1987）。一系列定量文献详细讨论了民国期间中国工业的增长情况。Chang（1969）以 15 种工矿产品为基础，计算出 1920—1936 年工业产值年均增长率为 7.18%，1912—1936 年的年均增长率为 9.49%。Rawski（1989）修正了 Chang（1969）的估算结果，通过引入更多的工业行业情况，他得出 1912—1936 年中国工业以年均 8.1% 的速度增长。此外，久保亨（2001）重新计算了棉纺织业的产值，以此估计出 15 种工业产品 1912—1936 年的年均增长率为 8.8%。王玉茹（1987）特别考虑了物价因素，她所计算出的 1920—1936 年间工业产值的增长率比前人较低，为 4.06%，然而即使这样，16年间工业总产值也几乎翻了一番①。更多档案资料的发掘，使我们能够了解到战前中国工业发展的更多细节。

一 战前工业的区域分布

鸦片战争后，在"师夷长技以制夷"理念的驱动下，一批近代工业开始在上海、广州等通商口岸建立起来。进入20世纪以后，中国工业逐步摆脱过去集中于沿海、沿江丁字形线条地带的布局特征（樊百川，1983），开始向内陆地区扩散。根据戴鞍钢、阎建宁（2000），其扩散的主要特征是移向原料产地和消费区。然而虽较过去有所改善，但该现象仍是比较微弱的，并没有彻底改变近代中国工业布局依然偏重于东南沿海和长江沿岸通商口岸的总体布局。1933年经济统计研究所的工业调查有助于更好地理解战前全国的工业布局情况（见表3.1和表3.2）。

表3.1　　　　　1933年生产性行业工厂数量的地区分布　　　　　单位：家

省/市		木材制造业	冶铁业	机械及金属制品业	交通用具制造业	土石制造业	建筑材料业	饰物仪器制造业	化学工业
东部地区	山东	33	81	511	1204	1075	242	888	291
	福建	139	0	41	0	50	0	0	0
	上海	939	851	12693	3983	4441	575	1224	10563
	广东	0	0	32	249	173	0	0	849
	广州	58	0	1575	596	704	103	0	1503
	南京	0	0	67	0	662	0	0	0
	河北	0	33	1878	5224	4626	62	415	3390

---

① 也有学者认为，20世纪20年代后中国工业处于停滞状态，如严中平（2012）认为民国时期的中国工业除了与军事相关的部门外，其他工业几乎没有增长。但他所给出的工业产出数据除1933年外，其余年份则是1938—1946年，考虑战争的因素，这样的结论自然也就有失偏颇。郑友揆（1984）也认为第一次世界大战后中国工业几乎是停滞的。但奇怪的是，从他列举的矿产和棉纺数据中，我们可以清楚地看到1920—1935年间工业产值的显著增长，如棉纺业产出就增加了两倍多，停滞的现象似乎并不存在。

续表

	省/市	木材制造业	冶铁业	机械及金属制品业	交通用具制造业	土石制造业	建筑材料业	饰物仪器制造业	化学工业
东部地区	绥远	0	0	0	0	0	0	0	0
	察哈尔	0	0	0	420	0	0	0	0
	北平	0	0	323	201	80	32	0	559
	江苏	0	72	750	1000	3394	0	0	2846
	浙江	0	41	634	466	359	0	0	3653
	青岛	0	69	582	1715	144	0	0	1291
中部地区	湖北	0	178	542	1093	1125	0	0	615
	山西	0	736	2705	0	33	0	0	0
	安徽	0	0	78	0	0	0	0	41
	江西	0	0	99	220	136	0	0	2619
	河南	0	0	292	0	0	0	0	15
西部地区	广西	162	0	0	0	0	0	0	305
	湖南	0	290	551	213	252	0	0	340
	陕西	0	0	43	0	0	0	0	0
	四川	0	0	199	389	0	0	0	448

资料来源：根据刘大钧《中国工业调查报告（1933）》，经济统计研究所1937年版整理而成。

表3.2　　　　　　　　1933年消费性行业工厂数量的地区分布

	省/市	水电业	纺织工业	服用品制造业	皮革及橡胶制造业	饮食品制造业	造纸印刷业	家具制造业	其他工业
东部地区	山东	0	0	0	106	2220	105	0	87
	福建	54	0	0	0	231	191	32	0
	上海	397	127045	12332	12835	30588	12192	1071	1938
	广东	94	10714	183	0	494	234	0	240
	广州	187	0	1105	1766	3430	533	0	0
	南京	71	0	0	0	342	874	0	0
	河北	0	0	1517	170	2022	1124	224	41
	绥远	0	0	0	0	230	0	0	0

续表

省/市		水电业	纺织工业	服用品制造业	皮革及橡胶制造业	饮食品制造业	造纸印刷业	家具制造业	其他工业
东部地区	察哈尔	0	0	0	0	31	0	0	0
	北平	151	0	0	0	225	2269	675	0
	江苏	31	86858	1387	0	4908	1151	0	0
	浙江	58	24281	251	0	1980	1288	0	0
	青岛	159	0	75	66	1293	32	0	0
中部地区	湖北	322	0	0	295	1094	115	0	36
	山西	0	0	0	38	374	196	0	0
	安徽	0	1372	0	0	1126	0	0	0
	江西	0	267	0	0	63	142	0	0
	河南	0	0	0	37	1427	93	0	55
西部地区	广西	21	0	0	82	0	282	0	0
	湖南	0	0	0	31	50	90	0	0
	陕西	0	0	0	43	0	0	0	0
	四川	73	0	122	148	93	196	0	0

资料来源：根据刘大钧《中国工业调查报告（1933）》，经济统计研究所1937年版整理而成。

表3.1和表3.2是根据《中国工业调查报告（1933）》提供的数据整理而成。由于涉及的行业较多，将其简单区分为生产性行业和消费性行业。另外，正如前文已经介绍过的，由于湖南是抗战时期后方的重要省份，故将其列在西部地区而非中部地区。由于该统计资料包含的工业企业要求使用原动力并且雇佣工人在30人以上，故那些规模较小的手工工场并未包含其中。从表3.1和表3.2可以看出，上海在各个行业所拥有的工业企业数量远超全国其他地区，是名副其实的工业中心。在中部地区，比较有代表性的是湖北和山西两省，其中湖北各工业的发展比较均衡，而山西在机械等重工业方面具有优势。在西部地区，四川和湖南两省的现代工业发展较好，而广西和陕西的工业基础则薄弱许多。

二 产出情况

表3.3给出了抗战前夕中国各工业产品的生产量和消费量，缺口变量用消费量减去生产量得到。可以看到，除了丝织品、植物油等少数产品在国内市场上生产过剩以外，大多数工业产品需要通过进口来满足超额需求。需要注意的是，大量工业产品需要进口并非一定是坏事，按照比较优势理论，每个国家生产具有比较优势的产品，然后进行交换会使得两国的状况同时得到改善。为进一步衡量各种产品满足国内市场需求的能力，用生产量除以消费量得到自给率[①]，如图3.1所示。

表3.3　　　　抗战前夕中国各工业产品的生产量和消费量

产品名称	单位	生产量	消费量	缺口
棉纺织品	万公担	778.53	985.96	-207.43
丝织品	万元	4380	2190.67	2189.33
毛纺织品	万元	879.9	3372.1	-2492.2
针织品	万元	2235	2274.7	-39.7
面粉	万包	7600	7945.24	-345.24
砂糖	万公吨	36.2	89.73	-53.53
卷烟	万元	7861.4	7953.2	-91.8
玻璃	万元	650	1226	-576
搪瓷	万元	447.5	536.34	-88.84
火柴	万箱	70	66.8343	3.1657
纸类	万元	2566	6579	-4013
革制品	万元	433.6	718.64	-285.04
橡胶	万元	2210.8	2894	-683.2
洋砖瓦	万元	385.5	417.3	-31.8
水泥	万桶	313	372.575	-59.575

---

① 缺口变量无法进行不同产品间的比较，因为每种产品的单位并不一致。用比值的办法可以消除量纲，从而方便进行组间比较。

续表

产品名称	单位	生产量	消费量	缺口
酸类	百公吨	240	270	-30
碱类	百公吨	1600	1880	-280
染料	万元	200	2700	-2500
植物油	万元	8800	3700	5100
石油、汽油	百公吨	2	3970.24	-3968.24
钢铁	十吨	3000	6000	-3000
机器	万元	2000	8500	-6500
车辆船舶	万元	610.4	3700	-3089.6
电气	十万瓦	2690	5420	-2730

资料来源：中国文化建设协会：《十年来的中国》，商务印书馆1937年版，第181—182页。

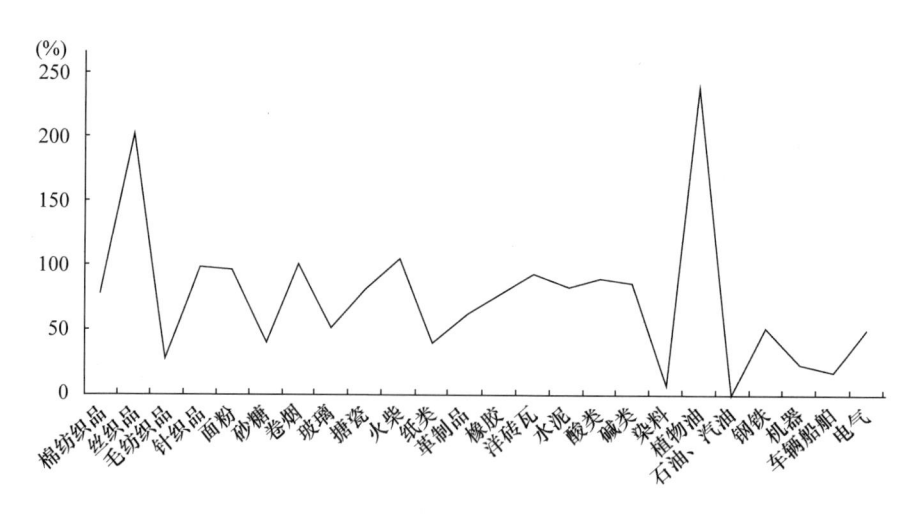

图3.1 抗战前中国民族工业产品自给率

资料来源：根据表3.3测算得出。

从图3.1可以看到，石油和染料的自给率都非常低。另外，以钢铁、机器、车辆船舶为代表的重工业的自给率也都低于50%。相比之下，火柴、面粉、棉纺织品等轻工业产出基本能够满足国内需求。翁文灏（2009）也指出："抗战爆发前的中国工矿业，大抵以轻工业为主，重工业及其贫弱。"这一论断在下文的产业结构中也再次得到了验证。

三 产业结构

表3.4给出了1932—1937年水电工业等19个行业的工厂数、资本额和工人数。其中，食品工业和纺织工业的工厂数较多，分别达920家和883家。军械工业显然没有受到足够的重视，在该统计中仅有3家，资本额42.3万元，雇佣工人316人。此数据也从一定程度上反映出，民国政府并未为即将到来的抗日战争做好足够的准备。

表3.4　　　战前中国工业的产业结构（1932—1937年）①

工业类别	工厂数（家）	资本额（法币，万元）	工人数（人）
水电煤气	119	5980.774	5287
冶炼业	60	261.855	4671
金属品	139	437.8	7500
机器业	340	367.7394	10196
电气业	58	267.785	4534
军械工业	3	42.3	316
土木建筑	3	0.4	76
土石品	118	2301	13427
化学	534	4792.7604	47131
木材加工	65	77.8	2927
饮食品	920	4837.3447	23398
烟草	32	1732.6	13525
纺织	883	13587.709	259686
服饰品	307	542	22041

---

① 翁文灏在《中国工商经济的回顾与前瞻》一文中也引用了该数据，其原始资料来源也应是国民党政府经济部"民国21—26年工厂登记表"。不过在他引用的数据中，纺织业和化学工业的相关统计与本书不符。由于没有原始材料，我们很难查两个资料的正确性。不过考虑到陈真（1961）的数据中包含了诸如交通用品、金属品工业等更多细分行业，而翁文灏则将此类行业归入其他行业中，故使用了陈真的数据。

续表

工业类别	工厂数（家）	资本数（法币，万元）	工人数（人）
木竹藤草器	18	30.9	1419
交通用品	34	282.7	6375
文化工业	185	2034.3	11201
艺术工业	11	15.7	778
杂项工业	97	358.5	8678
总计	3926	37951.9675	443166

资料来源：陈真：《中国近代工业史资料：中国工业的特点、资本、结构和工业中各行业概况》（第四辑），生活·读书·新知三联书店1961年版，第91—92页。

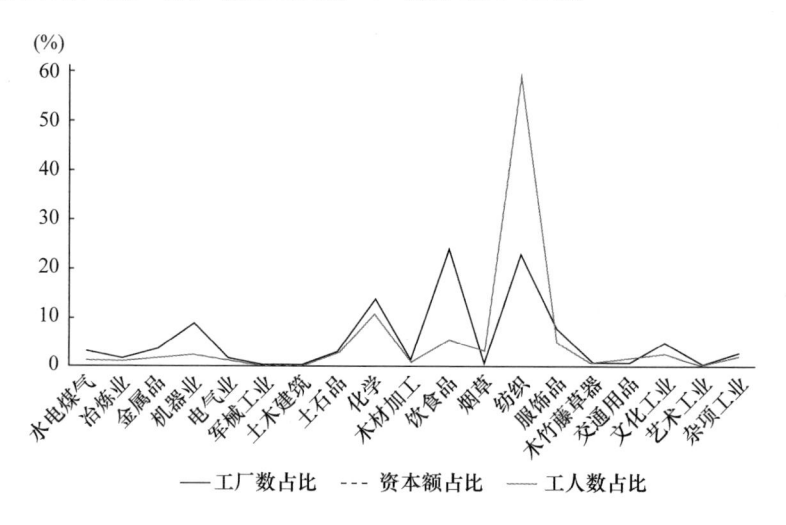

图 3.2 1932—1937 年中国工业的产业结构

资料来源：根据表3.4计算得出。

图 3.2 再次验证了前文的结论，轻工业的发展确实好过重工业。在工厂数量方面，纺织工业、食品工业和化学工业占据优势。反观金属品、机器工业、军械工业、交通用品等重工业，其数量寥寥，基本不具规模。

四　产权构成

刘大钧（2014）给出了1933年16个工业部门中各产权性质的

企业数量。从表3.5可以看出，纺织工业、饮食品业和机械及金属品业有很多的有限公司，这意味着在这三类行业中，现代化的企业组织形式最具影响力。比较有意思的是国营企业，政府经营的企业仅在造车、造船等交通用具业中占据数量优势。即使在被认为最适合政府经营的具有自然垄断属性的水电业中，政府经营的企业也仅为5家，少于有限公司的9家。

表3.5　　　　　1933年各行业不同产权性质的企业数量　　　　单位：家

行业	厂数	政府经营	独资	合伙	有限公司	其他
木材制造业	18	0	6	7	3	2
家具制造业	12	0	2	6	4	0
冶铁业	33	2	10	18	2	1
机械及金属品业	306	10	110	133	40	13
交通用具业	55	25	16	4	8	2
土石制造业	112	4	26	38	36	8
建筑材料业	14	0	9	3	2	0
水电业	14	5	0	0	9	0
化学工业	148	2	19	30	85	12
纺织工业	821	7	162	397	166	89
服用品工业	141	0	42	71	18	10
皮革橡胶业	84	1	11	40	19	13
饮食品业	390	3	72	160	128	27
造纸印刷业	234	7	63	70	76	18
仪器制造业	26	0	7	5	10	4
其他工业	27	0	6	11	7	3
总计	2435	66	561	993	613	202

注：其他包括两合公司与无限公司。

资料来源：刘大钧：《中国工业调查报告（上）》，福建教育出版社2014年版，第159—187页。

图3.3给出了1933年以产权性质划分的企业数量占比情况（包

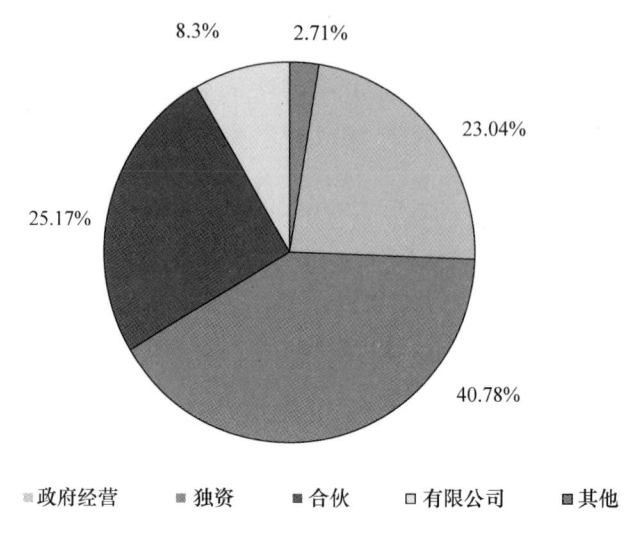

图3.3 1933年各类产权性质的企业数量占比

数据来源：根据表3.5计算得出。

含了16个工业部门的2435家企业）。可以看到，使用合伙制的企业数量最多，占比高达40.78%，其次是有限公司和独资公司，占比分别为25.17%和23.04%。采用其他产权形式的企业占比排在倒数第二位，为8.3%。政府经营的企业数量最少，仅占全部工业企业的2.71%。根据前文提供的产出和产业结构数据，已经发现战前中国工业的一个基本特点，即轻工业有了较好的基础，而重工业的发展则明显滞后。在没有外部干预的情况下，符合该地区比较优势的产业将最具竞争力。战前工业的特征事实表明，劳动密集型的轻工业，而非资本和技术密集型的重工业更能契合当时中国的比较优势，因此才能观察到轻工业相对繁荣的景象。本小节的数据为验证比较优势理论提供了依据，那就是当政府较少地干预经济时（表现为国有企业数量占比较低），自由竞争的市场将筛选出那些符合比较优势，最具自生能力的行业，如纺织工业和饮食品业等。当然，这也从另一个层面说明，若想违背自身的比较优势发展重工业，国家的主动干预将是不可或缺的。

第二节　战前工业的技术效率

许多学者讨论了抗日战争之前中国工业的规模问题，却鲜有文献专门研究生产绩效。事实上，更好的技术水平也是促进一国工业发展的重要因素。抗日战争期间，东部沿海工业迁往后方，不仅为落后地区带去了机器、设备、工人，更重要的是，生产的经验和管理技术也一同被植入西部的土地上。接下来分析战时的后方工业是建立在怎样的技术水平之上的。

一　数据与变量

所使用数据均来自《中国工业调查报告（1933）》。该报告的调查时间为1933年4月到1934年5月，调查目的是为预防潜在的战争威胁以及外国的经济侵略，对全国工业状况进行摸底[①]。报告的调查区域包括华北、华中和华南共计17个省，140多个县、市，未包含的区域为西北、西南边疆地区以及日本控制下的东北四省。所有工业企业均符合《工厂法》，即使用原动力且工人数目在30人以上，全国共计1206家。调查涵盖16个主要工业行业，200余个细分行业，涉及项目包括工厂组织、动力、资本额、产品、工资、劳动力数量等共计171个。该调查是民国时期最具权威性和可靠性的工业调查。在数据使用上，某些细分行业的产品总值或者资本额缺失，故剔除了这些样本。主要变量的统计性描述见表3.6。最后需要说明的是，外资在中国开办的工厂并不在此次调查范围之内，因此该数据实则更能反映的是民族工业的发展状况。

[①] 北洋政府时期曾有过类似统计，不过所得数据仅是各地政府任意填报，而非实地调查，故其可信度较低；国民政府成立以后，工商部于1930年调查全国工人生活和工业生产情况，但调查范围仅涉及33个城市，调查项目更多偏重工人生活而非工业本身。不仅如此，各地工业调查的项目参差不齐，以致很难对其加总而获得全国总数。

表 3.6　　　　　　　　　主要变量的描述统计

变量	样本数	均值	标准差	最小值	最大值
产出（lny）	206	13.351	1.899	9.141	19.203
资本额（lnk）	206	12.187	2.090	7.340	18.317
劳动力数量（lnl）	206	5.914	1.608	2.398	11.532

二　模型选择

使用 Battese、Coelli（1995）的随机前沿生产函数（SFA 模型）来估计各工业行业的技术效率。一般形式为：

$$y_{it} = f(x_{it}, t) \exp(v_{it} - u_{it})$$

式中，y_{it} 表示产业 i 的实际产出，$f(\cdot)$ 表示生产可能性边界上的前沿产出。$v_{it} - u_{it}$ 为复合误差项，其中，v_{it} 服从 $N(0, \sigma_u^2)$，表示统计误差和不可控因素的随机影响；u_{it} 是一个单边误差项，表示技术非效率，且有 $u_{it} = u_i \exp[-\eta(t-T)]$，服从非负断尾正态分布。$u_{it}$ 与 v_{it} 相互独立。技术效率（TE）被定义为实际产出与前沿产出的距离，满足非减、凸性和一次齐次性，表示为：

$$TE_{it} = y_{it} / [f(x_{it}) \exp(v_{it})]$$
$$= \exp(-u_{it})$$

当 y_{it} 位于生产可能性集内时，距离函数的取值在 0 和 1 之间，当且仅当 y_{it} 在生产可能性曲线上时，距离函数取值为 1。Battese、Coelli（1995）设定了方差参数 $\gamma = \sigma_v^2/(\sigma_v^2 + \sigma_v^2)$ 来评估技术非效率项的影响，且有 $\gamma \in (0, 1)$。若 $\gamma = 1$，表示误差值全部来自技术非效率因素；若 $\gamma = 0$，则意味着误差值来自不可控的随机因素，此时随机前沿生产函数与常规生产函数等价。为避免形式误设所引起的估计偏差，我们首先选择了形式更加灵活的超越对数生产函数[①]：

$$\ln y_{it} = \beta_0 + \beta_k \ln L_{it} + \beta_{kk}(\ln K_{it})^2 + \beta_{ll}(\ln L_{it})^2 + \beta_{kl} \ln K_{it} \ln L_{it} + v_{it} - u_{it}$$

---

① 超越对数函数可以作为一般函数的二阶近似。CD 函数可以视为超越对数函数的一种限定形式。

式中，y_{it} 为某一行业的产出变量，K 和 L 分别代表该行业中资本投入量和劳动投入量。随机前沿函数模型的结论高度依赖于所使用函数的具体形式。因此，在估计之前，对模型的设定做了三个方面的假设检验，分别为：（1）超越对数生产函数的适应性检验；（2）技术非效率项 u_{it} 的分布类型检验；（3）技术非效率的存在性检验。三种检验均通过构建似然率检验统计量（likelihood-ratio test statistics）LR 进行，表示为：$LR = -2(LnL_0 - LnL_1)$，LnL_0 和 LnL_1 分别代表零假设和备择假设下的对数似然函数值。若零假设中包含 $\gamma = 0$ 这个假设，检验统计量 LR 服从混合卡方分布①，即 $LR \sim X^2(k)$，k 表示自由度即约束条件个数。该检验的具体统计量见表 3.7。

表 3.7　　　　　　　　　模型的假设检验结果

检验内容	零假设（H_0）	对数似然值（LLF）	检验统计量（LR）	临界值 $x^2_{0.001}(k)$	检验结论
检验 1	$H_0: \beta_{ll} = \beta_{kl} = \beta_{ll} = 0$	-263.058	-2.536	11.34	接受
检验 2	$H_0: mu = 0$	-264.018	1.92	6.63	接受
检验 3	$H_0: \gamma = \delta_0 = \delta_1 = 0$	-241.790	42.536	20.97	拒绝

注：超越对数生产函数的对数似然值为 $lnL_1 = -261.469$。临界值是在 1% 的显著性水平下统计量的临界值。

首先以超越对数生产函数随机前沿模型的估计结果作为备择假设，对基本函数形式的设定进行检验。检验 1 中的统计量为 -2.536，小于 11.34 的临界值，表明 Cobb-Douglas 形式的随机前沿模型更适宜拟合样本。接下来，以 Cobb-Douglas 形式的随机前沿模型的估计结果作为备择假设，对原假设 2 和 3 做进一步检验。检验 2 接受了原假设，技术非效率项 u_{it} 由服从非负断尾正态分布变为服从半正态分布；检验 3 中的原假设被拒绝，表明技术非效率因素存在，选择

---

① 混合卡方分布临界值表参见 Kodde、Palm（1986）。

随机前沿模型进行估计是适合的。

三 测算结果

利用上文设定的模型形式,测算出全国 16 个工业部门的技术效率,结果如表 3.8 所示。

表 3.8　　　　　　　　16 个工业部门的技术效率

行业部门	效率值	行业部门	效率值
木材制造业	0.554	化学工业	0.570
家具制造业	0.534	纺织工业	0.543
冶铁业	0.626	服用品制造业	0.546
机械及金属制造业	0.516	皮革橡胶业	0.499
交通用具制造业	0.524	饮食品制造业	0.598
土石制造业	0.378	造纸印刷业	0.543
建筑材料业	0.561	饰物仪器制造业	0.409
水电业	0.591	其他工业	0.428

注:行业部门以当时的统计名称为准。16 个工业部门的均值为 0.526。其他工业包含牙刷、制镜、瓶胆和打包等细分行业。

从表 3.8 的结果可以看出,全国工业部门技术效率的均值为 0.526,这意味着近代工业产出的实际位置距离前沿位置还有 47% 左右的缺口。16 个工业部门技术效率的标准差仅为 0.07,表明民国时期各工业部门之间的效率差异相对较小。效率最高的是冶铁业,高出均值 11 个百分点,而最低的土石制造业,技术效率低于均值 28 个百分点。近代工业中最受关注的化学工业、纺织工业和饮食品制造业,技术效率分别为 0.570、0.543 和 0.598,皆高于平均值。另外还应特别注意到,交通用具制造业中的铁路机厂行业,几乎是 206 个细分行业中唯一的政府经营部门[①],其技术效率值仅为 0.327,远低于平均值,这似乎反映了国有企业经营中的无效率比其他组织更

---

① 在各地的企业中,仅有四川的铁路机厂采取有限公司的组织形式。

为严重。在细分行业的技术效率中，排在前十位的基本属于消费性行业，尤以纺织工业和饮食品业为主。而排在后十位的，规律并不明显，既有酱油、毛纺等消费性行业，也有砖瓦、玻璃车边等生产性行业。估计结果见表3.9。

表3.9　　　　　　　　细分行业技术效率测算结果①

技术效率前十位的行业		技术效率后十位的行业	
精盐	0.924	毛纺兼制服用品	0.183
纺纱兼织布	0.916	酱油	0.179
药及皂	0.907	酒精	0.177
卷烟	0.904	毛纺	0.175
轧花	0.901	砖瓦	0.167
冰蛋	0.900	棉织兼腾竹木	0.143
制糖	0.897	修理及零件	0.132
面粉	0.887	玻璃车边	0.094
榨油	0.867	制冰冷藏	0.084
轧花及其他	0.861	专制瓶胆	0.053

进一步将这16个工业部门分为生产性行业和消费性行业两大类②，其中生产性部门技术效率的平均值为0.515，低于消费性部门的0.540。这一结果间接验证了第一节的猜想，偏劳动密集型的轻工业更符合当时中国的比较优势，因此表现出更高的技术效率，从而也获得了更好的发展。而机械及金属制造业、交通用具业和仪器制造业的技术效率均值都低于16个工业部门的平均值，因此在市场上也难有竞争力。这类产品的自给率大都较低，不仅因为生产能力不够，更重要的是在市场上的竞争力不如外国产品。图3.1可以在一

---

①　限于篇幅，并未报告全部206个细分行业的技术效率值。有需要的读者可向我们索取全部估算结果。

②　生产性部门包括木材制造业、冶炼业、机械及金属制造业、交通用具业、土石制造业、建筑材料业、化学工业、皮革橡胶业、仪器制造业；消费性部门包括家具制造业、纺织工业、服用品工业、水电业、饮食品制造业、造纸印刷业和其他工业。

定程度上检验表 3.8 和表 3.9 的结果。在表 3.8 中，机械及金属制造业、交通用具业的技术效率相对较低，而化学工业的技术效率相对较高，在图 3.1 中也发现，机器和车辆船舶的自给率较低，而酸、碱类产品的自给率相对较高。表 3.9 也有类似的情况，面粉、卷烟具有较高的技术效率，因而自给率也较高，而毛纺织品的技术效率仅为 0.175，其自给率也远低于 50%。

第三节　全面抗战前的西部工业

本节主要讨论后方地区在战前的工业发展水平。由于后方地区实则与西部地区有着较大程度的重合，为叙述的方便，未将二者做严格的区分。唯一需要说明的是，湖南省通常被认为是中部省份，然而在抗战时期，该省也是大后方中较为重要的地区之一，所以在后文的分析讨论中也都把该省划入了西部地区。

首先需要分析的是，在抗战开始前，西部地区工业的总体发展状况。图 3.4 描述了这一过程。图中，工厂指数是以各年度西部地区的工厂数量来衡算的。可以看到，战前的十年，西部地区的工厂数量有了一定程度的增长，但增长幅度非常小。相对来说，工业资本倒是有显著的增加，然而由于仅考虑了当年价格，并没有用相关指数对其平减，所以资本的增长到底多少归功于价格效应还有待检验。

在行业层面，棉纺织业是战前西部地区的主导产业之一，无论是企业数量还是资本规模，都遥遥领先于其他行业。有意思的是，相比于面粉业等轻工业，化学行业和机械工业反而有较好的发展，前者拥有企业 89 家，后者为 81 家，仅次于棉纺织业的 207 家。有学者（张用建，2003）认为，战前中国处于军阀割据时期，各省因此都比较重视军事工业，而机械和化工两个行业都与军事高度相关，因此获得了相对较快的发展机会。改编一下 Tilly 的名言就是：战争创造了产业。不过需要提醒的是，虽然有了明显进步，但西部地区

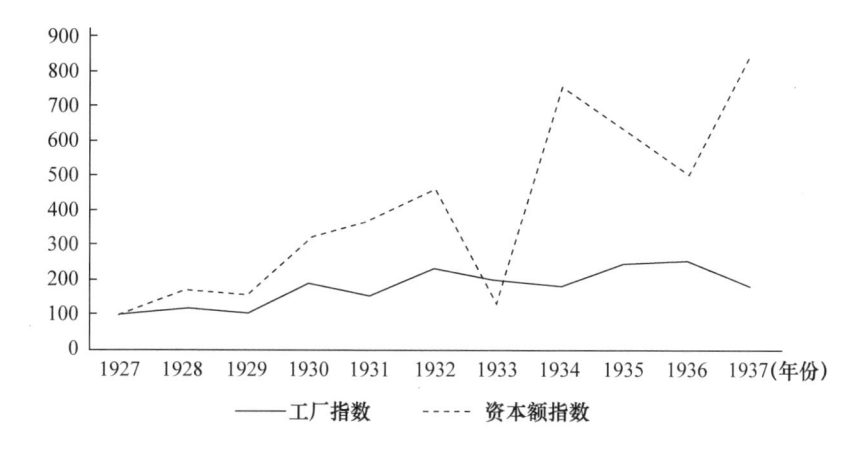

图 3.4　1927—1937 年西部地区的工业发展状况

资料来源：张用建：《艰难的变迁：抗战前十年中国西部工业发展研究》，博士学位论文，四川大学，2003 年，第 59 页。基期 1927 = 100。

的机械行业也并不如想象中那样具有规模，其厂均资本额仅为 9.4 万元，低于面粉行业的 13.6 万元，也低于化学行业的 10.9 万元。图 3.5 给出了战前 13 个工业行业的基本情况。

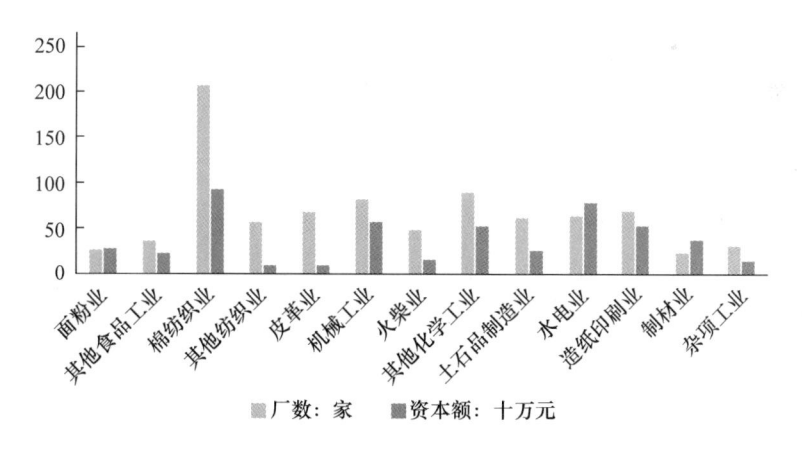

图 3.5　1927—1937 年西部地区的行业发展情况

注：并非所有的工厂都提供了资本额数据，故资本额数据存在低估。然而考虑到未提供资本数据的企业大都规模偏小，因此这种低估也不会太严重。

资料来源：张用建：《艰难的变迁：抗战前十年中国西部工业发展研究》，博士学位论文，四川大学，2003 年，第 61 页。

在区域层面,根据经济部1937年9月的统计,位于西部地区的工厂仅有237家,占全国总数的6.03%,资本总额为15234千元,占全国总额的4.04%,工人总数33108人,占全国的7.34%。表3.10给出了省别的具体情况。可以看到,四川的工厂数最多,为115家,但资本总额在全国的占比仅为0.58%,厂均资本规模仅为1.87万元,可以看出战前四川工厂的规模普遍较小。排名第二的湖南省有55家企业,资本额4764千元,占全国的1.29%;排名第三的云南省有42家企业,资本额4216千元,占全国的1.17%。云南和湖南的企业数量虽少于四川,但厂均资本规模却高于四川。除去这三省,西部其他地区工业企业数量较少,其资本总额在全国占比几乎可以忽略不计。事实上,从厂均资本规模就可以判断出,西部地区的工厂大都只是作坊式工厂,真正算得上现代意义的工厂,"在四川仅有电力厂1家、水泥厂1家、面粉厂1家、机器厂2家;陕西有纱厂1家、面粉厂2家;贵州有纸厂1家"[1]。直到抗战爆发后,大量沿海工厂的内迁才使西部地区的工业迎来了跨越式的发展。外生冲击打破了西部工业过去缓慢的线性发展模式,后方的工业力量才在短期内被大大加强了。

表3.10　　　　　　　　1937年西部地区工业分布统计

省别	工厂		资本		工人	
	厂数（家）	比重（%）	资本额（千元）	比重（%）	工人数（人）	比重（%）
四川	115	2.93	2145	0.58	13019	2.85
云南	42	1.07	4216	1.17	6353	1.49
贵州	3	0.08	144	0.04	229	0.05
广西	3	0.08	913	0.14	174	0.04
陕西	10	0.25	2757	0.74	4635	1.01
甘肃	9	0.23	295	0.08	1152	0.25

[1] 经济部统计处:《后方工业概况统计（1942年）》,经济部统计处1943年版。

续表

省别	工厂		资本		工人	
	厂数（家）	比重（%）	资本额（千元）	比重（%）	工人数（人）	比重（%）
湖南	55	1.39	4764	1.29	7546	1.65
合计	237	6.03	15234	4.04	33108	7.34

资料来源：国民党政府经济部：《民国21—26年经济统计》，转引自陈真《中国近代工业史资料：中国工业的特点、资本、结构和工业中各行业概况（第四辑）》，生活·读书·新知三联书店1961年版，第97页。

为了更好地认识战前西部工业的发展水平，做一个横向的比较是十分必要的。图3.6反映了1937年中国东中西部地区的工业发展状况。可以看到，此时全国工业的集聚特性十分明显，无论是工厂数量、资本规模还是职工人数，东部地区都占据着绝对优势。中部地区的工业发展略好于西部，但优势并不明显。可以想见，若没有政府的主动干预或是战争等外在冲击，西部地区要在短时间内缩小与东部地区的差距将是十分困难的。

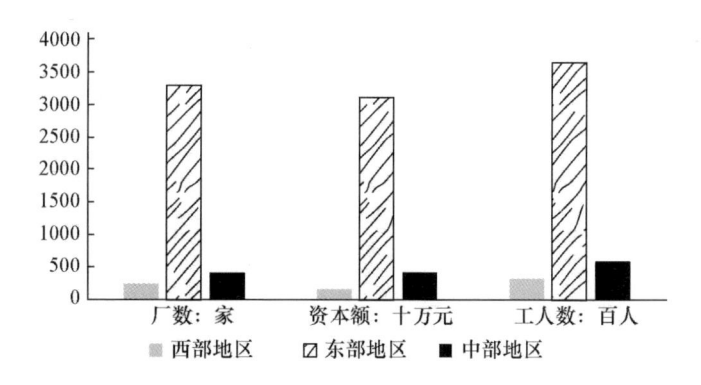

图3.6　1937年东中西部工业发展比较

资料来源：国民党政府经济部：《民国21—26年经济统计》，转引自陈真《中国近代工业史资料：中国工业的特点、资本、结构和工业中各行业概况（第四辑）》，生活·读书·新知三联书店1961年版，第97页。东部地区包括江苏、上海、南京、北平、天津、青岛、威海卫、浙江、山东、河北、广东、福建、察哈尔；中部地区包括湖北、河南、山西、安徽和江西；西部地区包括四川、云南、贵州、广西、陕西、甘肃和湖南。

除了工厂数量、资本规模和工人数外，还考虑采用发电量这一代理变量来衡量东西部各省市的工业发展情况。杜恂诚（2012）使用该变量度量近代上海的经济发展水平。电力使用更多时候与现代工业的发展有密切关系，因此用来衡量一个地区的工业发展水平会更加合适。陈真（1961）提供了1933年和1934年全国20个省份的电力使用情况。在原始资料中，分别给出了家庭用电、马达用电和其他用电（包括电力损失和电厂自用电力）三个指标，考虑到马达用电是最能反映出工业需求的，故只考虑了该电力指标。

表3.11　　　　　1933—1934年度各省用电情况　　　　　单位：千度

	省份	1933年	1934年
东部地区	江苏	115645	148038
	浙江	9540	12586
	福建	1824	2039
	广东	16169	7145
	山东	21842	23127
	河北	11421	17513
	察哈尔	0	0
中部地区	江西	63	12
	湖北	11112	11861
	安徽	474	597
	山西	3888	1832
	河南	0	0
西部地区	广西	404	613
	云南	670	400
	贵州	0	0
	湖南	1040	1316
	四川	192	31
	西康	0	0
	甘肃	0	0
	绥远	342	225

资料来源：陈真：《中国近代工业史资料：中国工业的特点、资本、结构和工业中各行业概况（第四辑）》，生活·读书·新知三联书店1961年版，第879页。

表 3.11 中给出了各省的马达用电情况,西部地区 1933 年和 1934 年马达用电数分别为 2648 千度和 2585 千度,仅为江苏一省的 2% 左右。四川虽然拥有较多的工厂数(如表 3.10 所示),但马达用电却远低于湖南和云南,甚至也还不到广西的一半。这一事实提醒我们,四川的工业可能更多地以传统手工业为主,而少有现代工业。相反,湖南、云南等省的现代工业可能有着更好的发展。贵州、西康和甘肃的数据都是零,可以猜测这三个省几乎没有现代工业。除了西部地区,现代工业在中部和东部的发展也是极不均衡的。在东部省份中,江苏、广东和山东的马达用电都在 15000 千度以上,而最少的察哈尔甚至为零,福建也仅有 1824 千度;中部地区,作为工业重镇的湖北,用电数为 11112 千度,是排名第二的山西省的 2.86 倍。

小 结

本章讨论了抗日战争爆发前中国工业的发展状况。从可获得的史料来看,战前中国工业以轻工业为主,棉纺织工业和食品工业占据主导地位。已有文献大都认为,重工业发展滞后是战前中国工业的一大缺陷,我们却无法完全赞同这一看法。就当时中国的要素禀赋而言,发展劳动密集型的轻工业是符合其比较优势的,相反,若违背比较优势去发展需要大量资本和技术支撑的重工业,势必会造成严重的扭曲,影响资源的配置效率。利用《中国工业调查报告(1933)》的数据,测算了各行业的技术效率,发现相比于机械制造等重工业,棉纺和食品等轻工业的技术效率值要更高一些。在产权分析中,发现国家经营的企业比重在所有工业行业中的占比仅为 2.71%,这意味着在没有国家干预的情况下,劳动密集型产业确实是更具自生能力的。相对来说,西部地区在战前几乎没有多少现代工业,利用马达用电数作为现代工业发展的代理变量,发现整个西部地区的用电度数仅为江苏的2%左右，由此可以推测，那些记录在案的西部工厂，大都也应该是一些手工工厂。可以想见，若没有战争这一外生冲击，西部地区也许还要等待更长时间才能迎来真正的工业化。

第四章

战时工业内迁——基本史实

第一节 民国政府战前准备及内迁政策

1931年"九一八"事变后,出于对外部战争威胁的考虑①,参谋本部在"兵工整理计划"中首次提出将"地处沿海前沿"和"靠近前沿"的兵工厂内迁。1932年9月,兵工署"取消"了上海兵工厂,将枪弹厂、炮弹厂、制枪厂设备归并入金陵厂,制炮厂设备并入汉阳兵工厂;1933年7月,济南兵工厂奉令将下属枪弹厂全部设备及职工迁入四川第一兵工厂(黄立人,1998)。但出于"剿共"的军火需求,沿海地区的其余兵工厂未再内迁,参谋本部拟定的《兵工厂整理计划草案》称:"金陵、济南二厂,以国防上见地,固应移于安全地点,然机件均已陈旧,一经移并,多有不堪再用者;且现值绥靖工作积极进行之时,需弹甚多,一经迁移,则出品中断,损失甚巨,故均维持现状。"② 除了内迁兵工企业,国民党政

---

① 在1933年,国防设计委员会"工作大纲"中明确指出,"现实已毋庸设假想敌,一切工作均已准备应付日本全面侵略出发";另外,几乎在该会所拟的每份调查提纲中,都留有一个专门栏目以阐述该调查报告与国防的关系(程麟荪,1986)。

② 参谋本部:《兵工厂整理计划草案》,1932年8月29日,转引自黄立人(1994)。

府资源委员会于1936年3月拟订了《重工业五年建设计划》,该计划"拟以湖南中部如湘潭、醴陵、衡阳之间为国防工业之中心地域,并力谋鄂南、赣西以及湖南各处重要资源之开发,以造成一主要经济重心"。随后,资源委员会在"五年建设计划"的基础上制订出更详尽的《中国工业发展三年计划》,新计划以"国防安全、运输便捷、资源丰富"为基本原则,拟在江西、湖南、河南等省兴建钨、锑、煤矿;在湖南、安徽等省兴建钢铁工业;在湖北、四川等省兴建铜矿;在四川、陕西等省兴建油矿;在湖南兴建机械、电子工厂。表4.1至表4.3分别给出了五年计划和三年计划的具体信息。

表4.1　　　　　　　　重工业五年计划主要指标

产品名称	投资额（千元）	占总投资比重（%）	计划产量	说明
钢	80000	29.50	300000 吨	全国每年进口钢材600000吨
铁	700	0.26	300000 吨	
铜	5440	2.01	5000 吨	全国每年进口紫铜锭块7000吨
铅、锌	3750	1.38	各5000 吨	全国每年进口铅、锌各5000吨
金	300	0.11	12000 两	
铝	15000	5.53	3000 吨	全国每年进口铝2000吨
煤	8900	3.28	1500000 吨	可满足华中（不包括上海）华南地区需要
汽油	86300	31.82	50000000 加仑	每年进口50000000加仑
硫酸铔	20000	7.37	50000 吨	可满足国内所需
酒精	3000	1.11		
碱	5000	1.84	70000 吨	全国每年进口46000吨,最多时进口67000吨
发动机	15200	5.60	800 具	飞机发动机300具,汽车发动机500具
工具机	3500	1.29		拟制精密工具机,满足国内所需
船舶	5370	1.98		拟建15000—20000吨船舶工厂
电器	15000	5.53		电线、电话、电机等每年进口2000万元,拟自给
电厂	3740	1.38		满足重庆地区工业所需
总计	271200	100		

资料来源:程麟苏:《论抗日战争前资源委员会的重工业建设计划》,《近代史研究》1986年第2期,第38—51页。

表 4.2　修正一般重工业建设一览

重工业种类	建设地点	计划年产量	建成时间	经费（万元）			
				全部	第一年	第二年	第三年
一、钢铁							
钢铁厂	长沙株洲附近		3	3000	1000	1000	1000
二、其他重要金属							
1. 铁矿	湖北阳新	电钢 7590 吨	3	750	250	250	250
2. 铅锌矿	湖南水口山	纯铝 6000 吨、纯锌 4000 吨	2	450	250	200	
3. 锰矿	湖南湘潭	锰砂 20000 吨	1	70	70		
4. 锑矿和钨矿	江西、湖南	纯锑 10000 吨、钨砂 4000 吨		无需另筹			
三、燃料							
1. 汽油、石油	陕西、四川	石油 18 万桶	3	496	70	213	213
2. 煤炭低温蒸馏	江西、四川、湖南	低温油 442.8 万加仑、汽油 17.88 万加仑	2	430	150	280	
3. 植物油提炼汽油	川黔滇及西北	汽油 216 万加仑	3	300		5	1475①
4. 酒精厂	内江或南昌	代汽油 180 万加仑	1	200	200		
四、煤							
开采湘赣豫煤矿	河南禹县、江西赣州	烟煤 100 万吨	2	490	200	290	

① 此处数据，据原文抄录。

续表

重工业种类	建设地点	计划年产量	建成时间	经费（万元）全部	第一年	第二年	第三年
五、化学工业							
1. 氮气工厂	湖南株洲，江西赣州	亚莫尼亚18000吨，硫酸57600吨，硫酸氢肥料5400吨，浓硝酸11530吨	2	1160	580	580	
2. 氯气工厂	四川自流井，山西运城	氯气1800吨，烧碱2160吨	1	80	80		
3. 制磷工厂	江苏海州	黄磷360吨	1	90	90		
4. 商品炸药工厂	湖南株洲，江西赣州	硝化甘油360吨，炸药1080吨	2	80	40	40	
5. 新法制盐厂	四川犍为	盐20000担	1	58	58		
六、电气器材							
电气器材厂	重庆或长沙	各种电气器材战时自给	2	600	445	155	
七、机器							
机器厂	南昌或长沙附近	轻机器，飞机发动机，螺旋桨	3	800	300	300	
八、水力发电							
水力发电厂	四川长寿，岳山，灌县	发电能力40800	3	1085	10	537.5	
共需经费				10229	3698	3993	2448

注：煤炭低温蒸馏类，先设江西乐平一厂；植物油提炼汽油类，先在成都设一厂，然后推广；氮气工厂类，第一年先办一厂，厂址与火药厂接近；商品炸药工厂类，设在氮气工厂所在区域；机器厂，航空委员会另有计划；水力发电厂，先测验再设。"共需经费"数据，据原文抄录。

资料来源：《修正建设一般重工业计划一览表》，引自中国第二历史档案馆编《中华民国档案资料汇编[第5辑第1编财政经济（5）]》，江苏古籍出版社1994年版，第955—957页。

表 4.3　　　　　　　　　　修正兵工厂计划一览

厂别	建设地点	建成产量	建设年限（年）	全部经费（万元）		
				第一年	第二年	合计
炮弹厂	湖南株洲附近	75 公厘 4 万发、105 公厘 2 万发、2 公分 15 万发	2	2240	1120	3360
无烟药厂		152 公吨	2	660	340	1000
枪弹厂		1900 万发	2	330	330	660
炸药厂		111 公吨	2	330	330	660
沪枪弹厂机器安装		450 万发	1	100		100
备注	2 公分炮弹厂附设于炮弹厂，炮弹厂在一年半内完成主要设备安装，无烟厂一年半内开始制造					

资料来源：《修正建设一般重工业计划一览表》，引自中国第二历史档案馆编《中华民国史档案资料汇编〔第 5 辑第 1 编财政经济（5）〕》，江苏古籍出版社 1994 年版，第 958 页。

从表 4.1 可以看出，在五年计划中，民国政府最为看重的工业产品是钢材和汽油，这两种产品所占总投资额比重超过 60%。而在其后的修正计划中（三年建设方案），还可以清楚地发现计划的选址情况。其中，大多数重工业厂矿都设立在湖南、江西，而兵工企业则在湖南株洲。这种布局特点与负责人翁文灏（2009）所表述的基本一致。由于交通困难和政治等方面的因素，西南地区并非工业建设的重点区域，江西、湖北和湖南三省才是后方的工业中心。在表 4.2 中，90% 以上的工业行业都布局在这三个省份。在资源委员会创办企业的过程中，这一布局思想得到了延续。表 4.4 给出了抗战爆发前资源委员会相关经济事业表，三省所预设的企业占总数的 61%，占据绝对优势。四川、甘肃等省虽也有计划列出，不过基本没有完成建设。

表4.4　　　　　　　抗战爆发前资源委员会相关经济事业

序号	企业名称	筹备时间	省份	备注
1	中央钢铁厂	1936年	湖南湘潭	设计年产钢10万吨，预计1940年建成；未完成
2	中央无线电机制造厂	1936年	湖南湘潭	战前完成
3	中央电工器材厂	1936年	湖南湘潭	战前完成
4	湘潭煤矿公司	1937年	湖南湘潭	接管民营企业
5	中央机器制造厂	1936年	湖南湘潭	完成
6	湘江电厂	1937年	湖南湘潭	未完成
7	锑业管理处	1936年	湖南长沙	专卖机构
8	中央电瓷制造厂	1936年	湖南长沙	与交通部合办
9	炼铜厂	1936年	湖南长沙	未完成
10	水口山铅锌矿勘探队	1936年	湖南长宁	未完成
11	湘乡恩口煤矿公司	1937年	湖南湘乡	兼并民营企业
12	茶陵铁矿勘探队	1936年	湖南茶陵	未完成
13	阳新大冶铜矿勘探队	1936年	湖北阳新	未完成
14	灵乡铁矿勘探队	1937年	湖北	未完成
15	钨业管理处	1936年	江西南昌	专卖机构
16	天河煤矿	1937年	江西天河	与江西省政府合办
17	江西银矿厂		江西	未完成
18	江西钨铁厂	1937年	江西吉安	未完成
19	萍乡煤矿局		江西萍乡	没收
20	高坑煤矿局	1936年	江西萍乡	没收
21	彭县铜矿勘探处	1936年	四川彭县	没收
22	重庆临时炼铜厂	1936年	四川重庆	未完成
23	四川油矿勘探处		四川巴县	未完成
24	万县煤矿	1937年	四川万县	未完成
25	四川金属矿办事处		四川松潘	未完成
26	龙溪河水电厂	1936年	四川万县	未完成
27	云南锡矿工程处	1936年	云南个旧	未完成
28	中央炼铜厂	1936年	云南昆明	未完成
29	延长油矿	1934年	陕西延长	未完成

续表

序号	企业名称	筹备时间	省份	备注
30	甘肃油矿筹备处	1937年	甘肃玉门	未完成
31	青海金矿办事处	1937年	青海	未完成
32	宜洛煤矿	1937年	河南洛阳	未完成
33	安庆电厂	1937年	安徽安庆	合并
34	国外贸易事务所	1936年	上海、汉口	完成

资料来源：张守广：《抗战大后方工业研究》，重庆出版社2012年版，第84—85页。

然而，当抗日战争真正爆发以后，上述三省皆未成为后方的中心。江西、湖北的主要城市很快沦陷，湖南虽一度成为重要的后方基地，但几次长沙会战也使其成为准前线，如此动荡显然不利于工业建设。从战前的工业计划中，可看出国民党政府对整个战事的判断存在失误，这种失误也继续在后面工厂内迁的过程中暴露出来。随着1937年全面抗战的爆发，三年计划几近破产，当初设定的2.7亿元投资，最终也只完成了2242万元（程麟荪，1986）。

"七七事变"后，民国政府开始进入战时体制，在其草拟的总动员计划中，协助工业企业自沿海迁入内地便是重点内容之一[①]。1937年7月24日，资源委员会副秘书长钱昌照召集实业部、军政部、财政部、经济委员会、交通部、铁道部六家单位召开了一次会议，内迁沿海工业的问题首次被正式提出。在接下来的分组讨论中，机械化学组的专门委员林继庸建议立即内迁上海工厂。经过一番争论，通过一项会议决议，"调查上海各华厂现有工具机并接洽有无迁移内地之可能，估计其迁移及建设费用或询明收买之价格，由资委会担任调查"[②]。通过三日的实地调查以及和工业界人士的座谈，林继庸

---

① 该计划更详尽的内容可参见沈雷春《中国战时经济志》，中国金融年鉴社1941年版。

② 《迁移工厂案经过概要》，中国第二历史档案馆资委会档案，第6079卷。

于 8 月 6 日返回南京复命。从资源委员会机械化学组第四次会议记录看，其复命内容主要是确定机器工厂迁移种类，政府对迁移企业的各种补助（包括直接拨款、贷款、免税、低廉的水电供给等）以及将武昌设定为迁移目的地①。8 月 9 日，资源委员会向行政院发函《补助上海各工厂迁移内地工作专供充实军备以增厚长期抵抗外侮之力量案》②，进一步说明各搬迁工厂具体所需款项，如上海机器同业工会提议包括：政府拨给搬迁补助 40 万元；每年拨给奖励金 20 万元，十年为限；建筑费约 200 万元，拟请政府以低息贷款的方式拨给各厂，按十年清还，息金归厂方自付；建厂需地 500 亩，估值 5 万元，拟由政府拨给③。次日，行政院第三二四次会议对资委会提案做出决议：奖金暂从缓议，余通过，由资源委员会、财政部、军政部、实业部组织监督委员会，以资源委员会为主办机关，严密监督，克日迁移④。8 月 11 日，上海工厂迁移监督委员会成立，随后，以上海机器五金制造业为主的联合迁移委员会成立，并颁布了《上海工厂联合迁移委员会订迁移须知》⑤，其主要内容仍是对内迁企业的各种补贴以及对迁移手续做出详细说明。同一时间，《厂矿迁移工作

---

① 资源委员会机械化学组第四次会议记录（1937 年 8 月 6 日），经济部工况调整处档案，转引自中国第二历史档案馆编《国民政府抗战时期厂企内迁档案选辑（上）》，重庆出版社 2016 年版。

② 《资源委员会致行政院密函稿》，资源委员会档案，转引自中国第二历史档案馆编《国民政府抗战时期厂企内迁档案选辑（上）》，重庆出版社 2016 年版，第 3 页。

③ 除了上海机器同业工会，上海大鑫钢铁工厂请求补助搬运费 10 万元，供给购地建筑费 20 万元；中国炼气公司请求补助搬运费 1 万元，申请银行贷款 4 万元；大中华橡胶厂申请政府每年拨给奖励金 5 万元，并希望银行贷款 65 万元，息金厂方自付；康元制罐厂希望拨给迁移费 5 万元，商由银行借给 30 万元建筑费；民营化学工业社希望政府商由银行借给搬运费等各项费用共 10 万元，分十年还清，利息归社方自付。

④ 《行政院致资源委员会函》，资源委员会档案，转引自中国第二历史档案馆编《国民政府抗战时期厂企内迁档案选辑（上）》，重庆出版社 2016 年版，第 6 页。

⑤ 《上海工厂联合迁移委员会订迁移通知》，转引自孙果达《民族工业大迁徙》，中国文史出版社 1991 年版，第 5 页。

大纲》出台，其中对内迁的工作系统做了介绍。内迁厂矿由第三部和第四部进行审核，按时期或地域提出，给工矿调整委员会之厂矿迁移审核委员会。该会的职责在于：(1) 决定补助迁移费的总数；(2) 决定补助迁移费的分配方法；(3) 决定迁移后来融通的金额。

9月5日，《国家总动员设计委员会抄送军务司非常时期迁移工厂办法提案函》①指出，凡是与军事相关工业者应尽快迁移，而无关者暂不迁移。与之前提案大都强调补贴款项不同，该提案首次对迁移地点选择做了详细说明。其选址条件为：(1) 地带安全；(2) 交通便利；(3) 原料丰富；(4) 分布均匀；(5) 力求分散；(6) 适应动力及燃料之供给；(7) 顾及工业间之互连性。地址分配原则为：(1) 凡于前列诸条件具备之点，即移厂最佳之地；(2) 为吸收或选择佳料计，设厂于各区原料出口之要道上；(3) 凡适合某种工厂之迁移，只有一区者，则选定之，如各种特产工业；(4) 凡适合某种工厂之迁移，有两区或两区以上者，则按原料之供给与市场之需求状况，分为主要和次要中心；(5) 为收互惠之效而易发展计，于每一区内，除设中心工业外，将有互连性之工业尽量迁入；(6) 凡原料现无产量或产量不足而有储存或能设法补充之工厂，则移至交通便利且无悖于将来发展之地区。表4.5给出了各行业具体的移厂地带并给出了相关理由。就布局原则来看，充分考虑了各行业的特征，并且强调了行业互补、原材料与市场等相关因素，具有一定的合理性。然而安全因素却最被忽略了。和之前的方针保持一致，湘、鄂、赣地区再次成为迁移的首选，日本的猛烈进攻很快打乱了后方产业布局的思路，西南地区不得不成为战时真正的工业中心。

---

① 《国家总动员设计委员会抄送军务司非常时期迁移工厂办法提案函》(1937年9月5日)，资料委员会档案，转引自中国第二历史档案馆编《国民政府抗战时期厂企内迁档案选辑（上）》，重庆出版社2016年版，第8页。

表 4.5　　　　　　　　　试拟移厂地带分配简明示意

工业类别	移厂地带	理由	备注
电器	湘潭附近	资源委员会拟设电料器材厂于该地，足见该区之需要与移植之可能	可沿粤汉线移植
车胎	南昌、长沙	两处俱为汽车零件制造厂之所在地，择一设厂，可收联络之效	
造船	分散、川赣	因该地位于长江及洞庭湖之间，地面广大便于制造或修理船只用	
西药	分散	可就各原料、产区设提炼厂制成精品	包含纱布、药棉、防毒药品或其他常用药品如硫黄、薄荷、樟脑、麻黄、甘草、大黄、茴香、丁香等
罐头	分散	吸收廉价物品，不致于扰乱各地民食	可采用手工业
搪瓷	江西、浮梁	因该地区盛产长石及黏土，但需化验其成分适合否	可制军用饭盒茶杯
水泥	大冶、太原	可以分散南北之需	
钢铁	汉阳、湘潭	两处俱近矿区和市场	
机械	分散或以湘鄂为中心	修械厂须应各业修械，遍布各区内，至机械制造厂除须接近各业中心外尚需顾及采购原料之便利	制造厂包含纺织机、榨油机、造纸机、农用机及其他各种工作机之制造厂
造纸	南昌、川湘	南昌拟设竹浆造厂，为经委会纸业报告书中建议其优点甚多（可参考原书82页）	纸浆定须机制，造纸暂可采用手工业
榨油	分散	榨油主要中心设于河南，因其本省产量既丰，又可吸收邻省原料，川湘赣可为采油中心	可采用手工业
棉纺	豫之陇海沿线	因其位于产棉中心，易获原料且交通四达，市场自产	纺纱定须机制，织布可暂采手工
毛纺	潼关	因其现可利用黄河，获得原料，将来陇海路沿线延至青海新疆，则可突飞猛进	毛织兼采用手工业与机制业

续表

工业类别	移厂地带	理由	备注
针织	分散		可采手工业
漂染、印花	分散	因与棉纺毛纺针织有关，须分设备各区内，以应需要	可采手工业
日用品	分散		全采手工业，包含肥皂、牙粉、牙刷、毛巾等
皮革	分散		可采手工业

资料来源：《国家总动员设计委员会抄送军务司非常时期迁移工厂办法提案函》（1937年9月5日），转引自中国第二历史档案馆（编）《国民政府抗战时期厂企内迁档案选辑（上）》，重庆出版社2016年版，第12—13页。

到9月中旬，实业部也呈送了一份关于《沿海各省市工厂迁移内地制造办法》[①]的报告，该报告将河北、浙江、广东、青岛等地的企业也纳入内迁范围。在实业部的办法中，在强调给予军工企业补贴外还特别提出要对应迁移而不愿意迁移的工厂给予处罚。9月23日，行政院第334次会议决定由工况调整委员会取代资源委员会负责内迁工作[②]。9月27日，工况调整委员会在资源委员会会议厅举行会议，专门讨论工厂内迁问题。决议的一项重要内容便是重新修订迁移工厂的原则，其主要内容是将迁移工厂区分为军需和普通工厂两类。军需工厂的范围为：（1）兵工需要之机器工厂、化学工厂、冶炼工厂；（2）动力及燃料工厂、矿工；（3）交通器材制造工厂；（4）医药品工厂；（5）其他军用必需品工厂。在此范围之外为普通工厂。政府对军需工厂的迁移给予补贴，全国补贴总额共计500万元。普通工厂可以给予免税和减免运费等优惠，但不补助迁移费[③]。

---

① 《实业部关于工厂迁移问题致军事委员会公函》，转引自孙果达《民族工业大迁徙》，中国文史出版社1991年版，第15页。

② 《上海迁移工厂案节略》，转引自孙果达《民族工业大迁徙》，中国文史出版社1991年版，第16页。

③ 《国民政府各部委关于迁移工厂的会议记录》，实业部档案，转引自中国第二历史档案馆编《国民政府抗战时期厂企内迁档案选辑（上）》，重庆出版社2016年版，第18页。

10月30日，蒋介石核准厂矿迁移原则及监督办法①，对27日的决议做了三处轻微修订，其一，将粮食及被服工厂列入军需工厂范围；其二，没有再提迁移补助费用500万元，改为由厂矿迁移监督委员会就实际需要拟就预算；其三，增加一条原则，即为国防之必要，政府得强制迁移并收用厂矿之全部及一部分设备，其补偿或利用办法，由主持迁移之机关根据军事征用法另定之。

从国民党政府初期所制定的内迁政策中，可以发现以下事实。

第一，内迁企业的经费补贴是各方关注的焦点。1937年8月6日，专员林继庸带着内迁草案与上海机器五金同业工会执委会座谈时，企业界就草案提出四点不同意见，除了认为将内迁地点设为汉口不太安全以外，其余三点全是关于经费的，包括不接纳保息六厘的优待办法，建筑费用应由政府无偿给予而不是低息贷款，政府应发给搬运费。从上文中行政院第三二四次会议决议也可看出，对资源委员会的提案，唯一暂缓通过的便是迁移奖金。即使这样，要求内迁的厂矿依然很多，原来批准的迁移经费显然不够，监督委员会不得不在9月11日公布新办法以限制内迁规模②。该新办法也引起厂家的诸多不满③。根据工矿处1939年的统计数据，国民政府实际补助的迁移费为54.58145万元，接受补助的工厂100余家，仅占其承诺给予的一半左右④。在后来制定的《迁移原则》中，政府基本不再对非军事企业给予迁移补助费。表4.6给出了截至1941年6月

---

① 该"原则"及"办法"出自军委会第三部就工矿调整委员会组织筹设厂矿迁移监督委员会，民国二十六年十月三十日致资源委员会函（附），转引自重庆市档案馆编《中国战时首都档案文献战时工业》，重庆出版社2014年版，第67页。

② 新办法的具体内容是：（1）严格限制制成品的运输；（2）原定之材料、成品、半成品运输补助费一律减半；（3）运输费除及其外一律补助至镇江为止，以后之运费一律自理；（4）生财运输补助费即行停止。孙果达《民族工业大迁徙》，中国文史出版社1991年版。

③ 《林继庸9月15日电》，转引自孙果达《民族工业大迁徙》，中国文史出版社1991年版，第13页。

④ 经济部关于上海工厂迁移补助费照实支数核定的训令，1939年4月26日。

底，各行业所获得的迁移贷款数。可以看到纺织工业和机械五金工业获得的贷款最多，其次是电器和印刷工业，后来在大后方工业中扮演重要角色的化学工业所获得的贷款相对较少，仅多于其他工业，排在倒数第二位。

表4.6　　　　　　　　1941年迁移放款业别分类①　　　　　　单位：元

业别	放款金额	实付金额	收回本金	已收利息	净欠本金	应收本金
机械五金	251518.7	249488.7	70565.5	16676.33	178923.2	83709.2
电器工业	57400	57400	8680	2468.12	48720	7920
化学工业	14350	14350	2075	514.94	12275	5750
纺织工业	520992	520992	11100	53.67	509892	152750
印刷工业	40400	40400	7700	977.97	32700	23300
其他工业	6000	6000	2000		4000	4000
总计	890660.7	888630.7	102120.5	20691.03	786510.2	277429.2

资料来源：《工矿调整处1941年6月底各种放款明细表》，转引自中国第二历史档案馆（编）《国民政府抗战时期厂企内迁档案选辑（上）》，重庆出版社2016年版，第513页。

第二，内迁地点的选择。资源委员会机械化学组第四次会议记录（1937年8月6日）明确将武昌设立为内迁目的地。《第四部工作计划（1937年10月7日）》② 附件中给出了各民营工厂厂址分配表，其中迁往武汉地区的工厂地址分配如表4.7所示。从表4.7可以看出，有60多家企业被指定迁往武汉地区，其中不乏大中华橡胶总厂、中国炼气公司等规模较大的民营企业，而绝大多数企业又集中在汉口、武昌和汉阳三镇，并且都采用的是轮船运输的方式。除了民营工业，一些军工企业在抗战初期也大量迁往武汉。例如，原设在杭州的中央杭州飞机制造厂，能够制造维修和仿制多种类型的

---

① 各厂具体的放款信息见附表4.1。
② 《第四部工作计划》，军事委员会档案，转引自中国第二历史档案馆（编）《国民政府抗战时期厂企内迁档案选辑（上）》，重庆出版社2016年版，第20页。

战斗机，于1937年9月下旬迁到武汉南湖机场；上海兵工厂下属的上海炼钢厂于1937年11月分批迁往武汉，是战争爆发后最早内迁的兵工厂；1937年春成立的航空兵器技术研究处原设南京，主要从事飞机炸弹、燃烧弹、化学弹、信号弹等兵器的研究，也于1937年11月迁往武汉。据统计，从上海迁出到达武汉的企业共123家，占上海迁出企业总数的82%，其中，迁移机料1.2万吨以上，工人1500人①。

表4.7　　　　　　　拟迁往武汉区各类工厂厂址之分配②

地点	发电容量	剩余电力	供给马力	交通状况
汉口	12000	2000	2681	粤汉轮船
武昌	8460	2800	3753	粤汉轮船
汉阳	208	104	139	粤汉轮船

---

① 资源委员会：《上海迁移工厂案节略》1937年12月。黄立人：《抗日战争时期工厂内迁的考察》，《历史研究》1994年第4期。

② 其中，迁往汉口的工厂有：大中华公司、荧昌厂（闸北、南汇）、华中工厂（上海）、东亚颜料公司、新亚药厂（上海）、中威谊记橡胶厂（上海）、大中兴记制造厂（上海）、华北酒精厂（青岛）、慈济印刷局（济南）、山东印刷公司（济南）、中国腊纸厂（上海）、大中华造纸公司（上海）、泰康制造厂（上海）、振华纺织木管工厂（青岛）、他山制冰公司（烟台）、捷敏冰厂（烟台）；迁往武昌的工厂有：中华机械酒精公司（上海）、永固公司（上海）、华丰印刷铸字所（上海）、中孚颜料行（上海）、五洲固本草药厂（上海）、中华铅笔厂（上海）、大达机器厂（上海）、永康钢丝厂（上海）、亚光制造公司（上海）、粤兴照相卡纸公司（上海）、龙章造纸厂（上海）、大中华橡胶总厂（上海）、大星糖厂（上海）、工勤铁厂（上海）、大上海轧发刀剪厂（上海）、文新实业社（上海）、中国炼气公司（上海）、大中华赛璐珞制造厂（上海）、中国化学工业社（上海）、华北火柴工厂（青岛）；前往汉阳的工厂有：振华油漆工厂（上海）、新丰蜡纸工厂（上海）、大华红丹公司（上海）、泰昌公司（上海）、大利制造袜针厂（上海）、亨大救火车制造厂（上海）、北洋印刷公司（济南）、临清汶卫印刷公司（临清）、华德公司（潍县）、工利袜针厂（上海）、中国纽扣工厂、大昌皂油工厂（上海）、广生行上海制造厂（上海）、福星颜料公司（济南）、德顺兴造钟工厂（烟台）、盛利工厂（烟台）、日新制钉工厂（青岛）、兴华实业工厂（青岛）、上海烟草公司（潍县）、中威橡皮工厂（威海卫）。上海造纸厂（上海）、信谊制药厂（上海）、大陵药厂（上海）、华大钉钚制造厂（上海）、利用造纸公司（无锡）等迁往沙市、宜昌等地。

续表

地点	发电容量	剩余电力	供给马力	交通状况
沙市	400	100	134	轮船
宜昌	1240	500	670	轮船
沔阳新堤	112	56	75	水路
荆门沙洋	66	33	44	水路公路
应城	80	40	53	公路
襄阳樊城	67	35.5	45	水路
黄石港大冶	30	15	20	轮船
汉阳蔡甸	36	18	25	公路
郾城漯河	90	45	60	平汉
信阳（停）	75			平汉
孝感	125	62	83	公路平汉
浮梁（景德镇）				水路公路

资料来源：《军委会第四部拟定迁移各类工厂厂址分配表》，转引自中国第二历史档案馆（编）《国民政府抗战时期厂企内迁档案选辑（上）》，重庆出版社2016年版，第21—22页。

从事后的结果看，武汉于1938年10月沦陷，在此之前一年将企业迁移至该处显然是不理性的。可能的解释是，武汉沦陷在国民党政府的预料之外，也就是说当局对战争局势的判断存在严重失误①。另外，国民党政府对内迁工厂也缺乏应有的重视。1937年10月，工矿调整委员会依然认为："迁厂不是经济办法，如非军需急用者，以少迁为佳。如果内迁工厂太多，财政上负担太重，且各厂竞争迁移而无安插办法，将来亦必发生不良影响。"（孙果达，1991）

---

① 对该观点存在一个可能的挑战是，林继庸（1983）提到内迁工厂以武昌为聚点，然后西上宜昌、重庆；北上西安、咸阳；南下岳阳、长沙。若武昌仅是工厂内迁的一个中转站，文中的结论则无法成立。但更多的史料显示，武昌是内迁的目的地而非中转站。在迁移监督委员会的电文中，国民党政府对内迁工厂的布局做了预先规划，并特别提到要为将来厂区的扩充留有余地。为解决化工厂的用水问题，工矿调整委员会甚至想过开挖沟渠，把长江水引到东湖。（孙果达，1991）此种种迹象表明，武汉地区就是内迁的目的地。当南京失守以后，向西部内迁工厂才被提上日程。

从数据方面也可以看出，战前上海有工厂5418家①，其中符合当时工厂法规定标准的有1235家，被已核准迁移的工厂为224家，而实际迁出的只有148家②，仅占工厂总数的2.73%。由于缺乏完善的组织，"约有40万吨的机器被抛弃在长江下游一带"③。1937年12月中旬，青岛市长电告工矿调整委员会，该市5家重要工厂决定迁至"渝、汉、西安"，请求解决运输问题，工矿委员会的答复竟是"现运报繁，重要物资如煤斤等均苦无法南运。掉车之事，力与愿违，深以为愧"④。

第二节 兵工企业内迁

为保障战时的武器供给，蒋介石早在1935年6月便命令兵工署长俞大维："各兵工厂尚未装成之机器应暂停止，尽量设法运于川黔两省，并须秘密陆续运输，不露形迹，望速派员来川黔筹备整理。"⑤ 兵工署先后成立长沙、香港、重庆、西安四个办事处以协助兵工企业内迁。由于在运输上享有优先权，因而其内迁过程也比较迅捷。总的来看，军政部兵工署制定的内迁路线主要有三条："太原和济南的两家兵工厂沿陇海铁路西迁，到达陕西以后，留下部分设备，其余设备继续转迁至四川；巩县和汉阳的两家兵工厂由平汉、粤汉铁路南下到达湘西，部分设备继续转迁至重庆；金陵和广东的两家兵工厂直接内迁至重庆；此外，广西和迁桂兵工厂沿桂黔铁路

---

① 何子龙：《八一三以来之上海工业》，《中国经济评论》1938年第1卷第2期。
② 上海工厂迁移委员会编：《上海工厂迁移委员会核准迁移工厂名单》，1937年12月。
③ 埃德加·斯诺：《为亚洲而战》，新华出版社1984年版。
④ 《沈鸿烈为青岛市内迁工厂运输事宜与翁文灏往来密电》，转引自黄立人《抗日战争时期工厂内迁的考察》，《历史研究》1994年第4期。
⑤ 王国强：《抗战中的兵工生产》，载《抗战胜利40周年论文集》，（台北）黎明文化事业公司1995年版，第115—120页。

和公路迁入贵州，部分设备又继续转入重庆"（戚厚杰，2003）。内迁兵工厂的详细信息如表4.8所示。

表4.8　　　　　　　　　内迁兵工厂信息

兵工厂名称	内迁路线	起止时间	主要产品
济南兵工厂	济南—西安—武汉—重庆	1937.9—1938.5	手榴弹、掷弹筒
太原兵工厂	线路1：太原—兴平—中部—乡宁 线路2：太原—兴平—虢镇—城固、广元	1937.10—不详	步枪、轻机枪
巩县兵工厂	巩县—株洲—长沙—安化—沅陵—重庆	1937.11—1940.春	步枪、机枪、手榴弹
石河兵工厂	石河—武汉—泸县	1937.11—1938.4	面具、特种药、火药
汉阳兵工厂	汉阳—辰溪—重庆	1938.6—1940.春	步枪、炮弹、手榴弹
汉阳制炮厂	汉阳—桃源—沅陵—桂林—贵阳	1938—1944.秋	小炮弹、药包
汉阳火药厂	汉阳—辰溪—巴县—重庆	1938.5—1943	发射药、酒精、燃油、润滑油
金陵兵工厂	金陵—汉口—重庆	1937.9—1938.3	机枪、迫击炮、炮弹、飞机炸弹
广东第一兵工厂	番禺县—融县—桐梓	1937.12—1939.12	机枪、步枪
广东第二兵工厂	清远—重庆	1937.7—1938	炮弹、炮样板
广西兵工厂	柳州—綦江	1939.11—不详	枪弹、掷弹筒、掷榴弹
钢铁厂迁建委员会	汉阳—重庆	1938.2—1939.12	钢铁
军用光学器材厂	南京—重庆—昆明	1937.8—1939.1	望远镜、测远镜
航空兵器技术研究处	南京—武汉—万县	1937.11—1938.夏	枪弹、榴弹
杭州飞机制造厂	杭州—芜湖—汉口—昆明	1937.9—1938.10	战斗机
兵工署汽车制造厂	南京—长沙—沅陵—綦江	1937.11—1939.10	汽车

资料来源：根据戚厚杰《抗战时期兵器工业的内迁及在西南地区的发展》，《民国档案》2003年第1期；张守广：《抗战大后方工业研究》，重庆出版社2012年版；中国第二历史档案馆编：《国民政府抗战时期厂企内迁档案选辑（中）》，重庆出版社2016年版，第899页。地名以当时的名称为准。

1937年后，许多兵工厂在内迁过程中经过多次辗转、合并以及重组。由于无法获得更详尽的资料以呈现这些转变的连续过程，作为补充，本书给出了1938年、1941年和1945年三个离散时间点后方各兵工厂的相关信息，具体如表4.9至表4.11所示。可以看到，在抗战初期（1938年），主要兵工厂只有15家，在地域上也相对比较分散。随着战事的进行，抗战中期（1941年）兵工厂数量增加至21家，地域集中的特质开始显现。此时，迁入重庆的企业已达10家，接近总数的50%。战争结束时（1945年），全国兵工企业数量达32家，重庆地区企业数量占比稍有下降，不过依然维持在40%左右的水平。表4.9给出了抗战初期企业内迁的相关信息，表4.10和表4.11的结合则提供了兵工企业的新建和扩张状况。首先需要关注的是第11工厂，1941年的资料显示，该厂位于四川铜罐驿，到1945年，该厂的地址为湖南辰溪，然而这并不意味着第11工厂在这段时间里从铜罐驿迁到辰溪。追溯史料发现，1938年6月，巩县兵工厂在长沙改名为第11工厂，1939年5月，该厂奉命前往重庆，不过由于日军攻占宜昌，水路交通受阻，故又返回湖南辰溪建厂。同时，由汉阳兵工厂迁移到该地的枪弹厂划归第11工厂。1945年的资料显示，位于辰溪的第11工厂主要产品为枪弹、炮弹和手榴弹，这与之前汉阳枪弹厂和巩县兵工厂的产品范围也是保持一致的。故我们认为，位于辰溪的第11工厂从1939年起就一直存在，也许是调查范围的原因其没有在表4.10中显示出来。1940年春，该厂再次迁往重庆，同年10月划归第1工厂（戚厚杰，2003）。在1945年的调查中（表4.11），第11工厂就仅出现在湖南辰溪。故一个可能的推断是，在1940年，第11工厂的一部分迁往重庆，另一部分留在辰溪，而非简单如表4.11展示的那样，在1941—1945年间的某个时间，第11工厂从重庆迁回了湖南辰溪；其次，还可以发现，1941年后，第21工厂增设了四川綦江分厂，第23工厂增设了重庆和云南昆明分厂，第50工厂增设了四川成都分厂，另外，第27、第28、第31和第53工厂皆为后来新设。

表 4.9　　　　　抗战初期主要兵工厂分布（1938 年）

原厂名	现厂名	厂址
汉阳兵工厂	第 1 工厂	湖北汉阳
汉阳火药厂	第 2 工厂	湖北汉阳
上海炼钢厂	第 3 工厂	湖北汉阳
炮兵技术研究处	第 10 工厂	湖南株洲
巩县兵工厂	第 11 工厂	河南巩县
四川第 1 兵工厂	第 20 工厂	四川成都
金陵兵工厂	第 21 工厂	重庆
军用光学器材厂	第 22 工厂	重庆
巩县兵工分厂	第 23 工厂	重庆
重庆炼钢厂	第 24 工厂	重庆
济南兵工厂、陕西第 1 兵工厂	第 30 工厂	陕西西安
广西第 1 兵工厂	第 40 工厂	广西柳州
广东第 1 兵工厂	第 41 工厂	广西融县
广东防毒面具厂	第 42 工厂	广西柳州
广东第 2 兵工厂	第 50 工厂	云南大理

资料来源：黄立人：《抗战时期大后方经济史研究》，中国档案出版社 1998 年版，第 124—125 页。

表 4.10　　　抗战中期大后方各兵工厂主要事项（1941 年 4 月）

原厂名	现厂名	所在地	主要出品
汉阳兵工厂	第 1 工厂	重庆鹅公岩	手榴弹、机枪、枪弹、甲雷
汉阳火药厂	第 2 工厂	重庆纳溪沟	发射药、黑药
炮兵技术研究处	第 10 工厂	重庆空水沱	小炮弹、药包
巩县兵工厂	第 11 工厂	四川铜罐驿	炮弹、步机枪、手榴弹
四川第 1 兵工厂	第 20 工厂	重庆铜元局	枪弹、甲雷、铜皮
金陵兵工厂	第 21 工厂	重庆簸箕石	步机枪、迫炮、迫炮弹
	第 21 工厂（分厂）	昆明始甸	迫炮、迫炮弹
军用光学器材厂	第 22 工厂	云南昆明	望远镜、测远镜
巩县兵工厂分厂	第 23 工厂	四川泸县	面具、特种药、火药
重庆炼钢厂	第 24 工厂	重庆磁器口	钢料、手榴弹
	第 25 工厂	重庆张家溪	枪弹、手榴弹、铜皮

续表

原厂名	现厂名	所在地	主要出品
	第26工厂	四川长寿	炸药
济南兵工厂、陕西第1兵工厂	第30工厂	重庆王家沱	手榴弹、掷弹筒、掷榴弹
广西第1兵工厂	第40工厂	四川綦江	枪弹、榴弹、掷弹筒
广东第1兵工厂	第41工厂	贵州桐梓	机枪、步枪
广州面具厂	第42工厂	贵州遵义	面具
广东第2兵工厂	第50工厂	重庆郭家沱	炮弹、炮样板
	第51工厂	昆明海口	轻机枪
	第52工厂筹备处	云南宜良	炮弹
	钢铁厂迁建委员会	重庆大渡口	钢铁、工兵器材
	航空兵器技术研究处	四川万县	枪、掷弹筒及弹
太原兵工厂		乡宁、城固、广元	
西北修械厂	第31工厂	宝鸡市虢镇	
巩县兵工厂	第11工厂	湖南辰溪	
兵工署弹道研究所		重庆磁器口	
兵工署应用化学研究所		四川泸县	
杭州飞机制造厂		昆明和南川	
兵工署汽车制造厂		綦江	

资料来源：重庆市档案馆编：《战时工业》，重庆出版集团2014年版，第463页。

表4.11　　**抗战胜利时后方兵工厂概况（1945年8月）**

厂名	厂址	人数	机器数量
第1工厂	重庆	5071	1703
第2工厂	重庆	2247	357
第10工厂	重庆	2739	712
第11工厂	湖南辰溪	5114	1178
第20工厂	重庆	4374	1131
第21工厂（本部）	重庆	10370	3424
第21工厂（分厂）	四川綦江	2559	767
第21工厂（分厂）	云南安宁	2272	767

续表

厂名	厂址	人数	机器数量
第23工厂（本部）	四川泸县	2516	1710
第23工厂（分厂）	重庆	344	56
第23工厂（分厂）	云南昆明	142	44
第24工厂	重庆	4471	893
第25工厂	重庆	3267	1430
第26工厂	重庆	1285	199
第27工厂	重庆	3190	677
第28工厂	重庆	1018	130
第30工厂	重庆	2762	515
第31工厂	陕西兴平	1517	214
第41工厂	贵州桐梓	3913	1118
第42工厂	贵州遵义	745	344
第44工厂	贵州贵阳	2459	221
第50工厂（本部）	重庆	3890	740
第50工厂（分厂）	四川成都	1359	336
第52工厂	云南宜良	1066	156
第53工厂（本部）	云南海口	2873	1734
第53工厂（分厂）	贵州贵阳	141	53
钢铁厂迁委会	四川巴县	12218	1796

资料来源：重庆市档案馆编：《战时工业》，重庆出版集团2014年版，第475页。抗战胜利时，在福建有4个兵工分厂，在湖南有1个兵工分厂。由于本书重点考察的是后方西南地区兵工企业的分布情况，故未在表中给出这5家兵工企业的信息。

第三节　民营企业内迁

一　第一次内迁

1937年之前，上海是全国的工业中心[①]。"七七事变"后，上海

[①] 1933年民国政府经济部最权威的工业调查报告显示，该年上海符合《工厂法》的民族工业企业有1229家，占全国总数的50.5%，而工人总数和总产值分别为21.6万人和5.7亿元，占全国总数的43.14%和51.3%。

民族工业企业的内迁工作得到民国政府的重视。1937年8月，上海工厂迁移监督委员会和上海工厂联合迁移委员会根据民营工厂的分布状况决定：各厂首先将机器设备运抵武昌徐家棚，然后再根据具体情况西上宜昌、重庆，北上西安、咸阳，南下岳阳、长沙。位于上海南市的工厂，先将设备集中于闵行，由北新泾或南市起运。位于闸北、虹口、杨树浦的企业，先将设备拆运到租界，再由苏州河或南市水路启运。在实际的内迁过程中，由于铁路忙于军运，长江航道也被封锁，通过运河运输成了唯一可靠的选择。其具体的方法是：用木船装载机器，用人力沿苏州河划至苏州，然后雇小火轮拖原船到镇江，而后换江轮到达汉口。到1937年9月，有105家企业与迁委会接洽或已在外迁途中，我们在附表4.2中给出了这些企业的详细情况。从迁移委员会成立到上海沦陷的三个月（1937.8.12—1937.11.12），上海共迁出民营企业159家，工人2300多名，机器物资13800余吨①。分行业看，机器、钢铁、五金企业60家，占比为37.7%；造船类5家，占比约为3.14%；化工厂23家，占比约为14.5%；电器类21家，占比约为13.2%；文化印刷厂16家，约占10.1%；纺织厂14家，约占8.8%；其他工厂8家，约占5%。具体情况见表4.12。从其后的情况看，共有129家最终到达武汉，与运出的159家相比，有30家未到，与报关总数相比，约有100家未到。分行业看，机器类和化学类企业大多已经运达，而纺织类至少有一半没有到达武汉②。

表4.12　　　　　　　上海工厂迁移状况（1937年11月）

工厂类别	已经运出数	已经报关数	已进行报关数	共计
钢铁五金机器类	60	12	5	77
造船类	5	1	0	6

---

① 孙果达：《民族工业大迁徙》，中国文史出版社1991年版，第51页。
② 中国第二历史档案馆编：《国民政府抗战时期厂企内迁档案选辑（上）》，重庆出版社2016年版，第36—37页。

续表

工厂类别	已经运出数	已经报关数	已进行报关数	共计
制罐类	3	0	1	4
电器类	21	5	1	27
化学工业类	23	11	1	35
制药类	5	1	0	6
建筑工程及材料类	4	1	1	6
纺织类	14	5	4	23
文化及印刷类	16	7	2	25
其他及商号类	8	10	2	20
共计	159	53	17	229

注：附表4.3给出了外迁企业报关的详细信息。

资料来源：《吴承洛对于工厂迁移意见书（1938年2月4日）》，转引自中国第二历史档案馆编《国民政府抗战时期厂企内迁档案选辑（上）》，重庆出版社2016年版，第35—36页。

需要说明的是，有记录的企业大都是受迁移委员会协助内迁的，但仍有部分未统计入表的企业是自行内迁的。其迁移路线大都为先将机器设备运至香港，然后再转运至内地。如中华造船厂沿香港—株洲—衡阳路线最终抵达湘潭设立"中国造船厂湘潭分厂"；上海棉纺织染试验馆以外商名义迁到香港，然后经广州运到广西梧州；章华毛纺织厂通过贿赂将机件经香港、仰光、腊戍转运到重庆。然而，由于对战争准备不足，政府没有提前做好企业的内迁准备，大量企业未能及时迁出[①]。民族工业在战火中遭受重创。根据国民党政府经济部统计，上海的损失多于3万万元[②]，分行业的情况如表4.13所

[①] 有案可查的未能及时迁出的企业有上海实业公司、永丰五金电器厂、永大铁工厂、大中华制带厂等99家。可以知道的是，在战乱中实际未迁出的企业数量是大于99家的。

[②] 除了经济部的统计，还有一些机构也估计了上海工业在战争期间的损失情况，如：据金城银行调查显示，到1938年3月为止，上海及其近郊的工业损失为155764000元（郑克伦：《沦陷区的工矿业》，载《经济建设季刊》第1卷第4期，1943年）；另据日方大阪贸易调查所统计："在南市未陷落前，沪市工厂被毁者已有1958家，损失总计为56450万元，若再将南市被毁计入，则共有2000家企业被毁，损失在8亿元以上"（《财政评论》第3卷第6期，1940年）；又据国民党中央研究院社会科学研究所的推算："全上海工业界的损失为6万万到7万万元。"（《银行界》第3卷第6期）

示。上海以外地区工业损失情况如表4.14所示。

表4.13　　　　　　　　上海各行业损失情况

工业部门	损失数（千元）	工业部门	损失数（千元）	工业部门	损失数（千元）
纺纱	75000	丝织	115000	橡胶	2000
染织	9830	化工	10000	造纸	5000
毛织	3000	皂革	3000	玻璃	5000
印刷	3000	烟草	5000	面粉	5000
木材	1500	机器	10000	其他	50000
				总计	302330

注：原数据总计为297000千元，但实际应为302330千元。

资料来源：李善丰：《我国战时工业政策之检讨》，《建设研究》1940年第4期，第52—62页。

表4.14　　　　　　　　其他地区工业损失估计

地点	工厂数	损失数（千元）	地点	工厂数	损失数（千元）
南京	91	15941.5	河南	87	13232.3
北平	97	15873.3	浙江	269	15402.9
天津	53	20502.1	江西	2	2720.9
青岛	137	10619	安徽	5	1389.1
江苏	372	61191.3	广东	9	16973.6
山东	243	13492.2	厦门	2	1420
河北	27	23487.7	山西	71	15157.7

资料来源：陈真、姚洛合：《中国近代工业史资料（第一辑）》，《民族资本创办和经营的工业》，生活·读书·新知三联书店1957年版，第86页。

除了毁于战火，上海不少工厂还落入敌人之手。从"八一三事变"到1940年2月，日本利用委任经营、中日合办、租借和收买等方式，在上海强行掠夺工厂203家，占其在上海经营工厂总数的60%。从掠夺方式看，委任经营和中日合办是其最常用的掠夺手段，由此接管的企业总数达 156 家；在行业方面，纺织业和化学工业被接管的企业最多，分别是 47 家和 15 家。具体如表 4.15 所示。从孙果达提供的被占厂矿的详细信息看，位于上海租界外的大厂几乎全被霸占。而到太平洋战争爆发后，留在租界内的民族工业企业也都落入日本人之手①。

表 4.15　　抗日战争时期日本在上海掠夺工厂情况（1940 年 2 月）

业别	委任经营	所有者委任	中日合办	租借	收买	其他	合计
纺织业	47	4	10	7	2	19	89
食料品	14	0	8	3	1	22	48
金属机械	7	3	9	9	5	33	66
窑业	3	0	3	5	1	10	22
化学	15	1	25	6	5	20	72
木材加工	0	0	0	0	1	10	11
杂工业	0	0	4	1	1	3	9
采矿及加工	4	0	7	0	0	13	24
总计	90	8	66	31	16	130	341

注：其他项目中包含新设、恢复和日德合办的企业。

资料来源：陈真：《中国近代工业史资料》（第 2 辑），生活·读书·新知三联书店 1958 年版，第 445 页。

从内迁的结果来看，成功迁出上海的民营企业仅 150 多家，仅占战前上海民营工业企业总数的 10% 左右，但迁出的企业大都实力较强，为抗战后方的工业发展奠定了基础，从这个维度上讲，民族企业的内迁也不愧为"中国实业界的敦刻尔克"。不过由于对战事的错误估计，这些从上海及东部其他地区迁出的厂矿，很快就又面临着再次西迁的窘境。

---

① 《民族工业大迁徙》一书提供了 1940 年被掠夺工厂的详细信息，有兴趣的读者可以参见该书第 97—102 页。

二 第二次内迁

如上文所述,第一次内迁的主要目的地是武汉。据统计,各地迁入的企业共有 135 家,除了来自上海的 121 家外,还有 14 家分别来自济南、无锡、郑州、常州、焦作、枣庄、萍乡、九江、海州和南京。然而,战事的发展速度远超预期,1937 年 12 月南京沦陷,日军沿江而上,武汉不再安全。蒋介石明确指令工矿调整委员会:"筹划战时工业,以川、黔、湘西为主","将各厂继续内迁、以策后方生产之安全"(黄立人,1994)。事实上,在南京会战期间,工矿调整委员会便提出:"以时局变化,是否仍需集中武汉,似应加以考虑,宜择其与国防民生有关之工厂,促其再迁至川湘一带,以免损失。"① 在厂矿监督委员会的努力下,顺昌铁工厂首批机件于 1937 年 12 月 7 日从汉口起运,奔向大后方重庆。此后,大量工业企业开始向西南地区迁移。到 1938 年 1 月,有 39 家工厂迁向西部地区,还有 64 家准备内迁,其具体信息如表 4.16 所示。可以看到,当面临再次内迁时,重庆已经取代过去设定的湖北、湖南和江西,成为大后方的工业中心。在总共 102 家工厂中,有 65 家迁往重庆,占总数的 63.7%。

表 4.16　　武汉工厂内迁统计(1938 年 1 月)

目的地	准备内迁工厂						已迁工厂		待迁吨位数
	别地到汉工厂			原设武汉者			厂数	吨数	
	厂数	吨数	人数	厂数	吨数	人数			
宜昌	3	795	153	0	0	0	3	600	195
重庆	38	3388.8	837	4	3568.9	0	23	2412.5	4545.2
北碚	2	404.3	0	1	364.8	0	2	374.8	394.3
自流井	1	169	5	0	0	0	1	169	—

---

① 资源委员会 1937 年 11 月 30 日谈话会议纪要。转引自黄立人(1994)。

续表

目的地	准备内迁工厂						已迁工厂		待迁吨数
	别地到汉工厂			原设武汉者			厂数	吨数	
	厂数	吨数	人数	厂数	吨数	人数			
长沙	6	552.2	49	0	0	0	4	338.7	213.5
常德	1	1327.5	0	0	0	0	1	1327.5	—
湘乡	1	6	2	0	0	0	0	—	6
湘潭	1	135.5	0	0	0	0	1	135.5	—
桂林	2	149.9	53	0	0	0	1	8	141.9
贵阳	1	18.1	26	0	228	0	1	15	231.1
昆明	1	204.9	71	0	0	0	1	105	99.9
西安	1	13	11	0	0	0	1	13	—
总计	58	7164.2	1207	5	4161.7	0	39	5499	5826.9

资料来源：《林继庸关于在汉口办理厂矿内迁工作报告（1938年1月）》，转引自中国第二历史档案馆编《国民政府抗战时期厂企内迁档案选辑（上）》，重庆出版社2016年版，第161页。

到武汉失守前，由别处抵达武汉后再迁与武汉当地内迁的厂矿共有304家，物资51182吨，技术员工1万余人[①]，其中机器五金业、纺织染工业和化学工业的企业为数较多，分别有122家、71家和31家。具体情况如表4.17所示。

表4.17　　　　　武汉内迁企业概况（1938年8月）

业别	厂数（家）	物资吨数
纺织染工业	71	26150.4
机器五金业	122	7314.3
电机电器业	17	3051.5
陶瓷玻璃业	10	2851.7
化学工业	31	1725.5

① 战前上海、天津等地的熟练工人近100万人，但最终转移到内地的只有几万人，从人力资本的角度看，这确实也是后方工业的一个损失。

续表

业别	厂数（家）	物资吨数
印刷文具业	22	2149.1
食品罐头业	15	1723.9
煤矿业	7	4832.8
其他	9	383.3
总计	304	50182.5

资料来源：根据林继庸《民营厂矿内迁纪略》，载《工商经济史料丛刊（第2辑）》，文史出版社1984年版，第131—132页。

第四节 内迁完成与复工情况

到1940年底，工业企业的内迁基本完成①，共有687家厂矿内迁，其中民营厂矿647家②，国营厂矿40家。分行业看，有钢铁工业2家，机械工业230家，电工器材工业41家，化学工业62家，纺织工业115家，饮食品工业54家，教育文化工业81家，矿业8家，其他工业54家③。表4.18给出了工矿调整处协助内迁的448家企业的相关情况④。在地域分布上，内迁四川的企业254家，湖南的121

---

① 经济部《六年来资助民营事业概括（1943年）》资料显示："1940年底，内迁工厂除小部分因在迁移旅途中失事，机件损失，无法复工外，70%以上的厂矿都已完毕了它们的行程，在新地建厂复工。"

② 内迁民营企业总数是600多家，但表4.18中只有400多家，因为那些未经工矿调整处协助或补助的内迁民营企业并未包括在内。另外，一些国营大厂的内迁系另行办理，并未在600多家之内。

③ 见翁文灏《中国经济建设概论》，载《中国经济建设与农村工业化问题》，商务印书馆1944年版，第19页。

④ 林继庸在《民营厂矿内迁纪略》中也给出了1940年内迁厂矿的数据，其内迁工厂总数为452家，高于经济部的448家，其不同之处在于，该统计中内迁广西的企业有25家，内迁陕西的有42家，内迁四川的有250家，内迁其他省区的有14家。两个统计数据的差别并不太大，但在《中华民国统计年鉴（1948）》中，我们发现1940年内迁工厂数为448家，故仍采用了经济部的统计。

家,陕西的 26 家,广西的 24 家,其他省份的 23 家。另外福建的 105 家,浙江的 86 家民营企业未迁往抗战后方,而是在本省内转移。在行业方面,机械、纺织和化学工业依然占据优势,这三个产业也奠定了作为后方主导产业的基础。

表 4.18　　　　　　　　1940 年内迁民营工厂分布

	四川	湖南	广西	陕西	其他	共计
钢铁工业	1	0	0	0	0	1
机械工业	108	50	12	3	8	181
电器制造业	20	6	3	0	0	29
化学工业	37	8	1	3	7	56
纺织工业	25	52	3	16	1	97
饮食品工业	12	1	1	4	4	22
教育用具工业	32	1	3	0	1	37
其他工业	15	0	0	0	2	17
矿业	4	3	1	0	0	8
共计	254	121	24	26	23	448

注:广西共计,原数据为"23",应有误,改为"24";陕西共计,原数据为"27",应有误,改为"26"。

资料来源:根据工矿调整处 1941 年 6 月编《内迁厂矿数累计表(按内迁复工设厂地区分类)》编制,转引自黄立人(1994)。

在所有内迁的民营厂矿中,这 400 多家是在国民政府相关部门(主要是工矿调整处)的协助下完成的,故可以知道这些企业的详细信息①(其余工厂的情况则不可考)。表 4.19 和表 4.20 分别说明了 1938—1940 年政府协助内迁工业企业的基本情况。关于内迁厂矿的数量、机料重量等信息在前文已有所介绍,这里重点关注复工的情况,即到底有多少企业到达后方以后真正形成了生产能力。从表 4.19 可以看到,1938 年完成内迁的企业共有 304 家,不过复工的

---

① 内迁企业的具体细节见附表 4.4。

仅 81 家，还不到 30%；一年以后，又有 114 家企业迁到内地，此时复工的企业也已经增加到 274 家，比例上升为 65.6%；到 1940 年内迁基本结束，复工的企业已达 308 家，占总数的 68.8%。行业方面，钢铁工业仅有一家企业内迁，并且在第一年（1938 年）便完成了复工。除此之外，文化工业在 1938 年的复工比例最高（50%），纺织工业在该年度的复工比例最低（4%）；1939 年和 1940 年，机械工业的复工比例都高居第一位（分别是 80% 和 86%），而矿业在这两年的复工比例都是最低的（均为 25%）。对于后方机械工业的繁荣，我们猜测与战争的深入相关，战事的深入增加了对机械设备及维修的需求。另外，由于缺少企业的微观数据，很难猜测为何矿业的复工比例偏低。当然，这一结果可能和数据本身相关，由于内迁的矿业企业本来就比较少，所以一家未复工便可能造成复工比例的大幅下降。从省别来看，1938 年复工比例最高的为湖南省（66%），最低的为陕西省；到 1939 年，湖南省内迁企业基本上复工（96.7%）；1940 年，四川省复工比例排在第一位，为 72.4%，湖南省的复工比例下降至 71.1%，工矿调整处的档案提醒我们，这可能是湖南省的企业再度西迁所致。

表 4.19　　　　　　　　　　内迁工厂基本情况

业别	内迁工厂（家）			内迁机料（吨）			内迁技工（人）			复工工厂（家）		
	1938 年	1939 年	1940 年	1938 年	1939 年	1940 年	1938 年	1939 年	1940 年	1938 年	1939 年	1940 年
钢铁工业	1	1	1	1151.9	1151.9	1151.9	313	360	360	1	1	1
机械工业	121	168	181	6162.4	13225	13554.4	797	5588	5968	47	135	155
电器工业	17	28	29	3051.5	5299.8	5299.8	161	684	744	4	12	11
化学工业	41	54	56	6506	8093.4	8356.7	126	1376	1408	7	29	36
纺织工业	71	92	97	26150.4	30822	30823.2	135	1602	1688	3	53	58
食品工业	15	22	22	1723.9	3212.7	3212.7	12	549	580	3	10	11
文化工业	22	31	37	1220.3	1374.3	1665.6	184	606	635	11	22	24
杂项工业	9	14	17	383.3	560	568.7	50	270	404	4	10	10
矿业	7	8	8	4832.8	6268.2	6268.2	15	377	377	1	2	2
总计	304	418	448	51182.5	70007.3	70901.2	1793	11412	12164	81	274	308

资料来源：主计部统计局编：《中华民国统计年鉴》，主计部统计局 1948 年版，第 141 页。

表 4.20　　内迁工厂基本情况

	内迁厂数（家）			内迁机料（吨）			内迁工人（人）			复工工厂（家）		
	1938年	1939年	1940年	1938年	1939年	1940年	1938年	1939年	1940年	1938年	1939年	1940年
四川省	134	223	254	32328.30	44388.60	45262.50	1532	7688	8105	54	118	184
湖南省	118	122	121	5931	10727.30	10442.80	348	2561	2777	78	118	86
广西省	21	23	23	2511.90	3333.60	3428.10	55	524	532	7	13	14
陕西省	20	27	27	10199	10534	10534	58	352	432	1	17	17
其他省区	11	23	23	231	1053.80	1053.80	0	288	318	1	8	7
共计	304	418	448	51201.2	70037.3	70721.2	1993	11413	12164	141	274	308

资料来源：根据《方崇森报送厂矿迁建统计及内迁工厂复工后产品价值统计呈（1941年6月）》整理而成。原始档案来自中国第二历史档案馆（编）：《国民政府抗战时期厂企内迁档案选辑（下）》，重庆出版社2016年版，第1063—1068页。

复工企业所创造的产品价值如表4.21所示。注意到该统计并未包含所有的复工企业，故实际产品价值应该更高一些。首先是总量方面，1938年，工业产品总值为481.45万元，到1940年，上涨为14585.9万元，翻了30倍，即使考虑价格上涨因素，这一增长速度仍是极快的。内迁厂矿确实给后方工业带了巨大的冲击。分业来看，到1940年，服物用品类的产值最高，达到6581万元，食品类和机械工具类分列第二和第三位，兵工器材类的产值为811.2万元，排在第四位。至此，内迁的工业企业开始在西部地区的经济发展中扮演重要角色，战争将其直接从农业社会带入了工业化社会。资本、技术以及现代管理经验的涌入彻底改变了传统社会，并对其造成深远影响。

表 4.21　　内迁工厂复工后产品分类价值统计

		1938年	1939年	1940年
	有报告之工厂数	143	219	295
复工后产品价值累计（元）	（1）兵工器材类	1405407	5509317	8111855
	（2）机械工具类	863643	6523115	15155580
	（3）交通用品类	926005	2413768	6865345
	（4）消防用品类	71720	243482	645748

续表

		1938 年	1939 年	1940 年
	有报告之工厂数	143	219	295
复工后产品价值累计（元）	（5）电器电池类	73388	701297	4587261
	（6）医药器材类	145660	1201203	2311344
	（7）防毒面具类	180000	183600	183600
	（8）军装零件类	151746	481223	645923
	（9）服物用品类	62148	9160044	65811667
	（10）食品类	540418	3406243	23102310
	（11）仪器类	14574	164330	304835
	（12）教育文具类	297429	1766471	3667590
	（13）油漆颜料类	—	414935	699436
	（14）玻璃器皿类	14540	68327	1965391
	（15）陶瓷砖瓦类	11312	612358	5641906
	（16）其他用器类	56551	1418510	6159213
总计		4814541	34268223	145859004

注："总计",原数据为"5512541",应为"4814541"。

资料来源：中国第二历史档案馆（编）：《国民政府抗战时期厂企内迁档案选辑（下）》，重庆出版社2016年版，第1068页。

小　结

本章考察了抗日战争爆发后，中国工业企业的内迁过程。从战前国民党政府制定的工业建设计划以及战争初期内迁地点的选择来看，当时政府高层对战局的判断存在严重失误。江西、湖北和湖南战前被划定为工业建设的重点地区，"七七事变"后，武汉又成为东部工业企业转移的首选城市。然而，最终的历史结果是，湘、赣、鄂都没有成为战时后方的核心区域，当时并未引起足够重视的西南地区成为内迁企业的最终目的地。从具体行业来看，转移到后方的机器五金企业数量最多，甚至比战前发展最好的纺织工业高出了一倍多，若再加上兵工企业，后方的产业结构可以说是从农业主导一跃过渡到以重工业为主导。1940年内迁工作基本宣告结束，内迁企业大都重建复工，其创造的产值以亿元计，从此开启了后方工业的"黄金时代"。

第五章

后方的工业发展：行业和地域

第一节 战时的工业发展：行业视角

1937年后，沿海工厂开始向内地转移。到1940年，内迁工作基本宣告结束，所迁工厂大都在新地建厂复工。1941年3月，经济部在国民参政会上的《经济部报告（1940年）》第一次对大后方的工业做出统计描述。其调查的行业类别包括机器工业、冶炼工业等6项。由于战争初期各项工作相对混乱，此次调查仅涉及工厂数量一个变量。具体情况如图5.1所示。

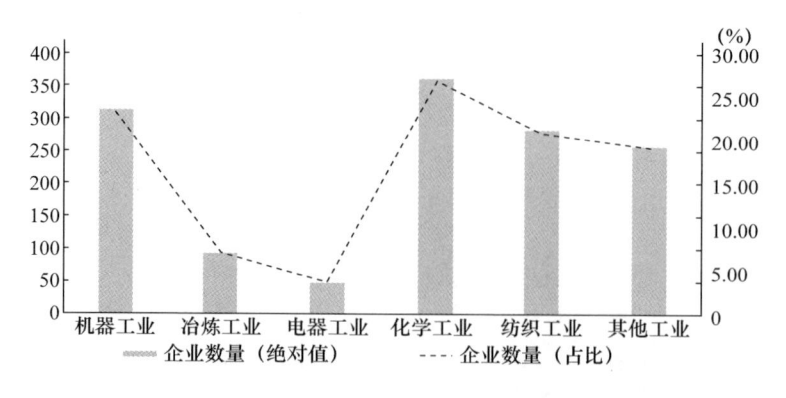

图 5.1 1940年后方各行业拥有企业数量及占比

资料来源：经济部在国民参政会上所做的《经济部报告（1940年）》，1941年3月。转引自黄立人（1994）。

从图 5.1 中可以看出，化学工业拥有的企业数量最多（361家），电器工业中所包含的企业数量最少（47家）。特别需要注意的是机器工业，该行业共有企业 312 家（占总数的 23%），甚至超过了纺织工业的企业数量（282 家，占总数的 20.8%）。这一现象表明，抗战内迁为后方工业带来的可能是跳跃式发展。1937 年之前，后方几乎没有现代工业，随着东部企业的内迁，特别是机器工业等行业的内迁，使得后方的重工业实现了井喷式增长，从数量上看也与轻工业相差无几。1941 年 3 月 25 日，当局公布了新的工厂登记规则（不包括军工企业），资本 1 万以上，或雇佣工人 30 人以上，或使用机械动力，均在范围内①。该规则远低于战前《工厂法》②所制定的标准，导致许多极小的工厂，甚至一些手工业（如米厂和手工卷烟工厂）也被统计进来。然而，一个有利的信息是，因为战时的经济管制，再加上政府对企业的各种贷款及免缓兵役等优惠措施，大多数工厂都会主动登记，这降低了调查过程中的遗漏概率。反观战前，履行登记的工厂并不积极，这在一定程度上提升了调查中遗漏样本的概率③。1941 年底，经济部第一次根据新规则统计的后方工业企业共 1350 家左右，其行业分布如图 5.2 所示。

1941 年的数据显示，后方机器工业共有企业 376 家，超过化学工业的 373 家，居于第一位。另外，假设其他工业中仅包含轻工业，那么可计算出纺织工业、饮食品工业、文具印刷业和其他工业等轻工业的数量总和为 414 家，约占总数的 32%。对比抗战前的数据，仅纺织工业和食品工业的企业数量就占全国总数的 60% 以上④。这再一次强化了前文的猜测，后方工业的发展很可能更加偏向重工业，而非如战前沿海地区那样，发展更具比较优势的轻工业。接下来的

---

① 主计部统计局：《中华民国统计年鉴（上）》，中国文化事业公司 1948 年版，第 132 页。
② 战前《工厂法》登记企业的标准是使用原动力且雇用工人在 30 人以上。
③ 李紫翔：《四川战时工业统计》，《四川经济季刊》1946 年第 1 期。
④ 薛毅：《国民政府资源委员会研究》，社会科学文献出版社 2005 年版，第 484—485 页。

分析将从横截面和时间序列两个维度讨论战时后方工业的发展。

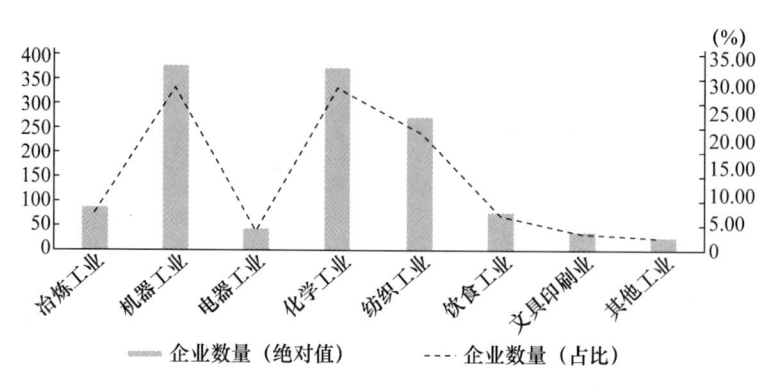

图 5.2　1941 年后方①各行业拥有企业数量及占比

资料来源：该图根据袁梅因《战时后方工业建设概况》绘制，《经济汇报》1944 年第 5 期，第 99—103 页。

一　横截面的分析：1942 年

（一）基本情况

1942 年，经济部统计处对后方工业概括做了更为详尽的统计调查，从而可以对战时后方的经济情况有一个相对全面且深入的认识。此次调查涉及水电工业、冶炼工业、金属品工业等 13 个行业，对各行业的厂数、资本、工人数和动力设备也均有详细的统计数据。如表 5-1 所显示的那样，该年度后方共有工厂 3758 家，资本 19.39 亿元，雇佣工人 24.17 万人，使用动力 14.39 万匹。工厂数量方面，排在前三位的分别是化学工业、纺织工业和机器制造业，同时因为数量的优势，这三个行业的资本总额也位列前三。需要说明的是工人数栏目，由于纺织工业具有显著的劳动密集型特征，其工人总数要远远多于排名第二和第三的化学行业和机器制造业。动力设备方面，排在第一的是水电工业，其后分别是化学工业和机器制造业。除了总量以

---

① 1940 年后方地区主要指重庆地区、川中地区、广元地区等地。而 1941 年的后方则包括了重庆、四川、湖南、广西等 17 个省市。由于后文我们还将从地域的角度分析抗战时期的工业状况，故该处不赘述。

外，还想知道的是这四个变量在 13 个工业行业中的相对地位。图 5.3 给出了各行业在总量中的占比情况。可以看到，绝大多数行业在这四项指标中的占比都非常接近，特别需要注意的是水电工业和纺织工业。其中，水电工业的工厂数量、资本和工人数占比均在 5% 左右，但动力设备占比高达 35.6%，这应该和该行业的生产性质密切相关。纺织工业也出现了类似的情况，工厂数量、资本额在全行业的占比在 15%—20% 这一区间，然而工人数量占比高达 38.6%。这意味着相比其他行业，纺织工业的劳动密集型特征更加显著。

表 5.1　　　　　　　1942 年后方各行业发展情况统计

类别	厂数（家）	资本（万元）	工人数（人）	动力设备（匹）
水电工业	123	14341.4	4618	51213
冶炼工业	155	30232	17404	9659
金属品工业	160	2330.4	8291	2064
机器制造业	682	33759.8	31541	16077.5
电器制造业	98	9304.5	7197	8561.5
木材及建筑工业	49	566.8	1839	582
土石品工业	122	6440	10651	4804
化学工业	826	55922.1	36140	24835
饮食品工业	360	8343.5	11447	9705
纺织工业	788	29050.9	93265	15452.5
服饰品工业	147	1104.4	9241	160.25
文化工业	224	2142.2	7320	657
杂项工业	24	364.6	2708	145
总计	3758	193902.6	241662	143915.75

注：1. 本表依据经济部工厂重新登记底册以及直接向各工厂调查所得资料编制而成，凡因材料不齐或原无数字者，表中以空缺形式表示。

2. 在资本栏目中，水电工业有 7 厂，冶炼工业有 32 厂，金属品工业有 3 厂，机器制造业有 20 厂，电器制造业有 10 厂，木材及建筑工业有 2 厂，土石品工业有 5 厂，化学工业有 67 厂，饮食品工业有 15 厂，纺织工业有 52 厂，服饰品工业有 5 厂，文化工业有 32 厂，杂项工业有 1 厂，资本不明；在工人数量栏目中，水电工业、冶炼工业各有 32 厂，金属品工业有 5 厂，机器制造业有 15 厂，电器制造业有 6 厂，木材及建筑工业有 10 厂，土石品工业有 9 厂，化学工业有 78 厂，饮食品工业有 72 厂，纺织工业有 121 厂，服饰品工业有 12 厂，文化工业有 39 厂，杂项工业有 1 厂，工人数量不明；在动力设备一栏中，信息不明的有 2032 厂。缺失信息均未列入表中。

数据来源：经济部统计处：《后方工业概况统计（1942 年）》，经济部统计处 1943 年版，第 11 页。

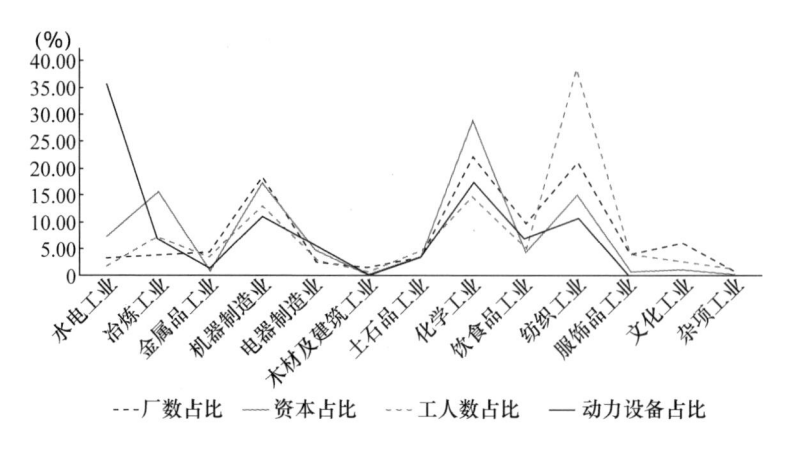

图5.3 各行业厂数、资本、工人数和动力设备占比情况

（二）资本分组统计

对后方工业而言，资本规模是本书重点考察的变量之一。上文从总量的角度给出了各行业的资本总额，但各企业的具体信息并未给出。一般来说，可以通过求厂均资本规模来大致判断行业中企业规模的大小，然而由于资本栏目中行业缺失的企业数量各不相同，简单的算术平均值会造成较大的误差。比较幸运的是，《后方工业概况统计（1942年）》直接给出了各行业的资本分布统计，使我们可以清楚地看到各行业中的企业在不同分组中的分布情况。为构图方便起见，将13个行业按照企业数量多寡分为三组，第一组有杂项工业、木材及建筑工业、电器制造业和水电工业；第二组有土石品工业、冶炼工业、服饰品工业、金属品工业和文化工业；第三组有饮食品工业、机器制造业、纺织工业和化学工业。第一组中所包含的企业数量最少，第二组次之，第三组包含的企业最多。在资本分组统计中，它们分别对应图5.4—图5.6。

在图5.4中，水电工业和木材及建筑工业在资本额1万—5万的分组中集中了最多的企业，分别有33家和14家，占各行业总数的28.7%和29.8%；电器制造业会聚了最多的小企业，资本额在5000元以下的多达27家，占该行业总数的31%；在杂项工业中，资本额

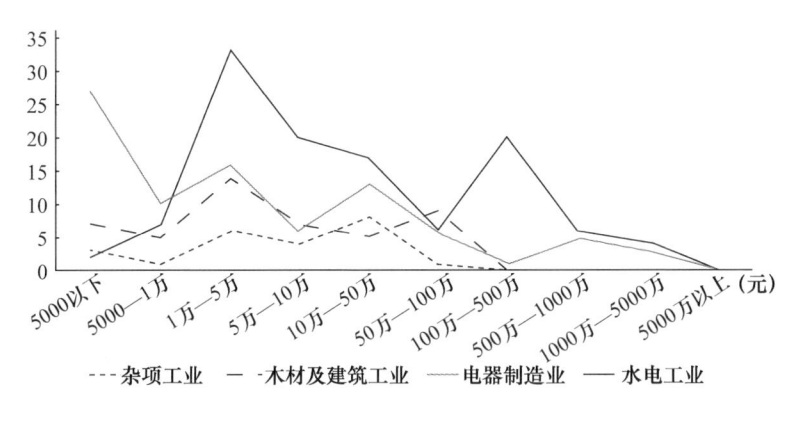

图5.4 后方工业资本分布统计：第一组（单位：家）

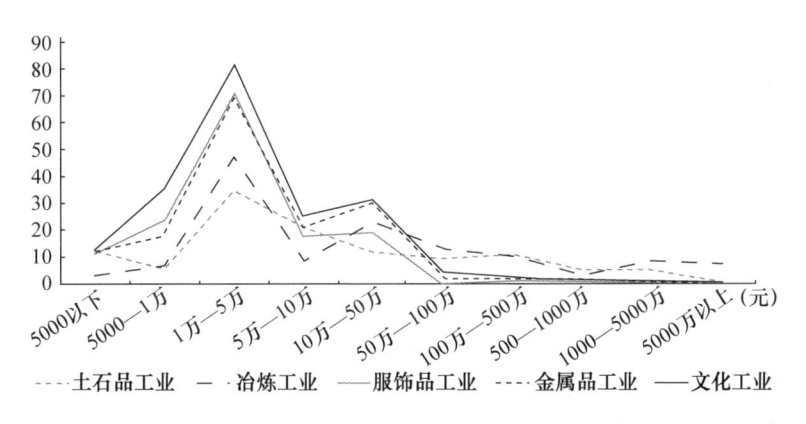

图5.5 后方工业资本分布统计：第二组（单位：家）

在10万—50万元的企业数量最多，有8家，占行业总数的34.8%。不过，杂项工业和木材及建筑工业一样，没有企业的资本额度能够超过100万元。电器制造业和水电工业却拥有资本规模在1000万—5000万元的企业，其数量分别为3家和4家。如果说图5.4中企业数量在资本分组中的分布频率还显杂乱的话，那么图5.5和图5.6则呈现出较强的规律性。可以看到，两图中所涉及的9个工业行业的折线图趋势都大致相同，资本规模1万—5万元的分组形成了第一聚集高点，10万—50万元的分组形成第二聚集高点，随后在资本额更大的组别中，行业的企业数量呈急剧递减趋势。结合图5.4—图5.6，

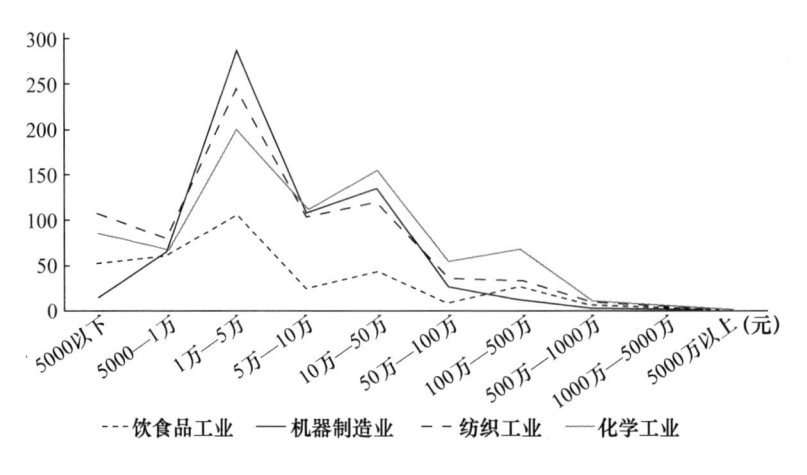

图 5.6 后方工业资本分布统计：第三组（单位：家）

可以形成这样的推论：当样本数据较小时（体现为行业包含的企业数量较少），企业数在各资本额分组中的规律并不明显，然而随着样本的增加，其分布特征逐渐显现。对抗日战争时期的后方工业而言，企业规模确实普遍偏小，然而这也并不意味着规模最小（资本额在5000元以下）的企业数量最多。事实上，可以看出，这些中小企业的资本额大都在1万—5万元与10万—50万元之间，也即说，在给定市场条件和生产技术的前提下，这两个资本水平可能是最具效率的。接下来一个值得注意的问题是，不同行业在生产过程中具有不同的技术特征（如饮食品工业和机器制造业应该具备不同的生成函数），那么从理论上看，处于不同行业的企业应该有着相异的最优规模[①]。但令人意外的是，冶炼工业、机器制造业等重工业似乎与饮食品工业、纺织工业等轻工业有着相似的技术特征，因为其企业数在不同资本组别中有着十分类似的分布。如果假定重工业更倾向具备规模经济的特征，那么又是什么因素阻碍其获得规模经济的好处，以致我们没有在图5.5和图5.6中观察到这类行业在更高的资本额分组中达到企业数量的峰值

---

① 一个简单的例子是，现代的汽车制造企业和餐饮企业相比，其企业数量在不同资本规模分组中的频数肯定有着较大的差异。

呢？一个可能的解释是，战争时期的风险阻碍了企业规模的扩大，因为更大的资本规模可能也同时意味着更多的损失。

（三）所有权统计

接下来从产权性质的角度分析各产业的发展情况。从统计数据看，企业的产权性质划分为公营和民营两类。所谓公营，是指中央各机关、省政府、县政府、各战区司令部以及国家银行所经营及投资的工厂，其他的则属于民营企业。厂家数量方面，公营企业有656家，民营企业有3102家，接近公营企业的5倍。在工人数量方面，民营企业共有16.4万人，公营企业有7.7万人，民营企业是公营企业的两倍多。不过考虑到民营企业在数量方面的优势，这一差距说明公营企业在平均规模上更具优势。若从资本额的角度看，这种优势就更加明显。公营企业的资本总额约为13.5亿元，民营企业仅有5.9亿元，两者相差7.6亿元。同样由于资本栏目内有的企业信息缺失，故若直接计算公营企业和民营企业的厂均资本规模将会造成较大误差。作为一种替代性选择，所以考虑两种所有权性质下企业在不同资本分组中的数量作为比较依据。具体信息如表5.2所示。

表5.2　　　　　　　1942年公营、民营企业资本额分组

组别（元）	公营企业（家）	民营企业（家）
5000以下	41	306
5000—1万	20	366
1万—5万	105	1104
5万—10万	59	418
10万—50万	129	485
50万—100万	59	118
100万—500万	77	113
500万—1000万	22	31
1000万—5000万	28	11
5000万以上	9	0

资料来源：经济部统计处：《后方工业概况统计（1942年）》，经济部统计处1943年版，第4页；资本不明企业不在本表范围之内。

上表中，10万—50万元分组中的公营企业数量最多，有129家。相比之下，民营企业大都集中在1万—5万元的分组中，该分组的企业总共有1104家之多，约占民营企业总数的37.4%。从两个极端的组别中，可进一步窥见公营企业和民营企业在资本规模方面的差别。在5000元以下的分组中，公营企业有41家，约占其总数的7.5%，私营企业在这一组别有306家，占其总数的10.4%；而在1000万元以上的分组中，公营企业有37家，占其总数的6.7%，民营企业仅有11家的资本规模在1000万以上，为总数的0.4%。图5.7计算了公营企业和民营企业在每个组别中的占比情况。明显地，当资本规模超过1万元时，公营企业的占比开始递增，而民营企业占比相应地单调递减，这一特征也反映出，公营企业更多地出现在资本规模更大的分组中。

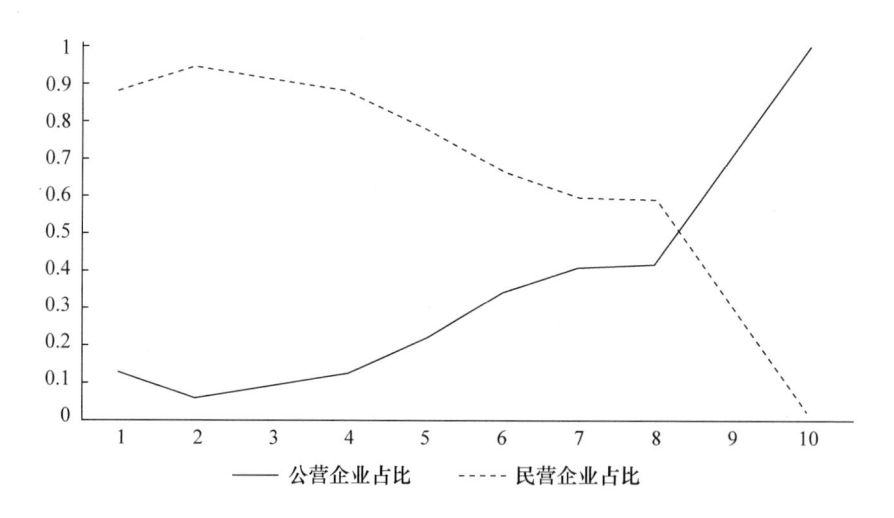

图5.7 公营企业和民营企业在每个组别中的占比情况

除了总体情况，我们还想知道的是在每个行业中公营、民营企业的具体情况如何。表5.3给出了这些信息。在所有13个行业中，纺织工业拥有最多的公营企业（245家），在劳动密集型行业聚集如此多的公营资本似乎有些令人意外。公营占比最高的是水电行业，虽然其厂家的绝对数只有60家,但占行业的比重却接近50%。作为13个行业中唯一的公共事业部门,这一比重也是可以理解的。公营企业数最少的是杂项工业,仅有2家,而占比最小的是金属品工业,其占比为4.4%。在资本规模方面,化学工业、冶炼工业和机器制造业的公营资本最多,分别为4.2亿元、2.7亿元和2.5亿元。虽然纺织业的企业数量占据优势,但公营资本还没有更多地聚集到以其为代表的轻工业。

表5.3　　　　　　　　按产权性质分各行业发展状况

类别	厂家数量(家)		资本额(千万元)		工人数(人)		动力设备(匹)	
	公营	民营	公营	民营	公营	民营	公营	民营
水电工业	60	63	12.76	1.58	2519	2099	20738	30475
冶炼工业	44	111	27.49	2.74	6657	10747	8351	1308
金属品工业	7	153	0.07	2.26	1791	6500	1107	957
机器制造业	50	632	24.66	9.10	9991	21550	7534	8543.5
电器制造业	23	75	8.15	1.15	4985	2212	7158	1403.5
木材及建筑工业	4	45	0.03	0.54	379	1460	65	517
土石品工业	21	101	3.19	3.25	2289	8362	1357	3447
化学工业	125	701	42.01	13.92	7938	28202	9703	15132
饮食品工业	32	328	1.92	6.43	2595	8852	1383	8322
纺织工业	245	543	14.25	14.80	34552	58713	3298.75	12153.75
服饰品工业	8	139	0.07	1.03	843	8398	0	160.25
文化工业	35	189	0.33	1.81	2615	4705	173	484
杂项工业	2	22	0.01	0.35	63	2645	0	145
总计	656	3102	134.94	58.986	77217	164445	60867.8	83048

(四) 财务状况

1943年11月,经济部统计处搜集整理了后方121家①工业企业

---

① 在这121家企业中,水电工业3家,冶炼工业8家,金属品工业2家,机器制造业22家,电器制造业1家,木材及建筑工业3家,土石品工业8家,化学工业32家,饮食品工业9家,纺织工业16家,文化工业1家,矿业16家。

的资产负债表,编撰了《后方工矿资金研究(1943年)》一书。在该书中,所有的企业均分布在水电工业等12个行业中,除了杂项工业和矿业,其他行业类别与上文保持一致。另外,统计资料的获取时间大都在1941年或1942年,与截面分析的时间点也基本吻合。在所有财务指标中,最重要的当属资产和负债。首先考虑资产情况,在可获得的数据中,资产被划分为固定资产、流动资产和其他资产。为了便于比较,计算出各行业的厂均值。从图5.8可以看到,无论是固定资产还是流动资产,纺织工业的厂均值都是最高的,分别为2156.2万元和1466.9万元,这表明在12个行业中,纺织工业的平均资本规模更具优势。固定资产方面,矿业和化学工业的厂均值排在第二和第三位,分别是2122万元和1724.5万元;流动资产方面,排在第二和第三位的分别是水电工业和饮食品工业,其值为907.5万元和481万元。接下来分析各行业的负债情况,图5.9包含了长期负债、短期负债和其他负债三个类别。同样是为了便于比较,给出的数据皆是厂均值。或许是冶炼工业需要的设备相对昂贵,该行业的长期负债额最高,达613.3万元,比12个行业的均值172.6万元高出3倍多。另外,电器制造业、木材制造业和文化工业,其长期负债额均为0,由于缺乏进一步的资料,还无法确定这类行业是因为规模太小无法获得长期融资还是由于产品性质不需要长期融资。在短期负债中,纺织工业依然获得了最多的贷款,其厂均额为1144.8万元,比12个行业的均值(357万元)高出787.8万元,这可能是因为纺织工业的盈利能力使其可以吸收更多的短期投资。

图5.10给出了12个行业的盈利情况。可以看到,纺织工业的盈利额确实远远高于其他行业。其厂均盈利为245.7万元,是排在第二位的饮食品工业的4.6倍。另外,文化工业、矿业和化学工业都还有不错的盈利,而金属品工业、电器制造业、木材及建筑工业和土石品工业仅有十分微薄的利润。需要注意的是,水电工业、冶炼工业和机器制造工业发生了亏损。特别是水电工业,厂均亏损额达94.7万元,这或许是由于其公共品的属性,政府强行将产品价格

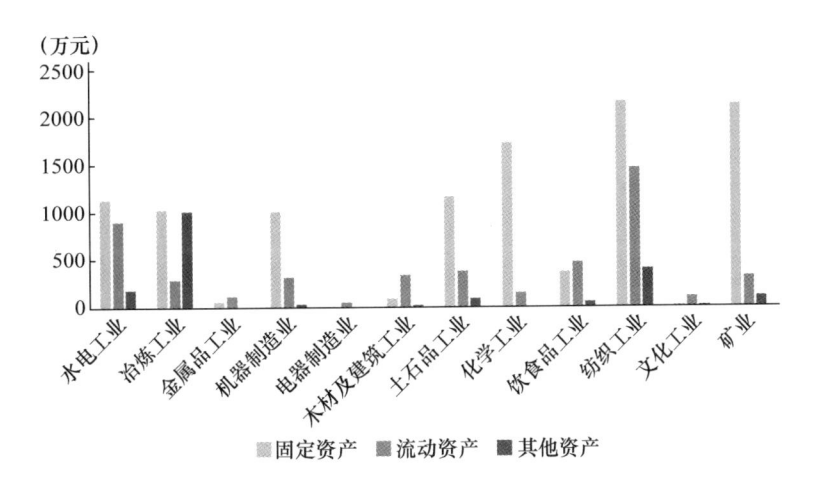

图 5.8 后方各行业的资产情况

注：电器制造业的厂均固定资产仅为 3.04 万元，其他资产为 0.112 万元，由于绝对值太小，在图中无法显示。

资料来源：经济部统计处：《后方工矿资金研究（1943 年）》，经济部统计处 1943 年版，第 6 页。

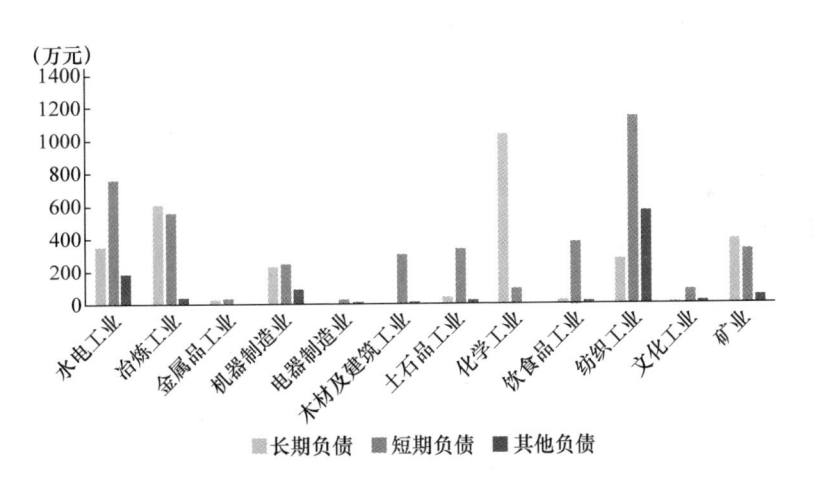

图 5.9 后方工业的负债情况

资料来源：经济部统计处：《后方工矿资金研究（1943 年）》，经济部统计处 1943 年版，第 16—20 页。

压低到平均成本以下所致。同时在图中增加了资产回报率变量，用盈利额除以总资产得到。在资产回报率方面，文化工业（24.1%）超过了纺织工业（10.8%）位居第一位。水电工业、冶炼工业和机器制造业的资产回报率依然为负值。从这里可以看到,虽然机器制造业这一重工业中的代表性行业在后方经济中扮演着重要角色,但其自生能力并不强,如果没有政府的持续补贴,那些盈利额为负的企业将很难经营下去。相反,纺织工业、饮食品工业和文化工业皆有着较好的盈利能力。这种盈利能力可能与其劳动密集型产业特征相关。对当时的西部地区而言(甚至是战前的东部地区),劳动力相对资本更加便宜,因此发展劳动密集型产业更符合其比较优势,因而这类行业往往具备自生能力,可以在没有政府的补贴下存活下去。而机械工业相对来说需要更多的资金和技术,这些要素需求与西部所具有的禀赋并不相符,因而需要有政府不断的转移支付才能维持。

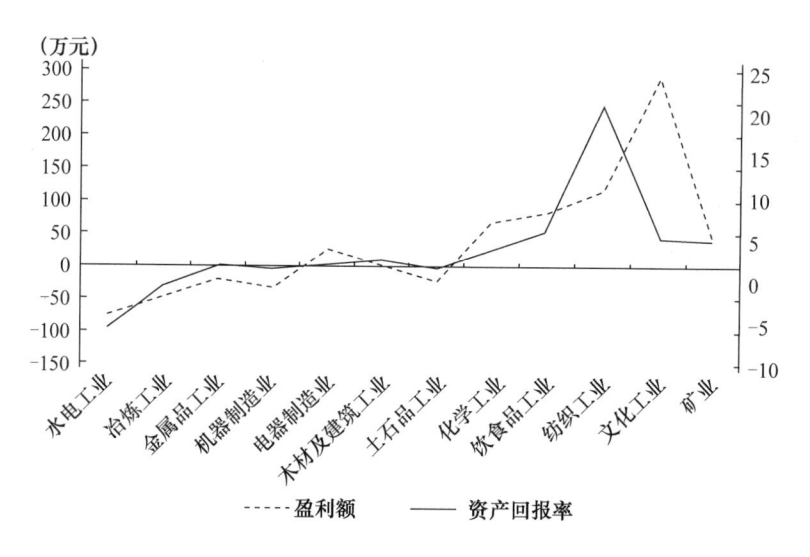

图5.10 后方工业的盈利情况与资产回报率

资料来源:经济部统计处:《后方工矿资金研究(1943年)》,经济部统计处1943年版,第16—20页。

最后,考察后方工业的偿债能力。用流动资产比短期负债得出流动比率,以衡量短期偿债能力;用负债总额比资产总额得出资产负债率,以衡量长期偿债能力。从图5.11可以看到,各行业的资产负债率比较接近,均在50%左右徘徊。长期债务风险最高的是纺织工业,资产负债率为77.5%；长期债务风险最低的是金属品工业，资产负债率仅为30.8%。相对而言，流动比率在各行业间存在较大差别。金属品工业不仅长期债务风险最低，而且短期债务偿还能力也是最强的，其流动比率高达389.8%，即使流动资产有四分之三不能兑现，也基本可以保证短期负债得到偿还。在后方较为重要的行业中，化学工业的短期债务风险也相对较低，流动比率为180.6%，高于纺织工业的128.1%和机器制造业的133.7%。另外，冶炼工业和矿业存在很高的短期债务风险，其流动比率低于100%，存在资不抵债的可能。

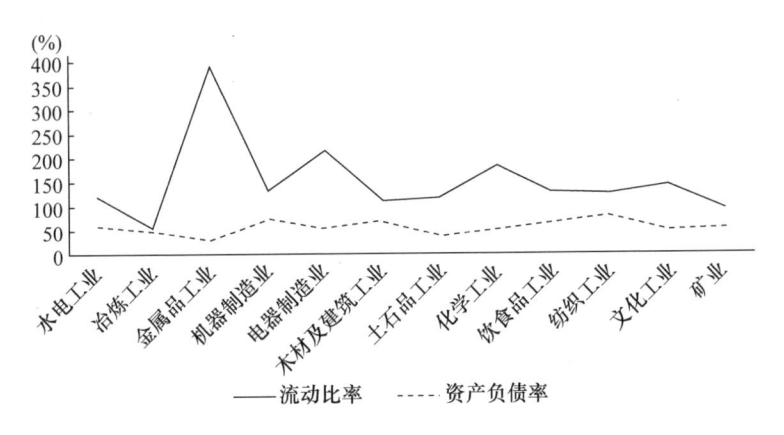

图 5.11 后方工业的流动比率和资产负债率

二 时间序列的分析

（一）基本概况

前文选取了1942年的后方工业作为一个截面进行分析，接下来从时间序列的角度讨论后方工业的发展情况。衡量后方工业的发展状况，一个最直观的变量是工厂数量。上文已经介绍1941年登记工厂数1350家，1942年3758家。根据李紫翔（1944，1946）[1] 和谭熙鸿（1948）[2] 的数据，1943—1945年登记工厂数分别为4524家、

---

[1] 李紫翔：《我国战时工业之发展趋势》，《四川经济季刊》1944年第1期；李紫翔：《从战时工业论战后工业的途径》，《中央银行月报》1946年，第34—45页。

[2] 谭熙鸿：《十年来之中国经济（下册）》，中华书局1948年版，第146页。

5266家和5299家。仅从数量上看，后方工业还是有了较快的发展。除了每年的企业总量，经济部1942年和1944年的统计中还提供了现存企业的开设年份数据。由于两次调查的差距较大，在图5.12中同时给出了两组数据的折线图。需要说明的是，该图反映的是现存工厂的开设年份，并不能完全等同于历年的工厂开设数，如歇业、改组、撤销和转让皆不在此范围之内。然而，此处分析的目的并不在于考证出每年具体新增的企业数量，而是期望看出战时后方工业的发展趋势，从这一层面讲，按设立年份分类的工厂数可以成为有效的代理变量。图5.12中，无论是1942年的调查数据，还是1944年的调查数据，一个共有的特征便是后方工业数量在1937年之后迎来了快速的增长期。稍有区别的是，在1942年经济部的调查中，当年开工企业的增速明显下降了，仅有567家，而在李紫翔（1946）1944年的数据中，1942年开工企业有1137家，与前一年相比并未明显下降。由于缺乏更多的信息，无从知道为什么两个统计会有这样大的偏差，然而即使增速变慢，总量上的持续增长仍是可以确定的事实。

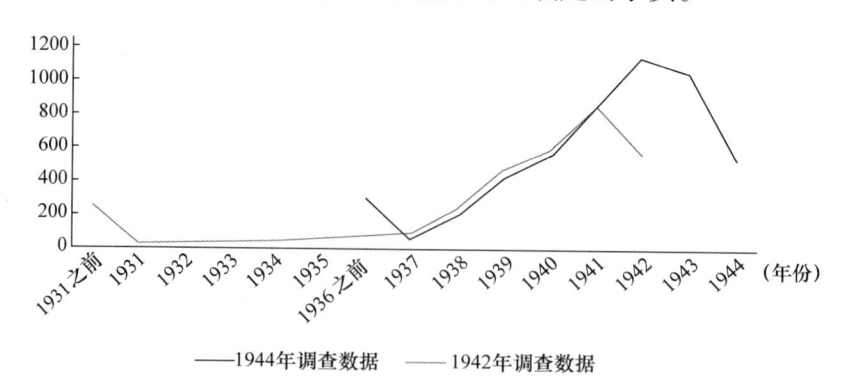

图5.12 两次调查的企业开工年份对比（单位：家）

注：在1942年的调查数据中有567家企业开工年份不明，在1944年的调查数据中有102家开工年份不明；对1942年的调查数据而言，1936年对应的是在该年设立的企业数，在1944年的调查中，1936年实际上对应的是所有1936年之前设立的企业数。

资料来源：1944年的数据来自李紫翔《从战时工业论战后工业的途径》，《中央银行月报》1946年，第34—45页；1942年的数据来自经济部统计处《后方工业概况统计（1942年）》，经济部统计处1943年版，第15页。

相比于 1944 年的调查，1942 年的《后方工业概况统计（1942年）》还进一步提供了 13 个行业中各工厂的开设年份。为了构图的需要，将 13 个行业按照企业数量多寡分为三组，分别对应图 5.13—图5.15。在第一组中（图 5.13），特别需要注意的是水电行业。在现存企业的开设年份中，竟然有 20 家成立于 1931 年之前，是各年度中最多的。这意味着该行业会集了最多的老牌企业。到了 1939 年，水电行业的企业设立又迎来一个高潮，共有 19 家企业在该年度开工。综合三个组别的各个产业来看，1937 年确实是一个明显的拐点，这一现象在第三组中尤为明显。图 5.15 描述了抗战时期发展最为迅速的四个产业，可以看到，1937 年后增长最快的首先是机器制造业，这可能和战争有一定的关联。1938—1939 年，纺织行业的企业经历了一轮快速增长期，1939 年之后，化学工业似乎迎来了井喷似的发展，新开工企业数量远超其他行业。相比之下，饮食品工业的增长速度相对缓慢，1937—1942 年，其每年新开工企业都在 100 家以下。

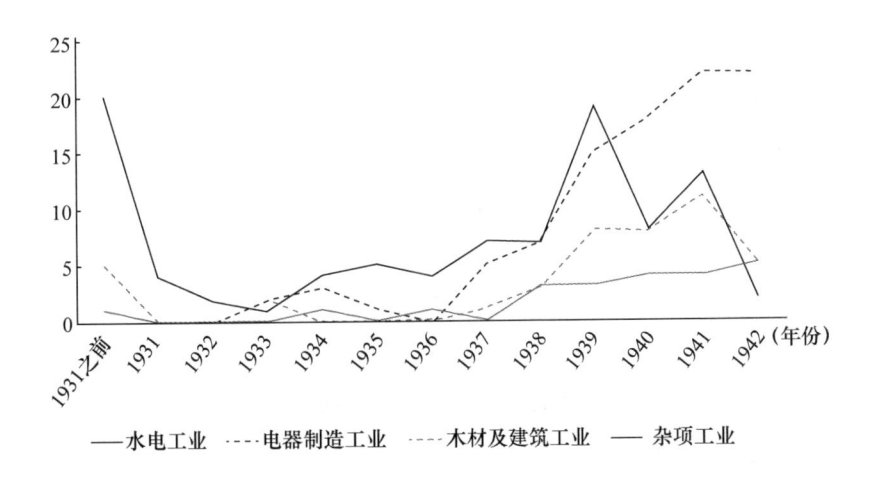

图 5.13　1942 年后方工业企业开工年份（第一组）

1941 年实施的新《工厂法》将很多小型工厂和手工工厂包含进来，这提醒我们注意，工厂数量的持续增加并不一定意味着后方工业资本规模的急剧扩张。1942 年和 1944 年的调查都给出了各年份

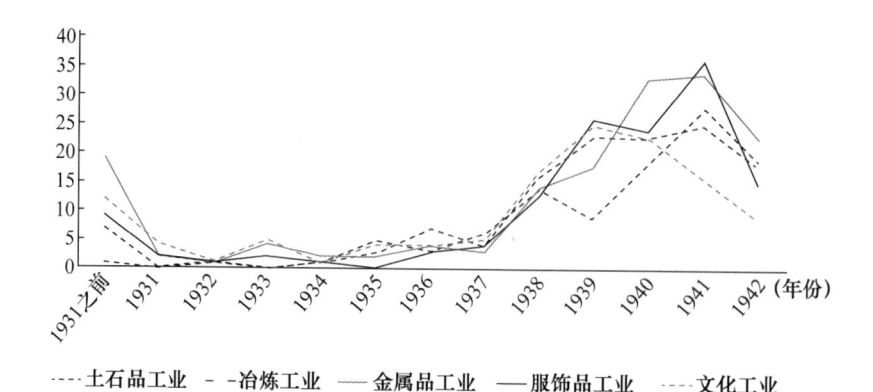

图 5.14　1942 年后方工业企业开工年份（第二组）

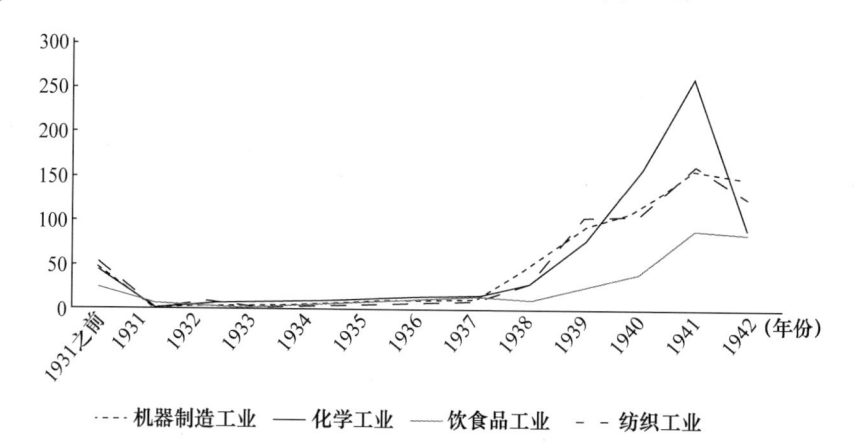

图 5.15　1942 年后方工业企业开工年份（第三组）

后方企业的资本额，但 1942 年缺失数据较多，共计 134 家企业缺少资本额。1944 年的数据由李紫翔重新计算得出，相对完整，故此处只给出了 1944 年提供的资本额而未一并给出 1942 年的数据。考虑到抗日战争以来通货膨胀较为严重，李紫翔（1946）根据重庆历年物价指数（1936 年为基期）将名义资本折算成实际资本。然而用重庆物价指数去折算整个后方的资本额似乎有失偏颇。许涤新、吴承明（2007）[①]

---

① 许涤新、吴承明：《中国资本主义发展史（第三卷）——新民主主义革命时期的中国资本主义》，社会科学文献出版社 2007 年版，第 362—410 页。

重新计算了后方的批发物价指数,并利用这一指数折算出后方民营工业的实际资本额。本书沿着这一思路,折算出后方工业各年度的实际资本额。为了便于比较,将名义资本以及两种方法折算的实际资本额统一放入表5.4中。

在下表中,名义资本额虽然大体上呈逐年上升趋势,但经平减后的实际资本额历年增长趋势并不明显。从实际资本栏中可以看出,投资最多的是1938年、1939年,其中最主要的原因是这两个年度有大量内迁工厂申报复工[①]。在此之后增设的工厂,规模普遍较小,特别是1942年之后,厂均资本已经降到1万元左右。当然,规模较小并非一定是缺点,特别是在战争时期,小型工厂可以充分利用现有物力财力,迅速投产,并可随时调整以抵御风险。

表5.4　　　　　　1936—1944年后方工业资本额　　单位:百万元,万元

年份	名义资本	实际资本(a)	实际资本(b)	厂均实际资本(a)	厂均实际资本(b)
1936年之前	117.95	117.95	117.95	39.32	39.32
1937	22.39	22.17	21.74	35.18	34.5
1938	117.75	86.58	89.89	41.43	43.01
1939	286.57	120.91	130.26	28.86	31.09
1940	378.97	59.03	73.87	10.34	12.94
1941	709.98	45.72	54.78	5.28	6.33
1942	447.61	9.90	11.48	0.87	1.01
1943	1486.89	14.49	11.86	1.38	1.13
1944	1119.50	3.42	2.59	0.62	0.47

注:a:按重庆物价指数折算的实际资本。

　　b:按后方批发物价指数折算的实际资本。

资料来源:名义资本和实际资本(重庆物价指数)来自李紫翔(1946),实际资本(后方批发物价指数)根据许涤新、吴承明(2007)提供的指数折算得出。厂均实际资本的单位为万元。

[①] 内迁工厂在1938年复工81家,1939年底复工274家。实际上1940年仍有308家企业复工,不过该年度的实际投资额远低于前两年,意味着该年复工的大都可能只是小型企业。主计部统计局编:《中华民国统计年鉴》,主计部统计局1948年版,第141页。

(二) 产业结构的变化

随着1937年中日战争的全面爆发，中国的经济中心由沿海转向内地。然而，企业的空间转移只是其中一部分。与战前相比，产业结构的显著变化同样值得关注。由于无法找到详尽的数据去描述民国以来直到抗战结束产业结构变化的动态过程，作为一种替代性方案，选择了战前和战后的代表性时间点做一个对比。战前的代表性年份选择了1933年。这一年发布的《中国工业调查报告（1933）》是第一次对全国工业发展状况展开全面调查。之前北平政府农商部虽发布类似报告，但几乎由各地方政府任意填报，其结论自然难言可靠。工商部于1930年调查全国工人生活及工业生产情况，但调查范围仅为33个城市，且多涉及工人生活而非工业本身。《中国工业调查报告（1933）》涉及华中华北华南共17个省[①]，120余县，是战前对全国工业最可靠的调查。在战后的调查中，1942年和1944年皆有对各行业的统计调查，但各有其不足。1942年调查行业较为全面，除了电器制造业无法与1933年的行业进行匹配对比之外，其他均能找到对应行业。然而1942年的调查有较多的缺失数据，可能对计算结果造成影响。1944年的数据经过李紫翔的修正，遗漏数据问题得到较好解决。不过在该年度中，水电工业、木材及建筑工业和土石品工业三个行业均未在调查范围之内，这样在和战前的产业结构进行比对时可能会存在一定偏差。鉴于以上原因，同时选取了1942年和1944年的数据。图5.16显示了三个年度各行业中企业数量在总数中的百分比情况。在1933年的数据中：木材制造业和建筑材料业是分开统计的，将其合并为木材及建筑工业；印刷业和仪器制造业也是分开统计的，将其合并为文化工业；将机械及金属品制造业拆分为机械制造业和金属品制造业。由于匹配问题，三个年度

[①] 未包含的省份有甘肃、新疆、云南、贵州、宁夏、青海以及日本人占领的东北四省。除了东北地区，缺失的省份均是当时经济不发达的地区，故调查区域可以反映全国的工业发展状况。

都有一些行业没有包含进来，1933年的家具制造业、电气制造业、交通用具制造业、皮革及橡胶制造业，1942年和1944年中的电器制造业均未包含在下图中，故计算的各行业企业数占比之和并不等于100%。

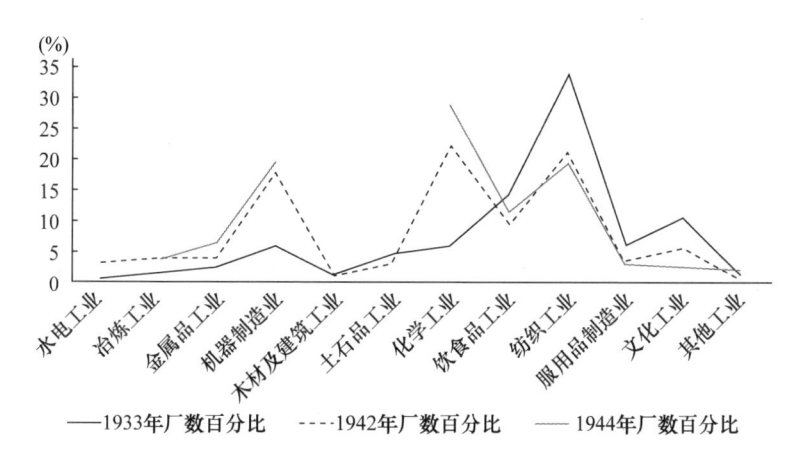

图 5.16　战前和战后各行业厂数占总数的百分比

资料来源：1933年的数据来自刘大钧《中国工业调查报告（1933）》，经济统计研究所1937年版；1942年的数据来自《后方工业概况统计（1942年）》；1944年的数据来自李紫翔《从战时工业论战后工业的途径》，《中央银行月报》1946年，第34—45页。

从战前（1933年）的数据看，大量的企业集中在饮食品工业（14.4%）、纺织工业（33.7%）和服用品制造业（5.8%），而重工业中的冶炼工业（1.4%）、金属品工业（2.4%）、机器制造业（6%），以及化学工业（6.1%）的企业数量在全行业中的占比都相对偏小。到了抗日战争时期，中国后方的产业结构发生了显著变化，无论是1942年还是1944年的数据，都可看到重工业中企业数量有明显的增加，特别是机器制造业和化学工业，其企业占比均比战前有大幅度提升。纺织工业中企业数量占比虽仍能维持在20%左右，但与战前相比确实已大幅下降。这里一个需要注意的问题是，战前与战时企业的登记标准并不一致（战时的标准要低于战前），因此战时重工业中企业数量占比的提升可能仅仅是因为这些行业中小型工厂数量增加相对较快而已，而并非战时的产业结构发生实质性转变。稳健起见，还考察了各行业中工人数和资本额在全行业中的占比情况。具体如图5.17和图5.18所示。在就业规模方面，饮食品工业与服用品制造业在战前和战时没有太大变化，其中饮食品工业工人数占比在5%—10%，服用品制造业工人数占比则维持在3%—4%。轻工业中变化最大的是纺织工业，战前工人数占比高达61.7%，战时却已跌至40%以下，降低20多个百分点。导致这一变化的直接原因是机器制造业和化学工业的崛起，与战前相比，这两个行业的工人数占比至少都提升了10个百分点。冶炼工业中工人数占比的提升也是比较明显的，战前工人占比仅有0.4%，到1942年提升为7.2%，1944年又进一步提升为13.7%。即使以1942年的数据为准，冶炼工业的就业占比也提升了18倍之多。除了就业规模，行业的资本规模也是说明产业结构变化的重要指标。小型工厂的增多也会带来就业的增长，但并不能显著促进资本额的增加。图5.18表明，重工业以及化学工业在战时的快速增长并不只反映在企业数和工人数上。战前，轻工业（包括饮食品工业、纺织工业、服用品制造业和文化工业）的资本额在全行业中的占比为66.4%，而重工业（冶炼工业、机器制造业）和化学工业的占比仅为7.9%，两者相差近60个百分点。抗日战争全面爆发以后，中国（主要指国民党控制的后方地区）经济结构发生重大转变，重工业和化学工业的资本额占比急升为60%，轻工业资本额占比则降到30%以下。轻工业中变化最大的是纺织工业，战前资本额占比超过40%，而战时仅有15%左右。对后方而言，过去几乎难言有现代工业，战时却演变为以重工业为主导的经济格局。不言而喻，战争成为这一转变的关键原因。由于军事需要，大量厂家接到了军事产品，如弹药、枪械零件、军用器具的订单，这促进了重工业企业的发展。另外，战争的兴起阻碍了过去的进口通道，新兴企业所需的建材和机电设备只能求助于国内生产，这也进一步刺激了国内重工业的发展。

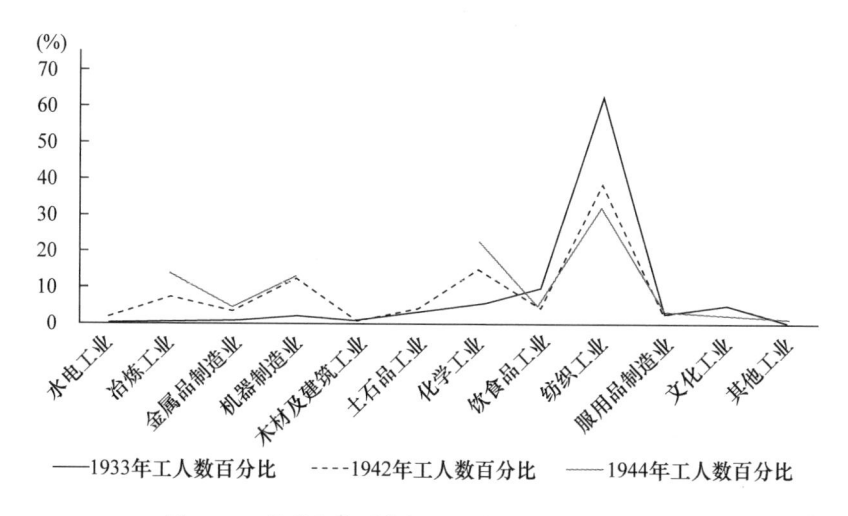

——1933年工人数百分比　----1942年工人数百分比　——1944年工人数百分比

图 5.17　战前和战后各行业工人数占总数的百分比

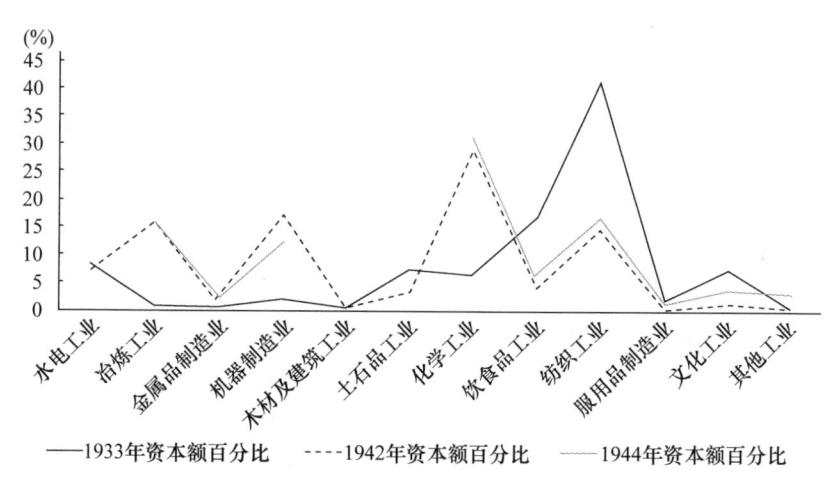

——1933年资本额百分比　----1942年资本额百分比　——1944年资本额百分比

图 5.18　战前和战后各行业资本额占总数的百分比

(三) 产出情况

前文多从产业的角度考察战时工业的发展，为获得更具体的认识，现在从工业产品的维度对后方工业做进一步的分析。关于后方的生产统计，经济部工矿调整处编制了工业生产指数（谭熙鸿，1948），可以从中看出后方工业生产的一个总体趋势。从基础样本来看，该总指数包含了 34 种工业产品，其中生产用品 17 种，消费品

12 种，出口用品 4 种①。工矿调整处编制的指数采用了 Laspeyres 公式，黄立人（1986）沿用了这一方法，不过其给出的总指数中去掉了出口产品；汪馥荪（1948）为了与抗战时期华北工业发展对比，剔除掉出口产品后，重新用算术平均法编制了后方的工业指数。谨慎起见，将这三组数据同时置于图 5.19 中作比对。可以看到，无论使用何种计算方式，在全面抗战的头几年，后方工业都经历持续的增长并在 1944 年达到峰值。尽管在战争中遇到了各种困难，但统制经济体制快速集中了各方力量，保证了工业产出稳定地增加。三组数据反映了后方工业战时发展的相似趋势，差别仅在于增长的幅度。从图 5.19 中可以看到，增长速度最慢的是经济部的统计指数（谭熙鸿，1948），经过计算的 1938—1945 年平均增长率为 17.9%；其次是黄立人（1986）的统计指数，1938—1944 年平均增长率为 32%；增长最快的是汪馥荪（1948）采用平均法计算的结果，1938—1944 年平均增长率达 36%。由于经济部统计指数包含了钨、锑等出口产品，故很可能是这类产品的增速放慢拉低了其增长率。然而即使这样，经济部核算的年均增长率仍不算太低。许涤新、吴承明（2007）给出了 1912—1921 年民营企业（包含矿业）生产的年均增长率为 12%—13%，若加上外资企业，将提升到 13%—16%，不过仍低于经济部 17.9% 的年均增长率。由于 1921—1936 年间数据缺失，无法获得战前更长时期的工业增长数据。作为替代，考虑使用杜恂诚（2012）②的方法，用发电度数做为工业发展的代理变量，从而计算出 1910—1936 年年均增长率为 14.47%。由于杜恂诚（2012）的发电数据仅来自上海，而上海又是近代中国的工业中心，其工业的增

---

① 生产用品包括电、煤、白口铁、钢、电钢、工具机、蒸汽机、内燃机、发电机、电动机、变压器、水泥、纯碱、烧碱、漂白粉、硫酸、盐酸；消费用品包括汽油、酒精、机纱、面粉、肥皂、火柴、机制纸、皮革、灯泡、油墨、铅笔、纸烟；出口品包括钨、纯锑、锡和汞。

② 杜恂诚：《金融业在近代中国经济中的地位》，《上海财经大学学报》2012 年第 1 期。

长速度肯定大大高于全国平均水平，故有充分的理由相信战时的工业增长速度至少是不低于战前的。

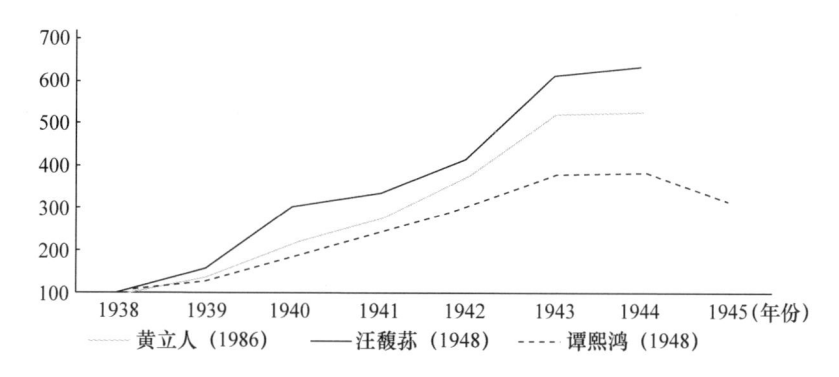

图 5.19　1938—1945 年工业生产总指数（1938 年为基期）

资料来源：黄立人、周天豹：《抗战时期国民党政府开发西南的历史评考（续）》，《历史档案》1986 年第 3 期，第 114—120 页；汪馥荪：《战时华北工业生产指数》，《经济评论》1948 年第 14 期，第 7—11 页；谭熙鸿：《十年来之中国经济（下册）》，中华书局 1948 年版，第 149—151 页。

前文从总量角度分析了战时工业产出的增长情况，接下来再分别考察生产用品、消费用品和出口产品的产出情况。采取简单算术平均的方法求出了三大类产品的产出指数，具体如图 5.20 所示。正如之前预期的那样，出口产品的产出指数增长相对较慢，1941 年后开始下降[①]；增长最快的是消费品，其恰好也在 1941 年经历了一个拐点，1941—1943 年间，产出增加了 8.7 倍，年均增长率高达 106.2%；相对来说，生产品的增长要缓慢一些，不过 1938—1945 年间的平均增长率仍有 54%。需要进一步说明的是，在产品大类中，确实有几种产品的产出经历了相当快速的增长，它们可能极大拉高了平均值。例如在生产用品中，电动机在 1941 年的生产指数为 16059.52，几乎为 1938 年的 161 倍。到 1945 年，生产指数虽降到

---

① 出口产品和消费用品的生产指数在 1941 年出现拐点并不难理解。1942 年日本占领缅甸，西南唯一的陆地通道滇缅公路中断，出口自然受到抑制。

8528.6，不过仍为1938年的85倍。除了电动机，钢的生产指数在1945年为10573.33，是1938年的105倍；在消费用品中，汽油和纸烟两类产品也存在类似的情况，汽油的生产指数在1945年高达96192.15，是1938年的960多倍，纸烟的生产指数在1945年达12655.32，是1938年的126倍。

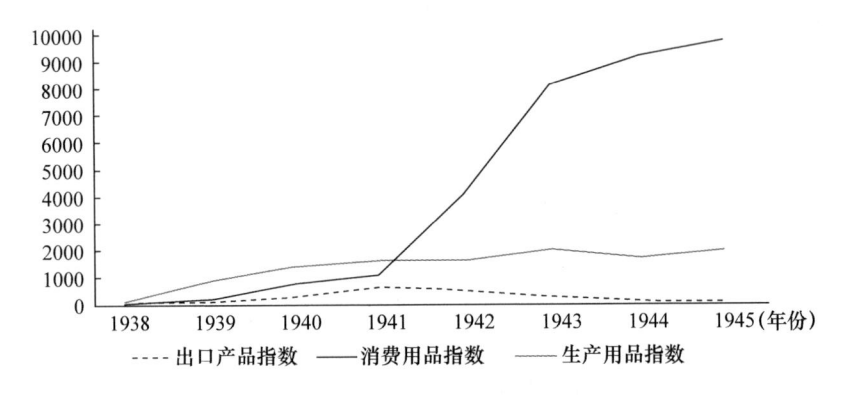

图 5.20 三大类产品的产出指数（1938 = 100）

注：在生产用品中，电钢、蒸汽机、烧碱和漂白粉缺失1938年的数据，故将其剔除；在出口产品中，汞缺失1938年的数据，故也将其剔除。

资料来源：谭熙鸿：《十年来之中国经济（下册）》，中华书局1948年版，第149—151页。

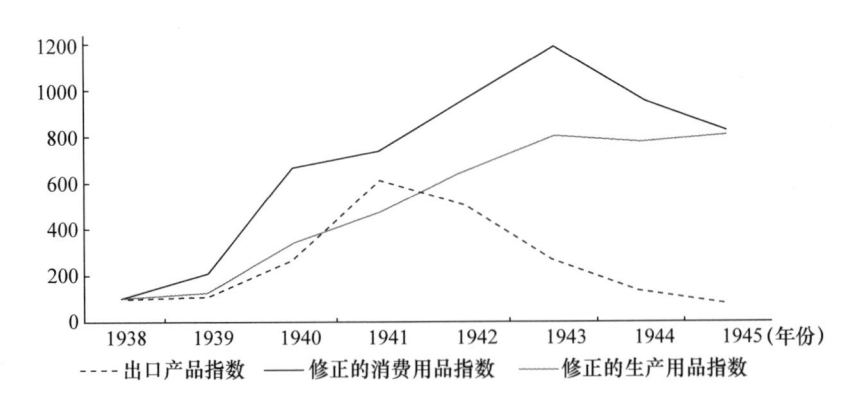

图 5.21 修正后的三大类产品产出指数（1937 = 100）

鉴于此，在生产用品和消费用品中剔除掉了上述四种产品，构建了修正的生产用品指数和消费用品指数。如图5.21所示，修正的消费用品指数的峰值在 1200 左右，远低于修正之前的接近 10000 的峰值。修正前的消费用品指数在 1938—1945 年的年均增长率为 35.16%，修正之前该数字为 92.39%，二者相差了约 57 个百分点。而这约 57 个百分点，主要就是来自汽油和纸烟两种产品的井喷式增长。对比图 5.20 和图 5.21 后还可发现，修正前的生产用品指数在 1938—1941 年间的增长速度是三种产品类别中最快的，在修正之后，生产用品指数的增长速度不仅始终低于消费用品，甚至在 1940—1941 年间的增速还低于出口产品。明显地，电动机和钢两种产品是造成这一差别的主要原因，修正后的生产用品在 1938—1945 年的年均增长率为 34.7%，与修正后的消费用品增长率相差无几，但也远低于修正前 54% 的年均增长率。在全面抗战时期，生产用品和消费用品的产出确实有了很大的增长，这其中尤以电动机、钢、汽油和纸烟四种产品为代表，它们大大拉升了产品大类的平均增长速度。

第二节　战时的工业发展：地域视角

一　抗战初期的工业概况

沿海工厂的内迁以及西部地区工业基础的建立，使大后方的企业数量在短时间内迎来了巨大的增长。特别是作为战时首都的重庆，其发展速度更加迅速。作为典型的内陆地区，重庆的开埠时间远晚于沿海地区，近代工业的起步也至少落后二三十年。在抗日战争前，重庆虽已成为四川近代工业比较集中的城市，但无论其工厂数量还是资本规模，都远不及沿海城市。根据隗瀛涛（1991）[①] 的数据，1933 年重庆与全国 12 个工业城市相比，企业数量和资本规模指标均排在倒数第 4 位。然而到了 1940 年，重庆拥有工厂数量已达 451 家，占西南地区的 50.7%，占整个大后方的 31.6%。从某种程度上讲，正

[①] 隗瀛涛：《近代重庆城市史》，四川大学出版社 1991 年版，第 209 页。

是战争的发生,使重庆在短时间内完成了近代化过程。图5.22还给出了除重庆以外的其他地区的企业数量。可以看到,四川地区以外(包括重庆、川中、广元和川东),云南(昆明区)和湖南(沅辰区)拥有的企业数量最多,分别为80家和69家,占总数的5.9%和5.1%。在行业方面,重庆地区集中了大量的机械制造企业(159家)和化学企业(120家),占重庆地区企业总数的41.7%。

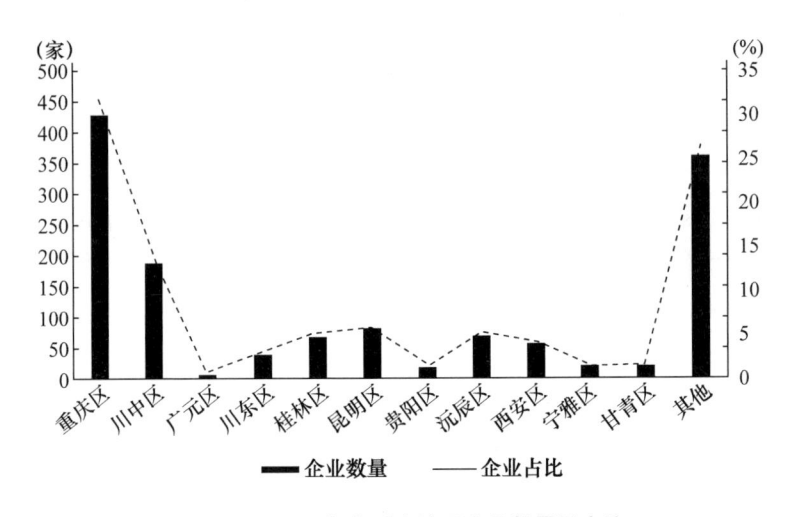

图 5.22 1940 年大后方地区企业数量及占比

资料来源:经济部在国民参政会上所做的《经济部报告(1940年)》,1941年3月。转引自黄立人(1994)。

川中区的化学工业集聚特征更加明显,有100家化学企业,占该地区总数的53.5%;沅辰区(位于湖南省)是另一个机器制造企业的集聚地,共有49家企业坐落于此,在后方中排在第二位,在本地的企业数占比高达71%;在桂林区(广西),纺织企业的数量稍有优势,共计23家,占该地区总数的34.3%。到1941年,更多地区的企业数量被统计进来,并且涉及的行业也明显增加。表5.5显示了各地区的详细数据。重庆、四川、湖南和广西四个地区的企业数量均超过了100家,其企业总和更是达到1029家,占总数的80%,产业集中趋势十分明显。战时首都重庆依然集聚最多的工业企业，451家的数量比排在第二位的湖南高出一倍多。四川除重庆以外的地区也有203家企业，其中最多的是化工企业，占该地区企业总数的一半左右；湖南省的产业相对多元一些，机器工业、化学工业和纺织工业的数量相当，各占总数的25%左右；在陕西和甘肃两地，企业数量也分别有74家和47家，其中纺织企业的数量在本地区占据优势。综上可以看出，受战争的影响，以四川、湖南、广西、陕西、甘肃、贵州和云南为主的后方各省逐渐成为新兴的工业区域，尤其是四川（包含重庆），其工业地位可以和战前的江苏相媲美。然而，虽增加了区域和行业的统计，1941年的数据仍只涉及企业数量这一个变量，还是无法了解后方地区工业发展的更多细节。另外，更多的企业并不一定意味着该地区工业的发展状况更好，数量并不能完全反映出行业的产值及资本规模。幸运的是，到1942年，经济部对后方工业有了更为详尽的调查，我们将在下文对该年度各地区的工业状况做更加细致的分析。

表5.5　　　　　　　　　1941年后方工业统计

	冶炼工业	机器工业	电器工业	化学工业	纺织工业	饮食品工业	文具印刷业	其他工业	共计
重庆	16	210	27	108	42	17	17	14	451
四川	26	10	3	102	46	14	1	1	203
湖南	31	63	3	53	74	13	2	3	242
广西	5	64	5	20	11	8	13	7	133
陕西	0	11	2	24	30	6	0	1	74
甘肃	0	3	1	17	24	1	1	0	47
云南	3	3	2	12	6	3	0	0	29
贵州	2	7	0	15	6	3	2	0	35
江西	4	3	1	9	14	6	2	1	40
浙江	0	1	0	5	5	1	0	0	12
福建	0	1	0	3	0	5	0	0	9
湖北	0	0	0	3	2	0	0	0	5

续表

	冶炼工业	机器工业	电器工业	化学工业	纺织工业	饮食品工业	文具印刷业	其他工业	共计
江苏	0	0	0	0	4	0	0	0	4
西康	0	0	0	2	2	0	0	0	4
山西	0	0	0	0	2	0	0	0	2
宁夏	0	0	0	0	3	0	0	0	3
绥远	0	0	0	0	1	0	0	0	1
共计	87	376	44	373	272	77	38	27	1294

资料来源：根据袁梅因《战时后方工业建设概况》，《经济汇报》1944 年第 5 期，第 99—103 页制成该表。在原文中，分行业统计显示共有企业 1373 家，高于表中分地区统计的 1294 家，由于作者并未专门说明，我们无法考证这一差距的来源。浙江、湖北、江苏等地是指各省的非沦陷地区。

二 横截面的分析：1942 年

（一）基本情况

1943 年经济部编印的《后方工业概况统计（1942 年）》给出了各省工业发展更为详尽的信息。表 5.6 报告了后方 20 个省的厂数、资本、工人数和动力设备情况。1940 年和 1941 年的数据已经显示出，四川（包含重庆）拥有后方最多的工业企业，1942 年的调查再次印证了这一点，1654 家的数量占后方企业总数的 44%，比排在第二位的湖南省（501 家）多了 1100 多家。除了厂数，表 5.5 还给出了资本数和工人数。增加变量有利于更准确地判断各省的产业规模，因为更多的企业数量不一定对应着更大的资本规模和更多的就业人数，它也可能是集聚了大量小型企业的结果。具体来看，四川、云南、广西和陕西的资本规模分列第一至第四位，且其总值均超过 1 亿元；工人数方面，超过 1 万人的有四川、湖南、陕西、云南和广西。由于在厂数方面的巨大优势，四川在资本和工人数方面也排在第一位，并且大大领先于其他地区。谨慎起见，还计算了厂数与资本额和工人数的相关系数，其值分别为 0.95 和 0.99，均是高度相关。这表明在平均的意义上，厂数、资本额和工人数皆可以反映地区的产业发展状况。考虑到 1940 年、1941 年与 1942 年时间间隔很短，企业规模和结构并未发生巨大的变化，因此即使用企业数量去衡量 1940 年和 1941 年各省的产业发展状况也是可以接受的。进一步地，还直接计算了各省的厂均规模和厂均工人数量，如图 5.23 所示。

表 5.6　　1942 年各省厂数、资本、工人数及动力设备

省别	厂数	资本（万元）	工人数（人）	动力设备（匹）
四川	1654	113001.2	108205	62207.5
西康	12	329.8	393	426
贵州	112	4626.5	4578	1634
云南	106	20949.9	18094	14847.5
广西	292	15312.9	15987	11393
广东	69	922.7	2594	1369
福建	88	1118.9	6204	12002.5
湖南	501	7600.4	31574	15131.5
江西	102	3333.6	9127	4646.5
浙江	70	9128.8	6639	3539
江苏	3	6	194	0
安徽	83	113.6	773	61
陕西	385	10531.1	23510	13854.75
甘肃	139	6190.6	7888	1637.5
青海	1	100	11	70
宁夏	14	95	1448	155
绥远	7	13.5	217	0
湖北	17	206.6	1201	118
河南	88	293.2	2479	825
山西	15	28.3	546	0
总计	3758	193902.6	241662	143917.75

注：在资本栏目内，四川有 32 厂，西康有 4 厂，贵州有 13 厂，云南有 18 厂，广西有 10 厂，福建有 5 厂，湖南有 13 厂，江西有 4 厂，浙江有 10 厂，安徽有 4 厂，陕西有 17 厂，甘肃有 12 厂，宁夏、湖北、河南各有 2 厂，绥远有 1 厂资本不明；在工人栏内，四川有 131 厂，西康有 2 厂，贵州有 8 厂，云南有 17 厂，广西有 13 厂，广东有 16 厂，福建有 7 厂，湖南有 14 厂，江西有 4 厂，浙江有 17 厂，安徽有 66 厂，陕西有 92 厂，甘肃有 21 厂，宁夏、湖北各有 1 厂，河南有 22 厂，工人数不明；在动力栏内，设备不明者共有 2032 厂，均未列入。

资料来源：经济部统计处：《后方工业概况统计（1942 年）》，经济部统计处 1943 年版，第 13 页。

[图 5.23 的柱状图：1942年后方各厂厂均资本和厂均工人，横轴省份依次为云南、浙江、青海、四川、广西、甘肃、贵州、西康、江西、陕西、湖南、湖北、广东、福建、宁夏、河南、绥远、江苏、山西、安徽；图例为厂均资本（万元）和厂均工人（人）]

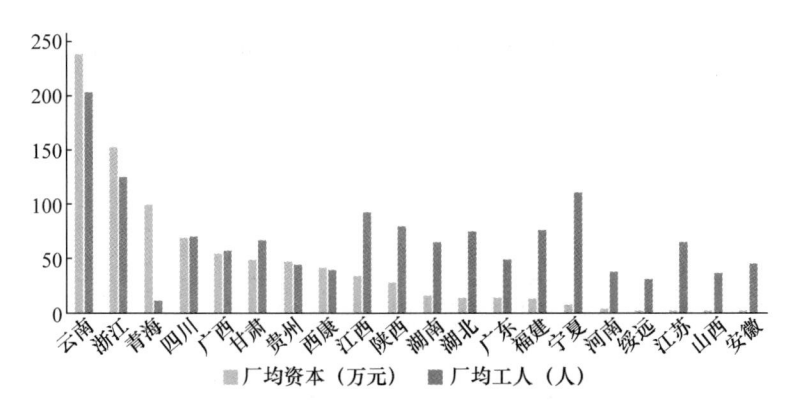

图 5.23　1942 年后方各厂厂均资本和厂均工人

注：各省的资本栏和工人栏均有企业缺失，故在计算均值时从总厂数中减去了缺失的企业数量。

在图 5.23 中，无论从资本额还是工人数的角度看，云南省的平均企业规模都是最大的，这可能是由两方面原因所致，其一，该省有较多的公营企业（占该省企业总数的 68%），而一般来看公营企业的规模相对较大；其二，该省有 4 家资本额超过 5000 万的大型企业，这或许大大提高了平均值。四川、广西、甘肃、贵州和西康等地区的企业规模大致相当，人均资本在 1 万元左右。比较有意思的是青海与宁夏两地区，前者具有典型的资本密集特征，人均资本接近 10 万元，而后者则是典型的劳动密集型，人均资本仅有 720 元。

（二）资本分组统计

《后方工业概况统计（1942 年）》提供了各省在不同资本规模分组下的企业数量。在进一步的分析中，排除掉了那些企业总数小于 100 的省份（如宁夏、青海、江苏、陕西、湖北等），仅保留了企业总数大于 100 的省份，对后方工业而言，这些地区更具代表性。表 5.7 显示了四川、贵州、云南等八省资本分组情况。在资本额超过 5000 万元的分组中，四川有 3 家，云南有 4 家，湖南有 1 家，其他省份则没有这类大型企业；在 1000 万—5000 万元的分组中，四川、云南、广西、陕西和甘肃均有企业达到这一规模，贵州和江西则没有一家企业的规模在 1000 万元以上。为了解各省企业在不同资本分组中的分布情况，还重新计算了各组别企业数量在总数中的百分比情况①，并将结果绘入图 5.24 和图 5.25 中。

表 5.7　　　　　　　　后方八省资本分组统计

	四川	贵州	云南	广西	湖南	江西	陕西	甘肃
5000 元以下	102	11	14	34	16	5	38	3
5000—1 万元	169	6	7	24	55	5	41	12
1 万—5 万元	478	30	13	99	262	31	111	56
5 万—10 万元	209	13	7	41	77	14	56	16
10 万—50 万元	317	20	20	53	54	24	74	20
50 万—100 万元	91	7	7	13	8	5	19	13
100 万—500 万元	106	9	9	7	10	4	16	8
500 万—1000 万元	26	3	3	5	4	4	7	1
1000 万—5000 万元	19	0	9	3	0	0	6	2
5000 万元以上	3	0	4	0	1	0	0	0
资本不明	134	13	13	13	14	10	17	8
共计	1654	112	106	292	501	102	385	139

资料来源：经济部统计处：《后方工业概况统计（1942 年）》，经济部统计处 1943 年版，第 18 页。

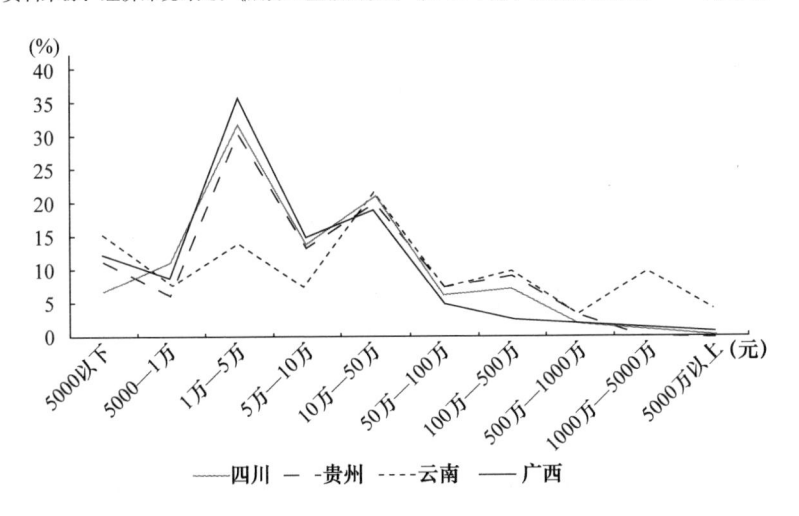

图 5.24　四川、贵州、云南、广西四省的资本分组占比情况

---

① 各省的企业总数中已经剔除掉资本不明的企业。

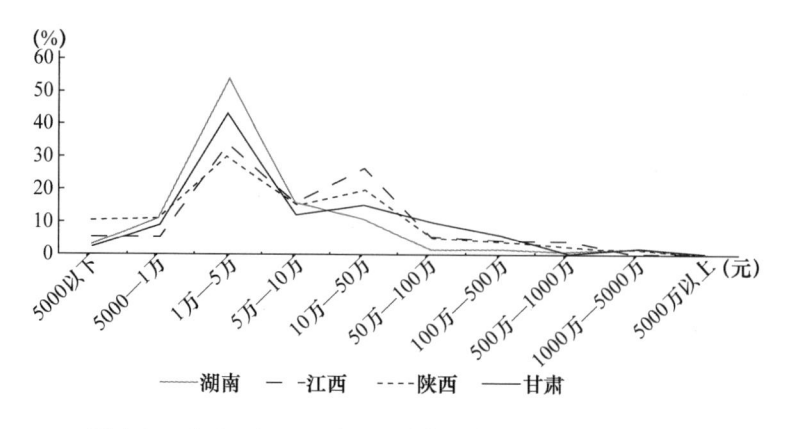

图 5.25　湖南、江西、陕西、甘肃四省的资本分组占比情况

在图 5.24 中,四川、贵州和广西的资本分布比较类似,1 万—5 万元组别集中了最多的企业,占省企业总数的 30% 左右。接下来是 10 万—50 万元与 100 万—500 万元两个组别,其占比分别为 20% 和 10% 左右。有些例外的是云南省,该省更多的企业是在 10 万—50 万元这个组别中,占比大约在 20%。更值得一提的是,在 100 万—500 万元以及 1000 万—5000 万元两个组别中,云南省的企业占比之和也达到了 20%。这确实意味着和其他省份相比,云南企业的资本规模更具优势。与图 5.24 中的四个省份相比,图 5.25 中的四省在 1 万—5 万元中集中了更多的企业,其平均占比高达 40%,湖南省企业在该组别中的占比更是超过了 50%。在 10 万—50 万元分组中,只有江西和陕西两省的企业占比超过了 20%;在 50 万元以上组别中,4 省的企业占比均降到 10% 以下。综合图 5.24 和图 5.25 可以发现,各省中资本规模在 50 万元以下的企业数量均超过本省企业总数的 50%,规模偏小似乎是战时后方工业的普遍特征。

(三) 所有权统计

接下来从所有权角度考察后方各省的产业发展状况。图 5.26 反映了各省中公营企业[①]和民营企业在数量上的占比情况。比较特殊的

---

① 关于公营企业的定义前文已有介绍,此处不再赘述。

是江苏、绥远和青海三省，其中江苏的3厂和绥远的7厂全是民营。青海只有1厂，且是公营，故公营企业的占比为100%。在其余各省中，公营企业占比在50%及以上的有西康、江西、宁夏、湖北和山西，剩余12省中民营企业的数量都高于公营企业。民营企业占比最高的三省分别是四川（90.1%）、湖南（89.4%）和陕西（83.9%），有意思的是，这三省的企业总数恰好也排在后方各省的前三位。鉴于此，可以推断，至少在企业数量上，民营企业的兴起推动了上述三地的工业发展。

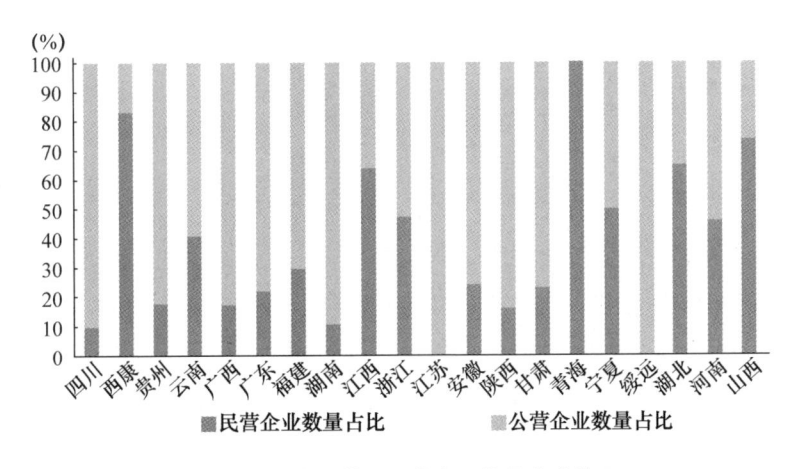

图 5.26　各省公营、民营企业数量占比情况

资料来源：经济部统计处：《后方工业概况统计（1942年）》，经济部统计处1943年版，第13页。各省公营企业、民营企业占比根据该数据计算得出。

然而，一个值得注意的问题是，虽然在更多的省份中民营企业的数量占据优势，但更多的数量并没有体现为更多的资本额。如图5.27显示的那样，在后方20个省中，只有4个省的民营资本额超过了公营资本，如果去掉根本没有公营企业的江苏、绥远2个省，20个省中只有2个省的民营资本额超过公营资本额。为进一步比较各省公营企业和民营企业的资本额，还计算了公营企业和民营企业的厂均资本额。《后方工业概况统计（1942年）》中的资本分组表中提供了后方各省中缺乏资本额数据的公营企业和民营企业数量，减去这些缺失值后求出各省公营企业、民营企业的厂均资本额,如图 5.28 所示。可以看到,在绝大多数省份中,厂均公营资本额都远高于厂均民营资本额①。在公营企业中,厂均资本额最高的两个省分别是四川(613.2 万元)、云南(587.5 万元),资本额最低的是山西(2 万元)、河南(2.9 万元)和安徽(3.4 万元);民营企业中,厂均资本额最高的三个省分别是四川(29.8 万元)、陕西(19.5 万元)和云南(16.5 万元),资本额最低的是湖北(1.25 万元)、山西(1.6 万元)和江苏(2 万元)。

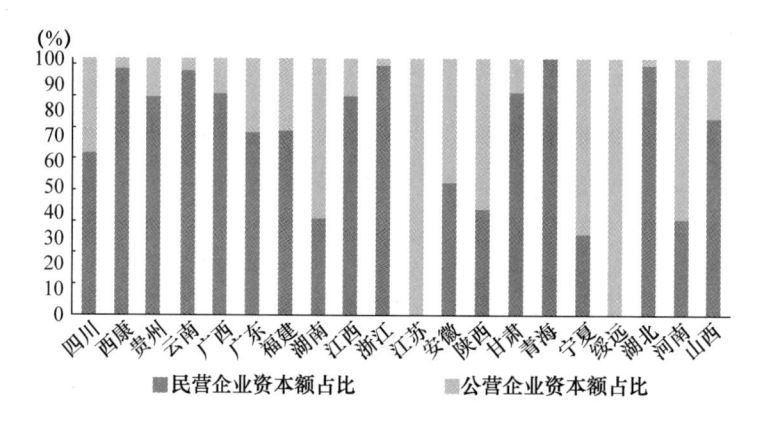

图 5.27　各省公营企业、民营企业资本额占比情况

然而,需要注意的是,更大的资本规模同样不一定意味着可以提供更多的就业岗位。图 5.29 显示了各省份中公营企业和民营企业工人数的占比情况。在四川、贵州、广西、广东、福建、湖南、江苏、绥远、陕西 9 省中,有超过半数的工人在民营企业就业,而在剩余的 11 个省中,50% 以上的工人在公营企业就业。为考察企业数量、资本额和工人数之间的关系,将各省中三个变量的占比情况在图 5.30 中表示出来。由于公营企业占比和民营企业占比之和总是等于 1,故只需要其中之一即可,此处选择的是民营企业中三个变量的

---

① 例外的是宁夏、河南两省。其中,宁夏的公营企业厂均资本额为 6 万元,低于民营企业的 9.3 万元。河南的公营企业厂均资本额为 2.9 万元,低于民营企业的 3.9 万元。

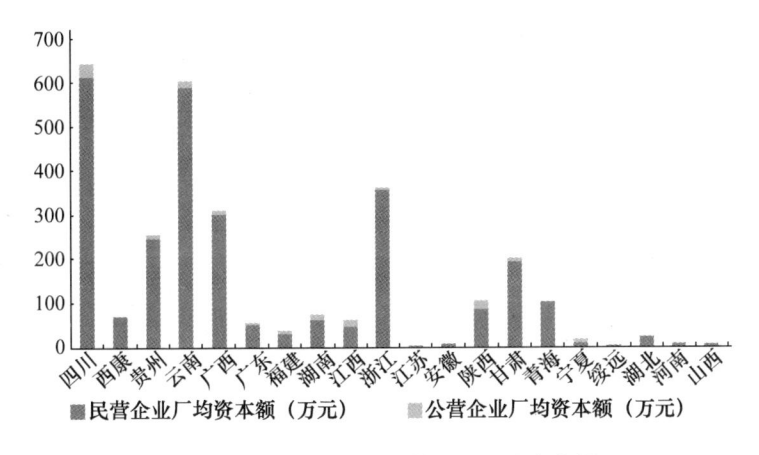

图5.28　公营企业和民营企业厂均资本额

占比值。另外，考虑到某些省份的企业数量偏少，其占比值的测算意义不大，故图中只显示了企业数量大于50的省份。可以看到，在后方13个省份中，三个变量的变化趋势大致保持一致，但企业数量占比和企业工人数占比之间的关系似乎更加紧密，因为二者的绝对值差距相对更小。简单计算了企业数量占比和工人数占比以及资本额占比和工人数占比的相关系数，发现第一组的相关系数为0.6671，属于强相关，第二组的相关系数仅为0.3602，属于中等相关。上述证据表明，在抗日战争时期的后方工业中，更多的就业很可能是来自更多的企业数量，而非更大的企业资本规模。然而，图5.30中的安徽省似乎有些例外，该省的民营企业数量超过总数的50%，其资本额占比也接近50%，但工人数占比仅12%左右。为什么更多的企业和更大的资本规模却提供了更少的就业，难道是因为该地区的民营企业具有非常极端的资本密集型特征吗？答案显然是否定的。根据《后方工业概况统计（1942年）》提供的信息，安徽省共有66家工厂的工人数不明[①]，而调查中安徽的工厂总数也仅是83家，这意

---

① 我们同时考察了其他各省中工人数不明的企业数量，并计算了遗失数量占企业总数的百分比。该百分比在安徽省高达79.5%，排在第二位的陕西省仅是23.9%，二者相差了近56个百分点。

味着该地区的工人数统计仅来自 17 家工厂。如果说资本额变量（仅有 4 厂资本不明）尚可反映出该省公营、民营的占比情况，那么显然工人数统计存在更大的偏差。当然，如果这种偏差随机地出现在公营、民营企业中，对结果的影响可能还不太大。问题是相对于各级政府、司令部和国家银行投资的工厂，规模相对较小的民营工厂有更大的概率丢失工人数的统计数据，这样一来民营企业工人数占比的统计势必将出现较大的误差，因此造成了图 5.30 中的异常现象。

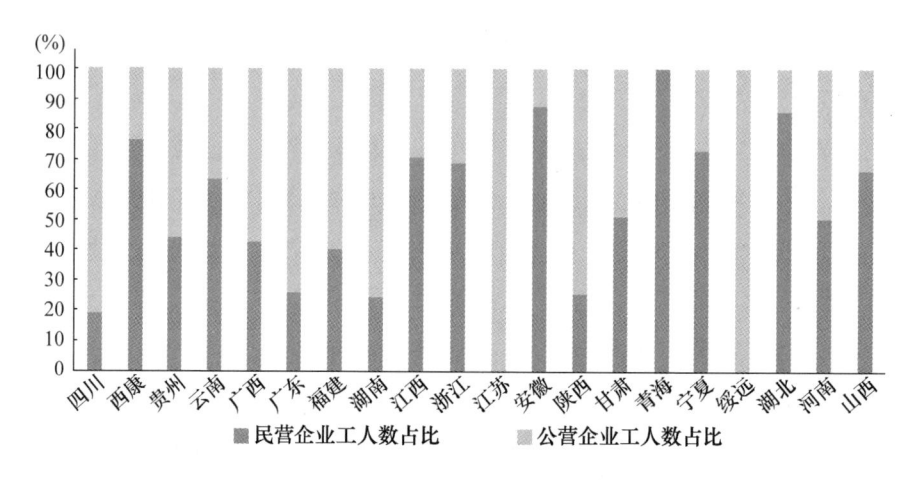

图 5.29　公营企业和民营企业工人数占比

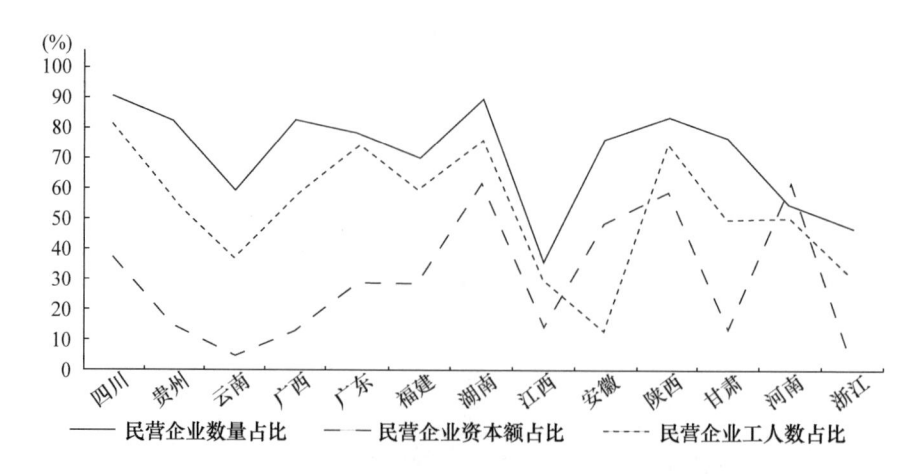

图 5.30　民营企业的数量占比、资本额占比和工人数占比

第三节 产业集聚比较

一 空间基尼系数

按照 Krugman（1991）以及 Audretsch、Feldman（1996），利用产业就业人数构建的空间基尼系数，以度量产业的空间集聚程度。该指数的计算公式为：

$$G_i = \sum_r (x_r - s_r^i)^2 \tag{5.1}$$

式中，r 代表地区，i 代表行业。x_r 表示地区 r 的就业人数占所有地区就业人数的份额，反映总就业的地区分布情况，其计算公式是：$x_r = E_r/E$，E_r 是地区 r 的总就业人数，$E = \sum_r E_r$；s_r^i 是地区 r 的 i 行业的就业人数占全国总就业人数的份额，反映了行业 i 的地区分布情况。依据该定义，其表达式可以写作 $s_r^i = E_r^i/E^i$，其中，E_r^i 是地区 r 的 i 行业就业人数，$E^i = \sum_r E_r^i$ 表示所有地区 i 行业的就业人数。空间基尼系数的取值范围在 0—1 之间，若一个行业完全集中在一个地区，则 $G_i = 1$，若一个行业完全平均地分布在所有区域，则 $G_i = 0$。这里，原始数据仍来自《后方工业概况统计（1942年）》，由于该统计还提供了不同所有权性质下的各行业就业人数，故除了计算总的空间基尼系数，还分别计算了各行业中公营样本和民营样本的空间基尼系数，具体结果如表 5.8 所示。同时，为了对各行业的集聚程度有直观的比较，我们利用表 5.8 的数据绘制了图 5.31。

表 5.8　　　　　　　1942 年后方各行业空间基尼系数

	全样本	公营部分	民营部分
水电工业	0.018	0.015	0.049

续表

	全样本	公营部分	民营部分
冶炼工业	0.037	0.167	0.056
金属品工业	0.062	0.076	0.090
机器制造业	0.016	0.055	0.009
电器制造业	0.073	0.106	0.029
木材及建筑工业	0.075	0.707	0.042
土石品工业	0.006	0.054	0.003
化学工业	0.011	0.010	0.015
饮食品工业	0.012	0.135	0.010
纺织工业	0.008	0.021	0.012
服饰品工业	0.103	0.284	0.151
文化工业	0.028	0.049	0.037
杂项工业	0.264	0.708	0.222
算术平均值	0.055	0.184	0.056
加权平均值	0.021	0.061	0.023

注：在加权平均值一栏中，使用的是各行业资本份额作为权重。

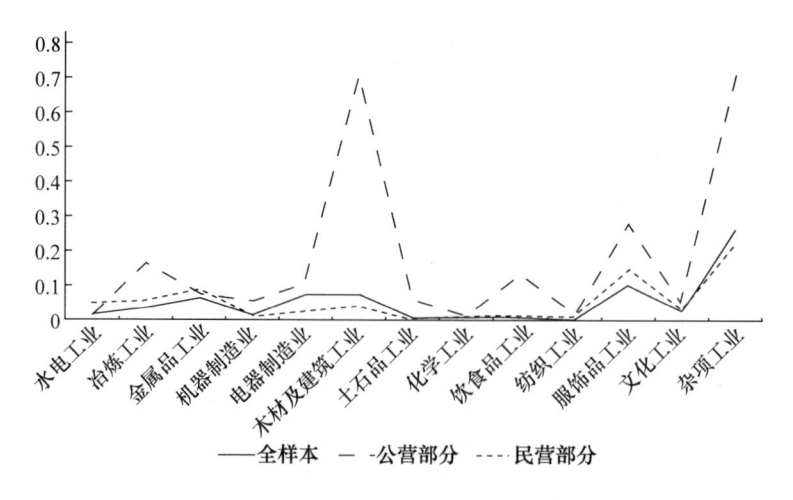

图 5.31　1942 年后方各行业空间基尼系数

从上文的图表中可以看到，13 个行业的空间基尼系数的算术平均值为 0.055，加权平均值则更低一些，仅有 0.021。这一结果意味着抗战时期后方各行业的集聚程度普遍较低，其在各省的分布相对来说比较均匀。在公营行业和民营行业的子样本中，其空间基尼系数的算术平均值（加权平均值）分别是 0.184（0.061）和 0.056（0.023）。一个明显的结论是，相较于民营行业，各行业中的公营部分集聚程度更高，这可能和四川、云南、湖南等少数地区拥有了绝大多数公营企业有关。在全样本中，集聚程度最高的 3 个行业分别是杂项工业、服饰品工业和木材及建筑工业，集聚程度最低的 3 个行业分别是化学工业、纺织品工业和土石品工业；在公营子样本中，集聚程度最高的 3 个行业和全样本一样，只是排序稍有变化。而集聚程度最低的 3 个行业依然有化学工业和纺织工业、不过土石品工业被水电工业所替代；在民营样本中，金属品工业取代了木材及建筑工业，其集聚程度排在第三位。机器制造业和饮食品工业这两个重要的行业集聚程度非常低，排在倒数第二和第三位。各种工业在空间上的均匀分布也从另一个角度表明，对战时的后方各省而言，这两个行业都具有举足轻重的地位。

二 θ 指数

空间基尼系数虽有直观、计算简便等优点，但其有效性却受到其他学者的质疑。Ellison、Glaeser（1997）指出，基尼系数大于 0 并不一定意味着产业在空间上有集聚现象，因为该指数并没有考虑到企业的规模差异。一个简单的反例是，若某一地区有一个规模很大的企业，那么该地区在该产业上很可能有较大的空间基尼系数，然而事实上这种产业的集聚现象可能并不存在。由于没有考虑企业规模、区域大小以及行业中企业集中度等因素，用空间基尼系数来描述产业集聚可能存在虚假成分。为解决这一问题，Ellison、Glaeser（1997）提出了 EG 指数（也称 γ）来对空间基尼系数进行修正，计算公式如下：

$$\gamma_i = \frac{G_i - [1 - \sum_r (x_r)^2] H_i}{[1 - \sum_r (x_r)^2](1 - H_i)} \tag{5.2}$$

这里，x_r 和 G_i 的含义与式（5.1）一致。H_i 指行业 i 的赫芬达尔（Herfindahl）指数，反映行业 i 的竞争程度或企业规模的分布情况，其表达式为 $H_i = \sum_f (z_i^f)^2$，其中，Z_i^f 指行业 i 中企业 f 的就业人数占该行业总数的份额。这样，当企业的数量接近无穷大的时候，也就是说行业处于完全竞争状态的时候，$H_i = 0$，式（5.2）便可以改写成 $\gamma = G_i / |1 - \sum_r (x_r)^2|$。因此，$H_i$ 越小，行业 i 的竞争越充分，企业规模的分布也就越均匀。相反，H_i 越大，行业 i 的垄断程度就越高，企业的规模分布就越不均匀。EG 指数充分考虑了企业规模、区域差异以及产业组织等要素对产业集聚的影响，弥补了传统计算方法的不足。然而，一个必须要面对的问题是，EG 指数对数据有着较高的要求，除了需要各行业各区域的就业人数以外，还要求有各行业内的企业集中度信息。就抗战时期的后方工业而言，要获取企业这一层级的数据显然是不太现实的。作为一种替代，选取了李代平等（2007）构建的 θ 指数来衡量产业集聚度。该指数延续了 EG 指数的构造思路，不同的是，θ 指数需要行业层面的数据即可，避免了企业微观数据缺失造成的障碍。

假设有 i 个产业和 j 个地区，第 i 个产业的集聚度可以用指数 θ 来衡量，其表达式为：

$$\theta_i = \frac{\sum_{j=1}^{m} \sqrt{(x_{ij} - \bar{x}_i)^2}}{2 \sum_{j=1}^{m} x_{ij}} \times \frac{m-k}{k} \tag{5.3}$$

式中，x_{ij} 表示 i 产业在 j 区域的就业人数。k 表示 i 产业中大于平均就业人员数的地区个数。$\bar{x}_i = \sum_{j=1}^{m} x_{ij}/m$，表示 i 产业在每个区域的平均就业人数。$\sum_{j=1}^{m} \sqrt{(x_{ij} - \bar{x}_i)^2}$ 是用绝对值表示的 i 产业的区域分布偏离度，该值越大，说明产业在区域上的分布越不平均，也即说存在产业集聚现象。相反，其值越小，表明产业在区域上的分布比较均匀,产业集聚程度较低。$\dfrac{\sum_{j=1}^{m}\sqrt{(x_{ij}-\overline{x_i})^2}/\sum_{j=1}^{m}x_{ij}}{2}$ 表示产业的地域分布位于平均值以上的那部分不均匀程度占整个产业的比重,该式把产业的集聚度转化为相对指标,以便可以在不同产业间进行比较;$\dfrac{m-k}{m}$ 是分布系数,用来表示 i 产业的不均匀程度在地理区域上的实际分布情况,即在给定不均匀程度的情况下,进一步描述这种不均匀是出现在几个地区还是较多的地区。k 值越小,说明位于平均值以上的那部分不均匀主要集中在几个小区域,产业区域聚集程度就越高。反之则相反。根据式(5.3)可知,θ_i 指数的取值范围在 [0,1] 之间,其值越大表明产业的集聚程度越高。计算的 1942 年后方各行业的 θ 指数如表 5.9 所示,同样为了便于直观地比较,同样根据计算结果绘制了图 5.32。

表 5.9　　　　　　　　1942 年后方各行业的 θ 指数

	全样本	公营部分	民营部分
水电工业	0.410	0.328	0.638
冶炼工业	0.574	0.641	0.726
金属品工业	0.566	0.563	0.624
机器制造业	0.448	0.360	0.563
电器制造业	0.515	0.594	0.651
木材及建筑工业	0.538	0.723	0.596
土石品工业	0.466	0.353	0.568
化学工业	0.332	0.256	0.385
饮食品工业	0.507	0.457	0.566
纺织工业	0.484	0.369	0.568
服饰品工业	0.531	0.810	0.588
文化工业	0.465	0.489	0.596

续表

	全样本	公营部分	民营部分
杂项工业	0.852	0.810	0.873
算术平均值	0.514	0.519	0.611
加权平均值	0.446	0.399	0.540

注：在加权平均值一栏中，使用的是各行业资本份额作为权重。

数据来源：《后方工业概况统计（1942年）》。

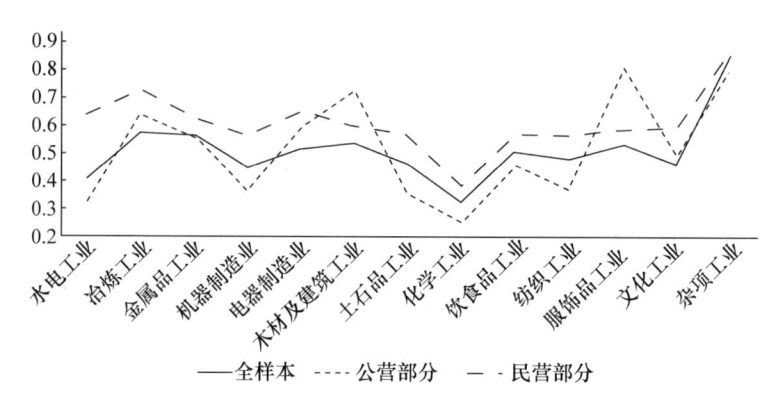

图 5.32　1942 年后方各行业的 θ 指数

在全样本中，杂项工业、冶炼工业和金属品工业集聚程度最高，θ 指数分别是 0.852、0.574 和 0.566。机器制造业、水电工业和化学工业的集聚程度最低，θ 指数仅是 0.448、0.410 和 0.332；在公营的子样本中，杂项工业、冶炼工业的集聚度依然较高，而水电工业、机器制造业和化学工业在后方各省的分布则相对均匀很多；在民营子样本中，电器制造业呈现出较高的集聚度，θ 指数为 0.651，排在所有 13 个行业中的第 3 位（排在前两位的依然是杂项工业和冶炼工业）；饮食品工业在该样本中的分布相对均匀，θ 指数为 0.566，仅高于机器制造业和化学工业，排在倒数第 3 位。比较有意思的是 13 个行业的均值。可以看到，在算术平均值一栏中，民营子样本的行业集聚度最高，全样本和公营子样本的集聚度基本相似。用行业资本份额进行加权平均后，民营样本的集聚特征更加明显，而公营样本的区域分布则更为平均。该结论与前文测算的结果有较大出入，空间基尼系数显示出公营子样本的聚集程度远高于全样本和民营子样本。之所以出现这一差异，原因还在于空间基尼系数的构建忽略了企业规模以及行业内企业集中度等因素，少数大型企业在区域上的集聚拉高了基尼系数。对抗战时期的后方工业而言，公营企业相比民营企业显然具有更大的规模，同时由于其数量相对偏少，故行业内的集中度会相对偏高。当使用考虑企业规模和企业数量的 θ 指数来测算产业集聚度的时候，公营样本的产业集聚度便大大下降了，相反，民营行业的集聚度却提升了很多。例如，在杂项工业和木材及建筑工业中，公营企业只有2家和4家，此时两个行业的空间基尼系数在0.7左右，是行业均值的11倍多。在 θ 指数下，杂项工业和木材及建筑工业相对其他行业的集聚度依然很高，不过在绝对值方面，其系数仅为全行业均值的两倍左右。这意味着使用 θ 指数确实可以在一定程度上考虑企业规模以及行业中企业集中度的影响。最后需要说明的是，如果仅考虑两种指数测算一下行业集聚程度的排序，那么空间基尼系数和 θ 指数也能为我们提供足够的共识，杂项工业、冶炼工业和金属品工业的集聚程度普遍较高，而机器制造工业、纺织工业和化学工业等对后方工业贡献较大的重要行业其区域集聚程度则相对较低。从图5.33—图5.35也可以看出，两种指数测算的产业聚集度呈现出大致相同的结构。

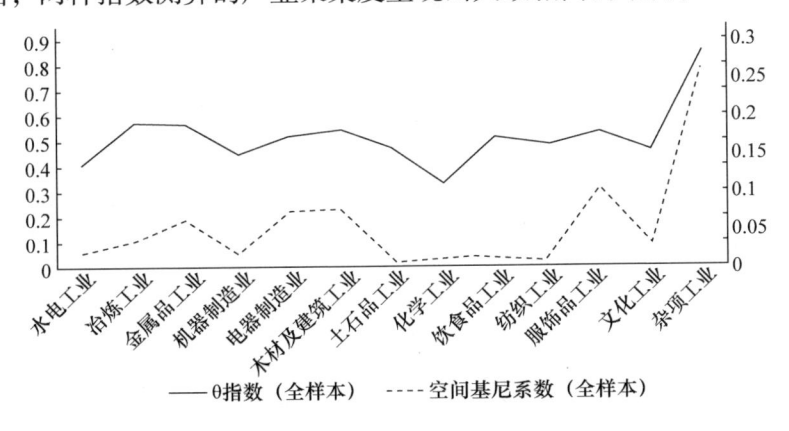

图 5.33　两种指数的比较（全样本）

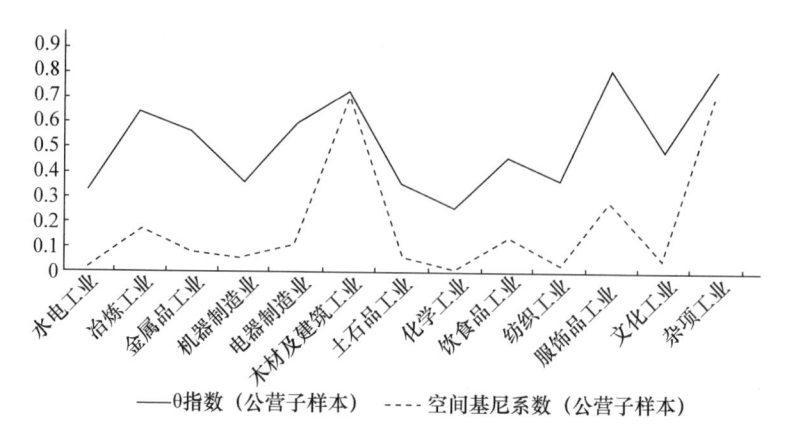

图 5.34　两种指数的比较（公营子样本）

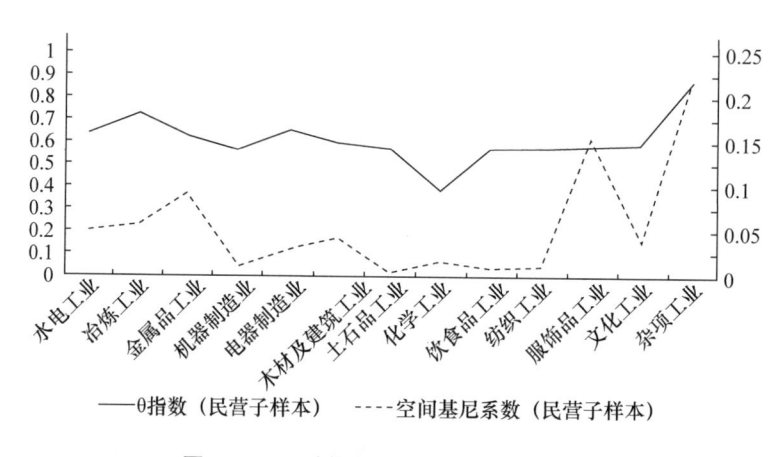

图 5.35　两种指数的比较（民营子样本）

三　熵指数

为测算后方各地区行业的专业化水平（industry specialization），考虑使用 Aiginger、Davies（2004）构建的地区的熵指数（SPEC），鉴于数据限制，用就业人数替代了原文献中的产值变量。熵指数的计算公式如下：

$$SPEC_r = -\sum_i (x_{ir}/x_r) \ln (x_{ir}/x_r) \tag{5.4}$$

式中，x_{ir} 表示地区 r 行业 i 的就业人数，x_r 是地区 r 的就业人数。假设有 I 个行业，R 个地区，可以知道专业化指数（SPEC）

的取值范围是 [0，lnI]，$SPEC_r$ 是地区 r 行业专业化水平的逆指数，其值越大表明专业化水平越低。测算的 1942 年后方各省的专业化指数如表 5.10 所示。为了便于比较，根据表 5.10 的数据绘制了图 5.36。

表 5.10　　　　　　　　1942 年后方各省的专业化指数

	全样本	公营部分	民营部分
四川	1.975	1.703	2.004
西康	1.018	1.094	0.614
贵州	2.001	1.804	1.729
云南	1.812	1.892	0.925
广西	2.134	1.952	2.034
广东	1.106	1.599	0.497
福建	1.861	2.091	1.429
湖南	2.032	1.312	2.106
江西	1.837	1.765	1.658
浙江	1.046	0.693	1.480
江苏	0.000	N/A	0.000
安徽	0.548	0.326	0.681
陕西	1.447	0.892	1.554
甘肃	1.746	1.720	1.209
青海	0.000	0.000	N/A
宁夏	0.608	0.293	0.897
绥远	0.297	N/A	0.297
湖北	0.952	0.857	0.605
河南	1.323	0.690	1.154
山西	0.943	0.000	0.910
算术平均值	1.234	1.149	1.146
加权平均值	1.848	1.542	1.845

资料来源：经济部统计处：《后方工业概况统计（1942 年）》，经济部统计处 1943 年版。N/A 表示缺失值。在加权平均值一栏中，使用的是各地区资本份额作为权重。

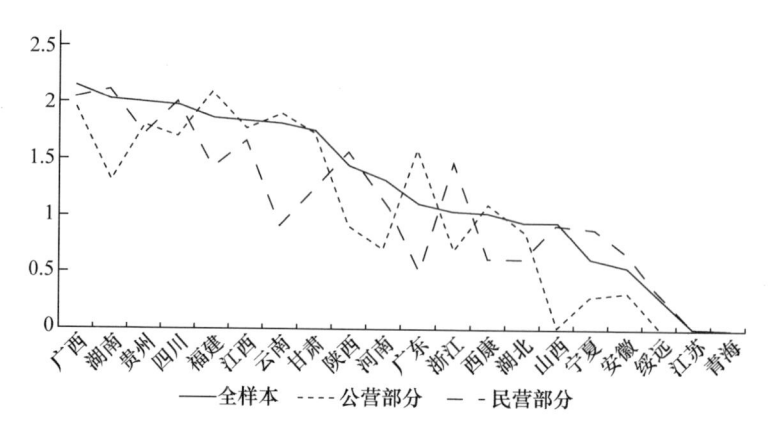

图 5.36　1942 年后方各省的专业化指数

首先需要说明的是江苏、青海、绥远和山西四省的情况。江苏只有三家民营企业，且全部集中在纺织业，故其行业专业化程度非常高，SPEC 指数为 0。青海和山西也有类似的情况，前者只有 1 家企业且是属于公营的水电工业，后者的 11 家民营企业全部集中在纺织行业，故在表 5.10 中，青海、山西的 SPEC 指数显示为 0。另外，由于江苏、绥远没有公营企业，青海没有民营企业，故其行业专业化指数缺失，显示为 N/A。从总体上看，20 个地区行业专业化指数的算术平均值是 1.234，略高于公营子样本的 1.149 和民营子样本的 1.146，这表明区分行业所有制后，专业化水平提高了。当使用地区的资本份额作为权重求出加权平均值时，SPEC 指数在各样本中都变得更大了，这意味着在资本数量更多的地区，其行业专业化水平相对更低，也即说，这些地区的产业更加多元化。分地区来看，青海、江苏、绥远的行业专业化程度较高，不过这三个地区的企业数量偏少，故缺乏代表性。在企业数量大于 50 的样本中，安徽的 SPEC 指数为 0.548，行业专业化程度排在所有地区的第一位。接下来是浙江和广东，SPEC 指数为 1.046 和 1.106；行业专业化程度最低的三个省分别是广西、湖南和贵州，SPEC 指数分别是 2.134、2.032 和 2.001。战时后方工业的中心四川地区的 SPEC 指数为 1.975，排在第四位。在公营子样本中（依然只考虑企业数大于 50 的地区），行业专业化程度最高的三个地区分别是安徽、浙江和陕西，专业化程度最低的是福建、广西和云南三省；在民营子样本中（同样只考虑企业数大于 50 的地区），行业专业化程度最高的三个地区分别是广东、安徽和云南，专业化程度最低的则是湖南、广西和四川三省。

四　Krugman 专业化指数

熵指数（$SPEC$）仅限于考察单一地区行业的专业化程度，而无法区分地区间的分工状况，为此有必要引入 Krugman 专业化指数。该指数有多种形式，我们选择各地区与全国所有其他地区的比较这一相对形式（Midelfart 等，2000），具体构造如下：

$$KSP_r \equiv \sum_i \mathrm{abs}(V_{ir} - \overline{V_{ir}})$$

式中，
$$\overline{V_{ir}} \equiv \sum_{j \neq r}(x_{ir} / \sum_i \sum_{j \neq r} x_{ir}) \tag{5.5}$$

这里，V_{ir} 是指地区 r 的 i 行业在该省所有行业中的就业份额。x_{ir} 表示地区 r 行业 i 的就业人数。$\overline{V_{ir}}$ 表示除 r 地区以外的其他所有地区行业 i 的就业人数占这些地区全部就业人数的比例。该指数的取值范围是 [0，2]，当地区 r 的产业结构和所有其他地区完全相同的时候取 0，反之则取 2。计算的 1942 年后方各省的 Krugman 专业化指数如表 5.11 所示，同前文一样，除了全样本以外，还同时报告了公营子样本和私营子样本的计算结果。根据表 5.11 中的数据绘制的折线图如图 5.37 所示。

表 5.11　　　　　　　1942 年后方各省 Krugman 专业化指数

	全样本	公营部分	民营部分
四川	0.165	0.323	0.216
西康	0.980	1.054	1.049
贵州	0.532	1.152	0.420
云南	0.497	0.809	0.892
广西	0.928	0.804	1.070

续表

	全样本	公营部分	民营部分
广东	1.173	0.645	1.503
福建	0.982	0.979	1.155
湖南	0.482	0.573	0.606
江西	0.331	0.415	0.650
浙江	0.680	0.786	0.519
江苏	1.229	N/A	1.287
安徽	1.569	1.742	1.556
陕西	0.497	0.753	0.449
甘肃	0.423	0.700	0.735
青海	1.962	1.935	N/A
宁夏	0.997	1.001	0.942
绥远	1.153	N/A	1.185
湖北	0.906	0.878	0.944
河南	0.687	0.791	1.264
山西	0.881	1.110	1.426

资料来源：经济部统计处：《后方工业概况统计（1942年）》，经济部统计处1943年版。N/A 表示缺失值。

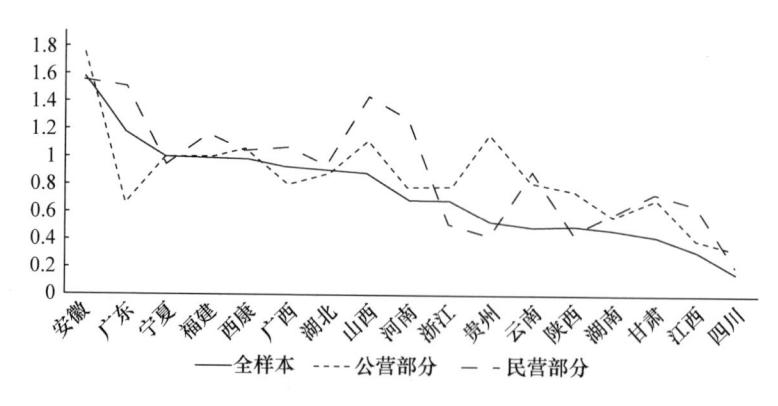

图 5.37　1942 年后方各省的 Krugman 专业化指数

注：由于江苏、青海和绥远三省存在缺失数据，故图中删除了这三省。

这里，首先需要说明的是，当一个地区的 Krugman 专业化指数较大的时候，可能由两种不同的情况导致：第一，该地区确实具有和其他地区不同的专业化生产方式；第二，在另一个极端，如果该地区的产业本来就非常少，那么该指数也可能非常大。在表5.11中，青海的专业化指数高达1.962，但这并不意味着该地区与其他地区存在差异较大的生产方式，而仅仅是因为该地仅仅拥有一个水电工业而已。类似的情况还出现在江苏，该地总共拥有3家工厂，但都属于纺织工业。从全样本看，安徽省的专业化程度最高，而四川省与其他各省的产业差别最小，我们猜测这可能和该省拥有最多的产业门类有关。在公营子样本中，安徽省的专业化程度依然最高，不同的是，在全样本中排名靠后的贵州省在该分组中居于第二的位置，即表明该地区和其他地区相比，公营行业的专业化程度相对较高。在民营子样本中，贵州的Krugman指数又仅为0.42，只是高于四川的0.216，列各省的倒数第二位，与其他各地保持较大的产业趋同特征。

小　结

本章利用《后方工业概况统计（1942年）》等统计资料，对战时后方工业的发展进行了量化分析。在行业层面，机械工业、化学工业和棉纺织工业无论在工厂数量、资本规模还是工人人数方面都占据优势，是其绝对的主导产业。然而，在财务状况方面，化学工业和棉纺织工业都有一定的盈利能力，而机械工业的利润额却为负值，这意味着若没有政府的补贴，该行业是不具备自生能力的。从比较优势的原则看，资本和技术的缺乏使得重工业并不适合当时的西部地区，然而出于战事的考虑，没有重工业又是万万不可的。在这一约束下，发展重工业的任务只能交给政府而不是自由竞争的市场。从已有的数据看，政府经营企业的资本规模已远远超过民营企业，这和战前有了显著区别，政府之手已经开始主动干预经济建设了。在产业的空间布局方面，水电工业、机械工业和化学工业的集聚程度较低，冶炼工业、电器制造业和杂项工业的集聚程度相对较高。分省来看，广西和贵州的产业专业化程度较高，而四川的专业化水平最低，这可能和该地拥有最多的工业门类有关。

第六章

后方工业兴起与长期经济增长：实证研究

伴随着东部工厂的内迁和一批新企业的建立，后方工业在战争期间迎来了一个"黄金时代"。然而，有学者认为，这种繁荣是由战争这一非经济因素造成的，因而缺乏持续性。战争一旦结束，随着大量工矿企业的复原，后方的工业化进程也就此中断（林建曾，1996）。从直观上看，与战时相比，战后后方工业肯定经历了一定程度上的衰落，但和战前相比实则有相当的进步。更为重要的是，绝大多数文献都忽略了战争冲击可能对后方工业产生的长期影响。与轻工业相比，重化工业需要更多的厂房、机器设备等物质资本。这类物质资本并没有随着抗日战争的结束与回迁的工厂一起被运回东部地区，而这成为促进后方长期经济增长的重要物质基础。更具体地，抗日战争的爆发"意外地"为后方各地区打下了工业基础，这些基础又通过两种渠道影响了长期经济增长。其一，路径依赖。20世纪六七十年代，"三线"建设再次为后方带来了大量工业投资。由于同样是面临战争的威胁，那些在抗战时期打下一定工业基础的地区有更大概率获得"三线"投资，新的投资启动了又一轮的经济增长。其二，初始资本积累。许多经验研究表明，地区的经济起飞速度取决于初始资本积累程度。抗日战争的发生除了直接给后方带来厂房、设备以外，还会促进道路等基础设施的改善。无论原材料的输入还是产品的销售都会间接要求更便利的交通条件。历史上更好的物质资本基础（包括工业资本和基础设施）决定了后方各地区在新中国时期的初始经济水平差异,这表明那些在初期经济条件较好的地区将更有能力提供教育以促进人力资本积累。接下来,本书将通过一个严格的实证研究来讨论后方工业兴起与长期经济增长的因果联系。

第一节 计量模型、变量与数据

一 模型设定

本部分考察抗战时期大后方地区的工业投资对经济发展所带来的长期影响及其作用机制。基准回归模型设定如下:

$$y_{it} = \alpha + \beta \cdot plant_{i,1942-1945} + \delta \cdot G_i + \gamma \cdot X_{i,pre1937} + S_p + \varepsilon_{it} \tag{6.1}$$

式中,y_{it}是第i个县在t年的社会经济发展水平;$plant_{i,1942-1945}$是第i个县在1942—1945年间拥有的工业企业数量,用以衡量战时后方工业的发展程度(投资水平);G_i是一组地理变量,用来控制每个县的个体特征;$X_{i,pre1937}$是一组初始变量,它衡量1937年之前第i个县的经济社会发展状况;S_p是省份固定效应,ε_{it}表示随机扰动项。β是核心估计参数,它捕捉了战时后方的工业发展所带来的长期影响。

二 变量说明

(一)被解释变量

选取夜间灯光数据作为度量地区经济发展水平的代理变量。该数据源于美国国家海洋和大气管理局(NOAA),是由国防气象卫星搭载的业务型线扫描传感器(DMSP/OLS采集,已有大量学者使用该指标来衡量地区经济的发展状况)(Henderson等,2012;Hodler、Raschky,2014;范子英等,2016;卢盛峰等,2017;唐为,2019)。

参考过去的文献，使用基于不变目标区域法的影像校正方法，对提取出来的每一区域夜间灯光数据进行校正（Wu 等，2013；曹子阳等，2015）。每个县的平均灯光亮度由该县内所有栅格（每个栅格为 30×30 秒度的空间范围）的总亮度除以栅格总数得到。

本书使用灯光亮度作为地区经济发展程度的代理变量有以下三个方面的原因。第一，数据的真实性。在我国各行政单位锦标赛式的竞争机制下，官员有很强的动机虚报 GDP（孟连、王小鲁，2000；阙里、钟笑然，2005）[①]。就本书所关注的西部地区而言，人为夸大 GDP 数据的可能性更大（徐康宁等，2015），因此也更有必要使用相对客观的灯光数据。第二，数据缺失。DMSP/OLS 提供了 1992—2013 年全国各县的灯光数据，对于我们研究的区域而言，不存在缺失样本问题。另外，我国在 1997 年之前并未统计县级的 GDP，直接使用经济产出数据，这不利于评估抗日战争时期建立的工业基础在改革开放后各个时间段的影响。第三，统计口径。官方数据（如《全国地市县财政统计资料》）的统计口径并不完全一致，并且不同年份的物价水平差异也降低了数据的可比性[②]。最后需要说明的是，灯光数据的取值范围是 0—63，超过这一亮度后其数值也不再增加。如果样本中有大量地区的灯光数值超过 63，那么度量误差就会十分严重。然而，就我们所研究的西部地区而言，各县/市的经济发展水平相对落后，样本中几乎没有地区受到上限值的影响[③]。

（二）解释变量

为度量战争给后方工业带来的冲击，所使用的代理变量是

[①] 除了理论研究以外，已有地方政府公开承认数据造假。2017 年初，辽宁省公开承认 2011—2014 年存在经济总量数据造假问题；2018 年 1 月，内蒙古和天津又分别承认 GDP 数据造假。

[②] 很难获得在县级层面的长时段物价水平指数。

[③] 回归数据中并没有样本达到 63 的临界值（最大值为 2010 年的西安，灯光亮度为 61.93。不过由于回归中剔除了省会样本，故 61.93 也并不包含在主要的回归模型中）。以经济发展程度最高的 2010 年为例，样本中灯光亮度均值仅为 6.65，离最大值还有较大差距。

1942—1945 年间后方各县的工业企业数量①。当然，各地更多的工业企业数量也有可能是自身经济发展的结果，而非必定来自战争的冲击。但是，正如在第五章已经阐述过的那样，在抗日战争之前，后方工业发展十分缓慢，其资本规模占比不足全国的 3%。图 6.1 给出了后方主要省份在 1937 年之前和之后两个时间段开工的企业数量占企业总量的比重。可以看到，在绝大多数省份中，抗战之前开工的企业数量不足 10%。这让我们有充分的理由相信，后方工业企业的创立更多的是来自战争的影响，而非其自身发展的结果。

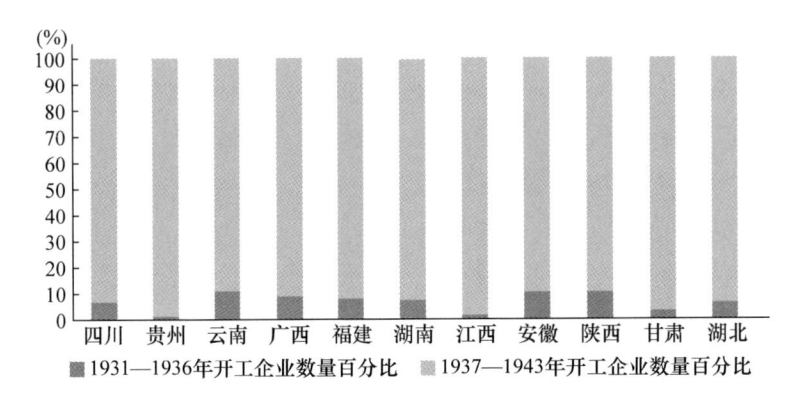

图 6.1　抗战前后后方各省企业开工数量百分比

资料来源：1931—1942 年的数据来自经济部统计处《后方工业概况统计（1942 年）》，经济部统计处 1943 年版，第 16 页；1943 年的数据来自李紫翔《我国战时工业之发展趋势》，《四川经济季刊》1944 年，第 1—18 页。

在县域的层面上，该结论同样适用。以贵州为例，在 1943 年的统计中，各县共有 33 家公营企业，除了 2 家开工年份不明以外，其余 31 家全部在 1937 年之后创立。其中，成立最早的企业是贵阳电厂，创办时间为 1938 年 7 月，资本额 50 万元，主要产品是电镀。成立最晚的是中国火柴原料厂，创办时间是 1943 年 12 月，资本额 3000 万元，主要产品是酸钾和纯碱。在同一统计中，贵州各县的民营企业有

---

① 大量文献使用工业企业数量来衡量工业甚至是经济发展状况，具体可参见 Du 等（2017），Liu（2017）以及梁若冰（2015）。

96家，其中安顺县有1家皮革厂，龙里县有2家印刷厂在1937年之前创办，剩余92家（还有1家开工时间不明）均是在1937年之后创办，即超过95%的企业是在战后才成立的。兰州1945年的工业统计显示，在355家企业中，1938年之前成立的仅有38家，占总数的10.7%左右。在1943年出版的统计年鉴中，除了年份不明的工厂外，各县的民营工厂和省营工厂均是在1937年之后建立的。鉴于此，使用战时各地工厂数量来度量后方的工业发展情况是可以接受的。

最后，需要说明的是，抗日战争对后方工业的影响可以区分为直接效应和间接效应两个部分。直接效应是指东部企业搬迁到了西部地区，在短时间内迅速增加了后方的工业资本。间接效应则是指战争本身创造了工业需求，它表现在两个方面：其一，由于战时环境隔绝了国外替代品的竞争，为支持战争所形成的需求刺激了本土工业的发展，一大批新的工业企业在后方建立起来；其二，随着大量的外来人口进入西部，对消费品需求的增加同样也促进了新工厂的建立。在基准回归模型中，没有使用西部各县拥有的内迁工厂数量作为解释变量，其根本原因在于该变量可能造成较大的度量误差，因为它无法衡量战争对后方工业的间接影响。比较而言，使用战时后方各县拥有的工厂总量可以同时涵盖直接效应和间接效应，因此是一个更适合的指标。当然，从一个严谨的角度来看，样本中有的工厂确实兴建于战前，但仍然缺乏更多的信息将其区分出来。作为弥补，回归模型控制了每个县战前的初始经济水平。

（三）控制变量

控制变量包含地理特征、贸易便利程度、初始经济状况和历史文化四个部分。其中，描述县级地理特征的变量有：样本县的经纬度、平均海拔和平均坡度；描述初始经济状况的变量包括：1937年之前各县的人口密度、1935年各县是否拥有银行的分支机构、土壤适种指数；描述贸易便利程度的变量包括：到最近旧海关的距离、河流密度；最后，描述历史文化条件的变量包括：清代各府书院数量、祠庙数量和烈女数量。

三 数据与描述性统计

在长时段的估计中,县域的行政区划会有调整。本书将各年份的变量匹配到 1949 年 GIS 地图①以统一行政边界。主要变量的统计描述在表 6.1 中给出。

表 6.1 各变量统计描述

变量名	变量定义	观测值	均值	标准差	来源
当代经济发展水平	2000 年夜间灯光	294	3.094	5.298	A
全面抗战时期工业基础	战时工业企业数量	294	14.391	53.207	G
地理特征	经度	294	109.083	5.045	B
	纬度	294	30.471	3.918	B
	坡度	294	2.453	1.666	B
	海拔	294	705.898	2397.62	B
初始经济条件	1937 年之前人口密度	276	233.858	772.277	H
	1935 年银行分支机构	294	0.224	0.418	C
	土壤适种指数	294	0.708	0.235	D
贸易便利程度	到最近旧海关的距离	294	278388.9	231705.5	B、E
	河流密度	294	283.281	232.395	B
历史文化条件	清代书院数量	294	1.031	3.867	F
	清代祠庙数量	294	1.687	7.083	F
	清代烈女数量	294	45.286	190.352	F

注:A:美国国家海洋和大气管理局(NOAA);B:CHGIS(2015)②;C:《全国银行年鉴(1935)》;D:Ramankutty et al.(2002);E:《中国旧海关史料(1859—1948)》;F:《大清一统志》;G:根据《四川经济地图集说明》《贵州省统计年鉴》《安徽省战时经济建设论丛》《甘肃省统计年鉴(民国三十五年)》③《陕西省经济调查报告》《云南省档案馆民国建设厅档案卷宗》

---

① 各年份的 GIS 地图来自 China Data Institute, University of Michigan(https://chinadatacenter.net/Data/FreeDataDownload.aspx)。

② 来自"CHGIS V5 DEM(Digital Elevation Model)",https://doi.org/10.7910/DVN/E1FHML, Harvard Dataverse, V6。

③ 甘肃省政府编:《甘肃省统计年鉴(民国三十五年)》,1946 年,第 181—184、175 页。

《广西年鉴（第3回上）》《福建经济概况》《江西统计提要（中华民国三十五年辑）》《湖北省统计年鉴》整理①；H：安徽省人口密度来自《安徽省统计年鉴（1934年）》，湖北省人口密度来自《湖北人口统计（1935年）》，广西省人口密度来自《广西年鉴（第1回1933年）》，云南省人口密度直接来自《云南民政概况（1935）》②。除去这四省，其余六省的人口密度均是自行测算，人口的数据主要来自《论中国人口之分布》③。该书列出了各省人口数据出处，具体地：江西省各县1931年人口来自《经济旬刊》第1卷第17期；贵州省1931年人口数据来自贵州省政府《贵州省各县市户口》；四川省和福建省各县人口为1925年邮政统计数据；重庆市人口来自《陪都工商年》；陕西省1935年人口来自内政部二十四年报告。相应地，江西省各县面积来自《江西年鉴（第1回）》④；贵州省各县面积来自《贵州省统计年鉴》⑤；四川省各县面积来自《抗日战争时期四川省各类情况统计》⑥；福建省各县面积来自《福建省统计手册》⑦；陕西省各县面积来自《陕西省统计资料会刊》⑧。

---

① 周立三、侯学涛、陈泗桥：《四川经济地图集说明》，中国地理研究所1946年版，第113—115页；贵州省政府统计室：《贵州省统计年鉴》，1945年，第227—230页；安徽省建设厅秘书室编：《安徽省战时经济建设论丛》，1945年，第27—36页；甘肃省政府编：《甘肃省统计年鉴（民国三十五年）》，1946年，第181—184、175页；《陕西省经济调查报告》，著者不详，出版年份不详，第59—62页；《云南省档案馆民国建设厅档案卷宗》，全宗77，目录12，卷2824，第136页，转引自陈征平《二战时期云南近代工业的发展水平及特点》，《思想战线》2001年第2期，第29—33页；广西省政府统计处：《广西年鉴（第3回上）》，出版年份不详，第593—597页；黄金寿、季天祐编：《福建经济概况》，福建省政府建设厅1947年版，第150—154页；江西省政府统计处辑：《江西统计提要（中华民国三十五年辑）》，1946年，第75—76页；湖北省政府编：《湖北省统计年鉴》，1943年，第958—963、970—974页。

② 安徽省政府统计委员会编：《安徽统计年鉴（中华民国二十三年度）》，1934年，第53页；湖北省府秘书处统计室编：《湖北人口统计》，1936年，第63—67页；广西统计局编：《广西年鉴（第1回中华民国二十二年）》，广西省政府统计局1934年版，第137—139页；云南省民政厅编：《云南民政概况》，1936年，第11—19页。

③ 胡焕庸：《论中国人口之分布》，华东师范大学出版社1983年版。

④ 刘治干主编：《江西年鉴（第1回）》，江西省政府统计室1936年版，第21—23页。

⑤ 贵州省政府统计室：《贵州省统计年鉴》，1945年，第41—42页。

⑥ 四川省档案馆：《抗日战争时期四川省各类情况统计》，西南交通大学出版社2005年版，第16—20页。

⑦ 福建省政府统计室：《福建省统计手册》，1944年，第15—17页。

⑧ 陕西省政府统计室：《陕西省统计资料会刊》，1945年，第9—12页。

第二节 实证模型：基准回归与稳健性检验

一 基准回归结果

本节考察抗日战争对后方经济的长期影响。表6.2给出了抗日时期大后方的工业投资产生长期经济影响的回归结果。第1列仅控制了省份固定效应，回归系数β为0.377，且在1%的水平上显著。这表明控制了省份的个体效应以后，战时工业企业数量对2000年灯光亮度有显著正向作用。在第2列控制了一系列地理变量，包括经纬度、海拔和坡度；第3列增加了贸易条件，用各县的河流密度以及到最近旧海关距离衡量；第4列增加了战前经济条件变量，包括土壤适种指数，是否有银行分支机构（有取1，没有则取0）和战前人口密度；第5列增加了历史文化条件，控制变量包括清代的烈女、祠庙和书院数量。各回归方程的系数β始终是显著为正，这意味着战时后方的工业建设确实对该地区的经济产生了长期影响，就本书的估计而言，若战时的工厂数量每增加1%，那么该县在2000年的灯光亮度将增加0.196%。稳健起见，同时使用了2000年人均GDP作为经济发展的代理变量，第6列的回归结果验证了前文的结论，即战时的工业投资对当下的经济发展有显著的正向影响。

表6.2　抗日时期对大后方的工业投资的长期影响

	2000年灯光亮度（log）					2000年人均GDP（log）
	(1)	(2)	(3)	(4)	(5)	(6)
战时工业企业数量（log）	0.377*** (0.057)	0.381*** (0.052)	0.367*** (0.052)	0.221*** (0.052)	0.196*** (0.055)	0.113*** (0.040)
经度（log）		1.574 (3.410)	1.362 (3.517)	1.226 (3.240)	2.289 (3.213)	2.823 (4.574)

续表

	2000年灯光亮度（log）					2000年人均GDP（log）
	（1）	（2）	（3）	（4）	（5）	（6）
纬度（log）		-0.998*** (0.271)	-1.002*** (0.242)	-0.912*** (0.250)	-0.701*** (0.269)	-0.050*** (0.4447)
海拔（log）		-0.020 (0.080)	-0.0003 (0.090)	0.083 (0.081)	0.063 (0.083)	-0.828 (0.075)
坡度（log）		0.438*** (0.063)	-0.427*** (0.058)	-0.263*** (0.056)	-0.254*** (0.056)	-0.005 (0.046)
到最近旧海关的距离（log）			-0.162 (0.128)	0.045 (0.123)	0.055 (0.125)	-0.133 (0.085)
河流密度（log）			-0.156*** (0.030)	-0.119*** (0.029)	-0.102*** (0.030)	-0.035*** (0.022)
土壤适种指数				0.345 (0.361)	0.310 (0.366)	-0.650* (0.375)
银行分支机构				0.663*** (0.176)	0.649*** (0.178)	-0.088 (0.213)
战前人口密度（log）				0.325*** (0.074)	0.302*** (0.075)	0.049 (0.071)
清代祠庙数量（log）					0.294 (0.275)	0.401 (0.071)
清代烈女数量（log）					-0.119 (0.155)	-0.313* (0.169)
清代书院数量（log）					0.166 (0.132)	0.481*** (0.176)
省份固定效应	是	是	是	是	是	是
样本数	294	294	290	272	272	272
R^2	0.129	0.293	0.335	0.441	0.446	0.153

注：括号内为稳健标准误。* $p<0.10$，** $p<0.05$，*** $p<0.01$。

二 稳健性检验

(一) 选择性偏差

在模型中,选择性偏差的存在会影响估计结果。一个首先需要面对的质疑是,那些在战争期间接收和兴建了更多工业企业的地区自然更容易获得长期的好处。如作为陪都的重庆,战时拥有的工业企业数量为664家,比同样聚集了大量工业企业的昆明、兰州、桂林等地要高出一倍多。为排除这类特殊样本对结果的影响,在表6.3中对样本进行了缩尾处理。第1列去掉了解释变量前5%的样本,第2列去掉了被解释变量前后5%的样本。可以看到,回归结果依然稳健,并未受特殊样本的影响。第3列去掉了所有省会城市[①]。相比于其他市、县,省会城市显然更容易获得各种政策"福利",这意味着子样本回归还可以排除政治特权等遗漏变量的影响[②]。最后,从1949年到2000年之间,新中国政府采取了很多措施发展工业以促进经济增长,这些新政策和历史遗留的工业基础一起影响了长期经济增长。为剥离新中国时期各种经济政策的干扰,本书还考察了抗战时期工业基础对新中国成立初期经济发展水平的短期影响。参照过去的文献(Acemoglu等,2001),选择了1953年和1964年的人口密度[③]作为新中国成立初期经济发展水平的代理变量。第4、5列的结果表明,在没有新政策扰动的情况下,战时的工业投资对新中国成立初期的经济水平有显著的正向影响。

---

① 这些省会城市分别是重庆、成都、西安、兰州、昆明、贵阳、合肥。

② 在后文的所有回归中,我们均排除了省会城市样本,以降低因政治权利带来的遗漏变量的影响。

③ 之所以选择这两个年份,一方面是因为这两个年份分别对应全国的第一次和第二次人口普查,可以获得详尽的县级人口数据。更为重要的是,1953年是国家"一五"计划的起始年份,在这之前,政府政策主要是以恢复国民经济为主,较少有主动的全方位的经济计划安排。1964年也是一个关键年份,在该年度,国家启动了"三线"建设,该工业发展计划和历史上的工业基础具有很强的相关性。

表 6.3　　稳健性检验：选择性偏差

	2000 年灯光亮度（log）			人口密度（log）	
	(1)	(2)	(3)	(4)	(5)
	去掉解释变量前 5% 的样本	去掉被解释变量前后 5% 的样本	去掉 2000 年的省会城市	1953 年	1964 年
战时工业企业数量（log）	0.208*** (0.064)	0.170*** (0.055)	0.198*** (0.056)	0.057*** (0.021)	0.053** (0.021)
地理条件	是	是	是	是	是
贸易条件	是	是	是	是	是
战前经济条件	是	是	是	是	是
历史文化条件	是	是	是	是	是
省份固定效应	是	是	是	是	是
样本数	260	246	267	267	267
调整 R^2	0.376	0.339	0.431	0.779	0.829

注：4—5 列的估计中去掉了省会城市。为了排除特殊样本的影响，在后文的所有估计中均去掉了省会城市。括号内为稳健标准误。$^{*}p<0.10$，$^{**}p<0.05$，$^{***}p<0.01$。

（二）内生性问题

遗漏变量偏误可能导致内生性问题，从而得到非一致的估计结果。虽然在基本回归中尽量多地增加控制变量以尽可能解决遗漏变量问题，但还是无法控制所有与核心解释变量相关的变量。例如，由于数据的可得性，无法直接衡量全面抗日战争爆发前各县的工业基础[1]以及度量公路等基础设施的相关情况。为此，尝试采用其他估计方法来构造因果识别策略，以解决可能的内生性估计偏误问题。

---

[1] 1937 年之前最具价值的工业调查来自刘大钧主编的《中国工业调查报告（1933）》。该报告的调查时间为 1933 年 4 月到 1934 年 5 月，目的是为预防潜在的战争威胁以及外国的经济侵略，对全国工业状况进行摸底。不过，该报告的调查区域集中于华北、华中和华南，西部省份的数据比较稀少。

1. 工具变量法

本书使用抗日战争初期东部企业西迁的地区分布的虚拟变量作为工具变量，若该县拥有内迁企业①，工具变量取值为1，否则取0。该工具变量的有效性来自以下两个方面。其一，内迁工厂大都来自发达的东部沿海地区，在资本规模和生产技术方面具有相当的优势，数目不多，作用却很大（褚葆一，1943；李紫翔，1945；潘仰山，1947）。那些拥有内迁工厂的地区如同获得了一笔外部直接投资，更好的起点使其在接下来能够拥有更高的工业发展水平，故可以满足工具变量相关性要求。其二，由于对战争准备不足，工厂内迁工作在仓促之中进行，这在一定程度上增加了工厂选址的随机性，因而能够满足工具变量的外生条件。工矿调整委员会在1937年10月制订了协助工厂内迁计划，然而该计划只是忙于把重要厂矿从战火中迁出来，至于具体迁往何处，只能以"内地"含糊代替（孙果达，1991）；对战争局势的误判也使工厂迁移在仓促中进行。林继庸奉命在1937年10月14日到达武汉并寻求在此建立新工业基地（孙果达，1991），同年12月南京沦陷，武汉也不再安全。到12月7日，顺昌铁工厂部分机件从汉口起运，奔向大后方重庆（黄立人，1994），距离林继庸在武汉考察选址仅仅过去了不到2个月。仓促转移势必增加了迁移目的地的随机性，申新纱厂的例子具有代表性：宋美玲在1938年考察汉口申新纱厂时，厂长章剑慧表示愿意搬迁，不过并不知搬到何处。宋美玲表示搬重庆不大可能，宜昌还滞留了10万吨物资，还是搬宝鸡吧（张守广，2015）。可见，内迁目的地

---

① 内迁工厂的数据来自林继庸《林继庸先生访问记录》，台北"中央研究院"近代史研究所1983年版，第146—189页；孙果达《民族工业大迁徙——抗日时期民营工厂的内迁》，中国文史出版社1991年版，第209—252页；中国第二历史档案馆《中国抗日战争大辞典》，湖北教育出版社1995年版，第800—816页；戚厚杰《抗战时期兵器工业的内迁及在西南地区的发展》，《民国档案》2003年第1期；张守广《抗战大后方工业研究》，重庆出版社2012年版，第97页；中国第二历史档案馆《国民政府抗战时期厂企内迁档案选辑（中）》，重庆出版社2016年版，第899页。各资料中的数据有重合，对其进行了整理。

并不是一个精心选择的结果，甚至显得有些随意。

表 6.4 是工具变量的回归结果。Panal B 报告了第一阶段回归结果，工具变量的回归系数均在 1% 的水平上显著。当一个地区拥有内迁企业的时候，其随后拥有的工业企业数量也会增多。第一阶段回归 F 统计大于 10，可以排除弱工具变量问题。Panal A 报告了第二阶段回归结果。第 1 列到第 5 列逐步增加控制变量，核心解释变量依然在 1% 的水平下显著。以控制了所有变量的第 5 列为例，当地区战时工业企业数量增加 1% 时，2000 年灯光亮度将增加 0.307%。进一步地，两阶段最小二乘法所估计的系数高于表 6.2 中 OLS 的估计结果，这意味着工具变量纠正了因遗漏变量引起的对战时后方工业长期影响的低估。稳健起见，还使用了 2000 年人均 GDP 作为衡量经济发展的代理变量，两阶段最小二乘法的估计结果仍然支持了前文的结论。

表 6.4　　　　　　　　　工具变量回归结果

	Panal A 第二阶段回归					
	灯光亮度（log）					人均 GDP（log）
	(1)	(2)	(3)	(4)	(5)	(6)
战时工业企业数量（log）	0.523*** (0.114)	0.480*** (0.111)	0.484*** (0.107)	0.333*** (0.104)	0.291*** (0.105)	0.228** (0.080)
地理条件	否	是	是	是	是	是
贸易条件	否	否	是	是	是	是
战前经济条件	否	否	否	是	是	是
历史文化条件	否	否	否	否	是	是
省份固定效应	是	是	是	是	是	是
样本数	288	288	285	267	267	266
调整的 R^2	0.018	0.214	0.260	0.380	0.393	0.099

续表

	Panal B 第一阶段回归 战时工业企业数量（log）					
	(1)	(2)	(3)	(4)	(5)	(6)
是否有内迁企业	1.893*** (0.227)	1.905*** (0.231)	1.913*** (0.246)	1.850*** (0.256)	1.793*** (0.196)	1.791*** (0.232)
F值	69.27	68.16	60.74	52.08	60.22	59.74

注：括号内为稳健标准误。$^{*}p<0.10$，$^{**}p<0.05$，$^{***}p<0.01$。

2. 双重差分法

除了使用工具变量法，还利用是否拥有内迁工业企业构建了双重差法的识别策略，以捕捉抗日战争的长期影响。鉴于数据的可得性，本书只考虑了四川省内各县的情况①。为使双重差分模型得到更好的估计，本研究选取了各县历年的人口密度作为经济发展的代理变量。回归方程设定如下：

$$Density_{it} = \beta Immigration_{it} + \sum_{i} \gamma_i \times I_i + \sum_{t=1910}^{2000} p_t \times I_t + \varepsilon_{it}$$

其中，$Density_{it}$ 表示 i 县在 t 年的人口密度。$Immigration$ 是一个虚拟变量，若 i 县在 t 年拥有内迁工业企业，则取值为 1，否则取值为 0②。I_i 和 I_t 分别代表地区固定效应和时间固定效应。ε_{it} 是随机扰动项。回归样本包含了四川省 147 个县以及 1910 年、1916 年、1925 年、1935 年、1937 年、1942 年、1944 年、1953 年、1964 年、1982 年、1990 年和 2000 年共 12 年的数据。系数 β 是我们关注的重点，它捕获了抗战时期拥有内迁工厂的县与其他县在人口密度上的差异。估计结果如表 6.5 所示。第 1 列是 OLS 估计结果。第 2—4 列显示的是 DID 估计结果，其中，第 2 列添加了时间、地区固定效应，第 3 列去

---

① 除了数据可得性以外，四川（包含重庆）作为抗战时期大后方的重点省份也具有足够的代表性。

② 内迁工厂数据来源见前文工具变量部分。

掉了 1910 年样本，第 4 列进一步去掉了 1916 年和 1925 年的样本①。可以看到，第 2—4 列的估计结果在 10% 的水平上显著为正，并且其估计系数大小基本保持不变，这意味着估计结果是稳健的。双重差分的结果表明，与没有工厂内迁的县相比，那些有内迁工厂的县人口密度要高 28 左右，大概是人口密度均值的 13.8%。这表明抗日战争这一外生事件导致的工厂内迁确实带来了显著的正向影响。

表 6.5 的双重差分结果验证了抗日战争引发的企业内迁所导致的长期效应。然而，运用双重差分方法的前提是在外生冲击之前，处理组与控制组的变化趋势是平行的，也就是说，与基期相比，处理组与控制组的人口密度并不会有显著差异。遵循已有的文献，本书采用动态 DID 的方法检验平行趋势。图 6.2 给出了对表 6.5 的回归结果进行平行趋势检验的结果。可以看到，在全面抗日战争之前的前两期中，处理组与控制组的人口密度并无显著差异，这支持了使用双重差分估计方法所需要满足的平行趋势假设。全面抗战所导致的工厂内迁动态效应表明，那些拥有内迁企业的县虽然在处理期（抗日战争时期）②没有展现出更好的经济绩效（我们猜测这可能是战争本身所导致的人口数量变化所致，如战争时期的征兵行为等），但当战争结束后（1949 年之后，对应于 after-period），处理组立刻呈现出更好的经济表现。从估计系数的动态变化来看，抗日战争对地区经济绩效的影响呈现出增加后减小的规律。新中国成立后，那些拥有工业基础的县（处理组）在经济起步阶段发展迅速，不过随着时间的推移，由历史事件所带来的工业基础所发挥的作用将逐渐减小。

---

① 之所以去掉 1910 年样本，是因为该次调查的数据质量相对较差（李世平、程贤敏，1993）。去掉 1916 年和 1925 年样本则是因为缺乏这两个年份的矢量地图，因而只能使用 1911 年地图中的行政区域面积作为替代，进而求出人口密度。为避免度量误差导致的估计偏误，在稳健性检验中也考虑去掉这两个年份。

② 根据黄立人（1994），抗战时期的工厂内迁大致分为四个阶段，第一阶段是发展阶段（1937.11—1938.1），第二阶段是高潮阶段（1938.1—1938.10），第三阶段是完成阶段（1938 年底—1940 年底），第四阶段是内迁的余波阶段（1940.5—1944.12）。

表6.5　　　　　　　　　　双重差分回归结果

	(1)	(2)	(3)	(4)
	人口密度	人口密度	人口密度	人口密度
工厂内迁地区	129.676*** (18.683)	27.849** (12.516)	30.027** (13.495)	28.078* (15.166)
去掉1910年	否	否	是	是
去掉1916年和1925年	否	否	否	是
地区固定效应	否	是	是	是
时间固定效应	否	是	是	是
人口密度均值	202.865	202.865	206.346	209.772
样本数	1694	1694	1550	1259
调整的 R^2	0.026	0.863	0.864	0.894

注：1. 括号内为稳健标准误。* $p<0.10$, ** $p<0.05$, *** $p<0.01$。

2. 1910年数据来自施居父《四川人口数字研究之新资料》，成都民间意识社1936年版；1916年人口数据来自李世平、程贤敏《近代四川人口》，成都出版社1993年版；1925年数据来自胡焕庸《论中国人口之分布》，华东师范大学出版社1983年版；1935年数据来自各县县志；1937年数据来自胡焕庸《四川地理》，正中书局1938年版；1942年数据来自周立三等《四川经济地图集说明》，中国地理研究所1946年版；1944年数据来自四川档案馆《抗日战争时期四川省各类情况统计》，西南交通大学出版社2005年版；1953年、1964年、1982年、1990年和2000年人口数据来自历年人口普查。

3. 在1949年之前的人口数据中，各调查所报告的地区并不完全一致，故存在一些县在某年缺失数据的情况，为此，我们使用各县县志对缺失数据进行了填补。若两套数据同时缺失某县在某年度的数据，我们采取了就近填补的原则，如某县缺失1925年的数据，但县志报告了该县在1924年或者1926年的数据，则直接使用所报告的前、后一年的数据。

4. 虽然整理的史料包括重庆主城区（主要有市中区、沙坪坝区、南岸区、九龙坡区和大渡口区）的相关数据，但考虑到重庆城区作为战时陪都的特殊性，在回归中并未将其纳入。

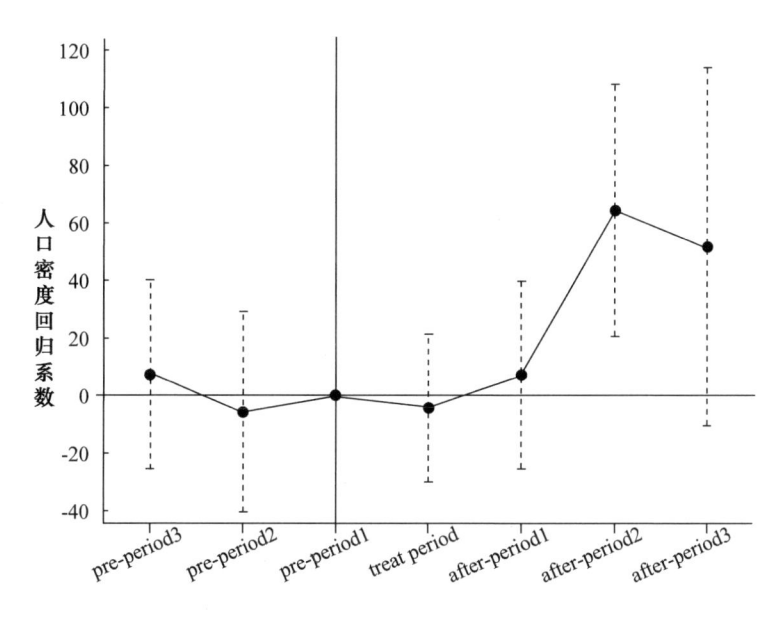

图 6.2 人口密度平行趋势与动态效应检验

注：1. 政策实施前的第 3 期（pre-period 3）对应于 1910 年；政策实施前的第 2 期（pre-period 2）对应于 1916 年和 1925 年；政策实施前的第 1 期（pre-period 1）对应于 1935 年；处理期（treat period）对应于整个抗日战争时期（分别是 1937 年、1942 年和 1944 年）；政策实施后的 3 期分别对应于 1953 年和 1964 年（after-period 1）、1982 年和 1990 年（after-period 2）、2000 年（after-period 3）。

2. 平行趋势检验选择 95% 的置信区间。

第三节　长期影响的进一步讨论

一　不同时段的影响

DMSP/OLS 还提供了不同年份的灯光数据，为此可以进一步考察战时工业投资对后方各县在不同时间段的影响。表 6.6 报告了 5 个代表性年份的回归结果，可以看到，随着时间的推移，历史上奠定的工业基础所带来的影响越来越弱，到了 2010 年，回归系数仅为 0.180，并且只在 5% 的显著性水平下显著。对此，一个合理解释可能是，随着市场化改革的启动，各地区所能够获得的外部机会和资源也越来越多,这降低了它们对过去已有历史基础的依赖。

表6.6　　　　　　　　　不同时段的影响

	被解释变量:各年份灯光亮度(log)				
	(1)	(2)	(3)	(4)	(5)
	1992年	1995年	2000年	2005年	2010年
战时工业企业数量(log)	0.438*** (0.141)	0.359*** (0.123)	0.291*** (0.105)	0.269** (0.096)	0.180** (0.092)
地理条件	是	是	是	是	是
贸易条件	是	是	是	是	是
战前经济条件	是	是	是	是	是
历史文化条件	是	是	是	是	是
省份固定效应	是	是	是	是	是
样本数	267	267	267	267	267

注：使用2sls进行估计，括号内为稳健标准误。此后的回归均采用2sls进行估计，后文将不再特别说明。* $p<0.10$, ** $p<0.05$, *** $p<0.01$。

二　对工业的影响

灯光数据反映了一个地区经济发展的总体状况,但它无法表现经济中的结构性特征。就本书而言,主要关心的是战时后方工业的发展是否对当下的工业带来长期影响。表6.7给出了关于工业发展的回归结果。第1、2列分别是人均工业产出和工业总产出的回归结果。估计结果表明,无论是人均产值还是总产值,核心解释变量的回归系数都显著为正。第3、4列用工业产值占工农业总产值比重和第二产业就业占总就业人数比重来度量地区工业化程度,其回归结果同样表明,那些在战时拥有更多企业数量的地区,在2000年将拥有更高的工业化程度。

表6.7　　　　　　　　　　　　2000年工业发展

	人均工业产值 （log）	工业总产值 （log）	工业产值占 工农业总产值比重	第二产业就业占 总就业人数比重
	（1）	（2）	（3）	（4）
战时工业企业 数量（log）	0.197* (0.113)	0.380*** (0.123)	0.043** (0.018)	3.032** (1.229)
控制变量	是	是	是	是
省份固定效应	是	是	是	是
样本数	267	267	267	267
调整 R^2	0.148	0.308	0.187	0.180

注：工业总产值、工农业总产值和人均GDP数据来自中国县市社会经济统计年鉴（2001）、各省份2001年统计年鉴；第二产业就业人数占比数据来自第五次全国人口普查。$^*p<0.10$，$^{**}p<0.05$，$^{***}p<0.01$。控制变量包括地理条件、贸易条件、战前经济条件和历史文化条件。

除了地区层面的变量以外，我们还关心历史上的工业基础是否对具有不同产权结构的企业产生影响。为此，本书进一步使用中国工业企业数据库提供的数据，按照国有企业和非国有企业分别将相关变量加总到县级层面。表6.8的回归结果表明，无论是国有企业还是非国有企业，战时的工业基础对其TFP均未产生显著影响。这意味着历史上的工业积累更多只是在生产规模方面发挥作用，而无法直接提升企业的生产效率。第3、4列的结果进一步证明了这一点，战时的工业企业数量每增加1%，国有企业和非国有企业的增加值将分别增加0.396%和0.326%。值得注意的是，核心解释变量对国有企业产生了更大的影响，这或许是因为抗战时期保留下来的绝大多数企业直接转变为新中国时期的国营企业所致。

表6.8　　　　　　　　　2000年工业企业TFP与增加值

	(1)	(2)	(3)	(4)
	TFP (log)		增加值 (log)	
	国有企业	非国有企业	国有企业	非国有企业
战时工业企业数量 (log)	-0.050 (0.038)	-0.014 (0.058)	0.396** (0.158)	0.326** (0.134)
控制变量	是	是	是	是
省份固定效应	是	是	是	是
样本数	258	258	258	258
调整 R^2	0.063	0.010	0.172	0.294

注：被解释变量数据来自中国工业企业数据库，将其加总到县级层面。* $p<0.10$, ** $p<0.05$, *** $p<0.01$。控制变量包括地理条件、贸易条件、战前经济条件和历史文化条件。

表6.9的第1、2列的结果同样表明，历史上的工业基础同时对2000年国有企业和非国有企业就业产生了显著影响，但无论是显著水平还是估计系数，国有企业所受影响都高于非国有企业。最后，第3、4列的估计结果表明，战时工业基础还显著提升了国有企业与非国有企业的平均工资水平，并且对二者的影响程度非常接近。这或许意味着，历史上的工业基础改善了当地的工业发展水平，同时增加了国有企业和非国有企业的劳动需求，从而拉升了人均工资水平。

表6.9　　　　　　　　　2000年工业企业就业与工资

	(1)	(2)	(3)	(4)
	就业人数 (log)		人均工资 (log)	
	国有企业	非国有企业	国有企业	非国有企业
战时工业企业数量 (log)	0.412*** (0.143)	0.261** (0.109)	0.331*** (0.101)	0.335*** (0.118)
控制变量	是	是	是	是
省份固定效应	是	是	是	是

续表

	(1)	(2)	(3)	(4)
	就业人数（log）		人均工资（log）	
	国有企业	非国有企业	国有企业	非国有企业
样本数	258	258	258	258
调整 R^2	0.174	0.310	0.321	0.331

注：被解释变量数据来自中国工业企业数据库，将其加总到县级层面。* $p<0.10$, ** $p<0.05$, *** $p<0.01$。控制变量包括地理条件、贸易条件、战前经济条件和历史文化条件。

三 对其他社会发展变量的影响

除了经济增长以外，抗日战争时期的工业基础是否对其他社会发展变量造成了同样的影响呢？表 6.10 的前 2 列报告了历史上的工业基础对人口集聚的影响。回归结果表明，对于那些在抗日战争时期拥有更多工业企业的地区而言，在 2000 年也更能吸引外来人口的流入。在地区内部，这种效应则表现为人口向城市集聚，即更好的工业基础导致了 2000 年更高的城市化率。第 3—5 列给出了历史上的工业基础对居民生活水准的影响。结果表明，工业基础对 2000 年婴儿死亡率、2005 年农村居民纯收入以及 2005 年社会消费品零售总额没有显著影响。全面抗战时期所建立的工业基础更多地影响城市而非农村。工业的发展促进了城镇的发展，增加了其对劳动力的需求。然而该作用机制并未在农村发生，故对农村居民收入没有影响。对 2000 年婴儿死亡率的回归结果同样可以间接印证历史上的工业基础发生作用的地区差别。根据《2013 年中国卫生和计划生育统计年鉴》的数据，2000 年中国城市婴儿死亡率为 11.8‰，农村则高达 37‰，是前者的 3 倍多。同一年度，美国的婴儿死亡率为 6.89‰[①]，与中国城市的指标差距并不算大。因此，要想降低婴儿死亡率，重

---

① 数据来自 https：//www.cdc.gov/nchs/data_access/VitalStatsOnline.htm。

点将是农村而非城市①。但正如我们前文所分析的，历史上的工业基础更多地影响城市，故该系数不显著也就不足为奇了。最后，抗战时期的工业基础更倾向于重化工业，对当下的轻工业部门影响较小。当被解释变量成为社会消费品零售总额时，结果也并不显著。

表6.10　　　　　　　　社会发展变量回归结果

	(1)	(2)	(3)	(4)	(5)
	2000年迁入人口（log）	2000年城市化率	2000年婴儿死亡率	2005年农村居民纯收入（log）	2005年社会消费品零售总额（log）
战时工业企业数量（log）	0.283*** (0.091)	0.096*** (0.031)	−0.956 (1.270)	0.028 (0.027)	0.087 (0.091)
控制变量	是	是	是	是	是
省份固定效应	是	是	是	是	是
样本数	267	267	267	237	237
调整 R^2	0.445	0.118	0.161	0.283	0.574

注：2000年迁入人口、城市化率数据来自第五次全国人口普查。中国2000年县级婴儿死亡率数据来自 Center for International Earth Science Information Network（CIESIN）。2005年农村居民纯收入、社会消费品零售总额数据来自中国区域经济统计年鉴。括号内为稳健标准误。* $p<0.10$，** $p<0.05$，*** $p<0.01$。控制变量包括地理条件、贸易条件、战前经济条件和历史文化条件。

第四节　历史的耦合："三线"建设

大量经济史文献发现，外生事件的冲击会对该地区的发展模式造成持久影响（Redding 等，2011；Dell 等，2018）。在探讨其中的作用机制时，路径依赖通常被认为是重要原因之一（Bleakley、Lin，2012；Jedwab 等，2017）。本书强调，抗日战争这一历史事件"意

---

① 李楠、林友宏（2016）也认为婴儿死亡率指标更多地是衡量乡村经济社会的发展。

外地"为后方的许多地区建立了更好的工业基础,"被迫"启动的工业化在新中国时期产生了路径依赖效应,而这种效应又被随后的"三线"建设再度放大。抗战时期后方的工业发展与新中国时期的"三线"建设①有着十分相似的外部环境,前者基于事实的战争,后者基于潜在的战争。抗战时期,厂矿的选址需要充分考虑日军的轰炸威胁,因此也多将工厂建立在郊区、山洞或者窑洞里②。在类同的选址原则下,路径依赖发挥了作用,因为拥有一定的工业基础是进行投资扩建的重要前提。表6.11展示了重庆一些代表性企业的历史沿革,这些企业大都建立于抗日战争时期,在"三线"建设期间进一步扩建③。可以看到,"三线"时期重点建设的企业,尤其是军工企业,其前身大都是抗战时期的军工企业,从生产的产品来看,历史渊源也一目了然。接下来进一步介绍新中国时期"三线"建设的历史沿革,然后再通过计量模型探讨其与抗战时期后方工业发展的逻辑关系。

表6.11 抗战时期和"三线"建设时期的企业沿革

抗战时期企业名称	初建时间	"三线"建设时期企业名称	地区	主要产品
天原化工厂	1940年	天原化工厂	江北区	抗战时期:烧碱 "三线"时期:氯碱

---

① 所谓的"三线"是指中国的战略腹地,东至京广铁路沿线,西到甘肃乌鞘岭,北达山西雁门关,南抵广东韶关,包括四川、贵州、云南、陕西、甘肃、青海、宁夏等七省(自治区)的全部或大部分地区,以及河南、湖北、湖南和山西四省的西部地区,共计318万平方公里,占全国土地面积的1/3。

② 张守广(2012)详细介绍了重庆、昆明等市工业企业的选址情况,有兴趣的读者可以参考。

③ 例如:长安机器厂,1965—1975年全厂建筑面积增加到35.2万平方米,生产设备增加到1743台;望江机器厂,1965—1975年全厂建筑面积增加到39.1万平方米,生产设备增加到1461台(王毅,2014);重庆机床厂1965—1980年共获得2277万元投资,同期綦江齿轮厂获4271万元投资(王毅,2016)。

续表

抗战时期企业名称	初建时间	"三线"建设时期企业名称	地区	主要产品
中国汽车公司华西分厂	1941年	重庆机床厂	巴南区	抗战时期：磨床 "三线"时期：纺纱机、齿轮
陆海空军司令部交通兵团修理所	1939年	綦江齿轮厂	綦江县	过去：汽车配件 现在：汽车配件
钢铁厂迁建委员会	1939年	重庆钢铁厂	大渡口区	抗战时期：钢铁、工兵器材 "三线"时期：钢铁
第24兵工厂	1938年	重庆特殊钢厂	沙坪坝区	抗战时期：钢料、手榴弹 "三线"时期：初轧机
金陵兵工厂	1938年	长安机器厂	江北区	抗战时期：步机枪、迫炮 "三线"时期：机枪、舰炮、火炮
汉阳兵工厂	1940年	建设机床厂	九龙坡区	抗战时期：步枪、炮弹、手榴弹 "三线"时期：步枪、机枪
广东第2兵工厂	1938年	望江机器厂	江北区	抗战时期：炮弹、炮样板 "三线"时期：高射炮、舰炮
第25兵工厂	1938年	嘉陵机器厂	沙坪坝区	抗战时期：枪弹、手榴弹、铜皮 "三线"时期：钢壳弹
第20兵工厂	1938年	长江电工厂	南岸区	过去：枪弹、甲雷、铜皮 现在：枪弹、炮弹
兵工署炮兵技术研究处	1938年	江陵机器厂	江北区	抗战时期：小炮弹、药包 "三线"时期：枪弹、炮弹
豫丰机器厂	1941年	空气压缩机厂	九龙坡区	抗战时期：纺织设备 "三线"时期：水路坦克

注：各企业所处地区以当下的名称为准，和历史上的名称稍有出入，如巴南区为过去的巴县，江北区为过去的江北县。

资料来源：根据重庆市档案馆编《战时工业》，重庆出版集团2014年版，第463页；孙果达：《民族工业大迁徙——抗日时期民营工厂的内迁》，中国文史出版社1991年版，第209—252页；四川省巴县志编纂委员会：《巴县志》，重庆出版社1994年版，第214—215页；四川省綦江县志编纂委员会：《綦江县志》，西南交通大学出版社1991年版，第385—386页；重庆化学工业志编纂委员会编：《重庆市化工志》，渠县印刷厂1992年版；王毅：《三线建设中川渝地区机械企业发展与布局初探》，《开发研究》2016年第3期，第70—77页；王毅：《三线建设中的重庆军工企业发展与布局》，《军事历史研究》2014年第4期，第26—33页。

一 三线建设的决策过程与布局特征

(一) 决策过程

20世纪50年代,以美国为首的西方资本主义国家对中国实施了政治上孤立、经济上封锁的措施,这种国际政治经济格局迫使中国尽快建立起比较完备、自成体系的工业结构。进入20世纪60年代后,随着美国侵越战争的升级以及中苏关系持续恶化,中共中央决定调整工业布局以应对潜在的战争。1964年5—6月,中共中央在北京召开会议讨论《第三个五年计划初步设想》,毛泽东在谈话中指出,"要搞一、二、三线的战略布局,加强三线建设,防备敌人的入侵"[①]。1964年8月17日、20日,毛泽东在中央书记处会议上两次指出,要防备帝国主义可能发动侵略战争。这次会议决定,首先集中力量建设"三线",在人力、物力、财力上给予保证。同年9月,中央书记处作出关于计划工作的指示,主要内容是:(1)"三线"要落实;(2)"三线"的调整要立即行动;(3)基本建设投资,首先要保证"三线"建设的需要,其他方面有多少钱办多少事。到10月30日,中央工作会议通过并下发了国家计委提出的《1965年计划纲要(草案)》,提出"三线"建设的总目标是:"要争取多快好省的方法,在纵深地区建立起一个工农业结合的、为国防和农业服务的比较完整的战略后方基地"(陈东林,2003)。至此,"三线"建设的战略决策终于确立并开始全面实施。

(二) 布局特征

所谓"三线",是指相对于一、二线地区而言[②]具有经济和军事双重含义的区域概念。李富春指出:"划分三线,主要考虑国防与国防建设的需要。划归三线的范围不能太小,以利工业的合理布局。

[①] 《毛泽东在中央工作会议期间的讲话记录》,1964年5月27日。转引自金冲及主编《周恩来传》,中共中央文献出版社1988年版,第1768页。

[②] 一线是指沿海和边疆省、自治区和直辖市。一线和三线之间是二线地区。

也不能按行政区划去划分，要着眼于自然条件和经济条件，考虑地形特点以及铁路、交通、工业分布与国防力量的现状这些因素"（马泉山，1998）。"三线"的大致范围可以概括为：甘肃乌鞘岭以东，山西雁门关以南，京广铁路以西，广东韶关以北的广大地区，包括四川、贵州、云南、陕西、甘肃、青海、宁夏等七省（自治区）的全部或大部分地区（俗称"大三线"），以及河南、湖北、湖南和山西四省的西部地区，共计 318 万平方公里，占全国土地面积的 1/3①（马泉山，1998）。

在一个更微观的领域，"三线"地区企业布局的一般原则被概括为"靠山、分散、隐蔽"②。这其中最为关键的是分散，"分散是最大的隐蔽"。为此要做到：（1）缩小建设规模、多布点，不搞综合性大厂，执行中、小、专原则；（2）离开平原、城市，星罗棋布分散布置，进山沟；（3）小而专，以产品为对象搞专业化小厂，地区成套（陈东林，2003）。在该原则下，"三线"建设中的重点项目大都远离核心城市，散落于绵延千里的山脉之间。新建项目被要求不得集中在某个城市或点③，以最小化面临敌人空中打击时的损失。在"三线"区域内，高原、峡谷、盆地交错，江河、湖泊纵横，离东部海岸线最近 700 公里以上，距西部边陲上千公里。众多山脉形成天然屏障，绝大多数重点企业坐落其中，符合战争中工业建设所要求的隐

---

① 相比之下，毛泽东更为关注的是国防战略部署，他所称"三线"，主要是指四川、贵州和云南三省。"二线"则包括湘西、鄂西、豫西和山西、甘肃、江西、吉林、内蒙古。其余是"一线"（董辅礽，1999）。

② 在确定企业选址时，事实上还涉及近水的原则。毛泽东提到要"依山傍水扎大营"（马泉山，1998）。在 1965 年国务院批准的《关于第三个五年计划草案》中也提道："三线"工业布点，要注意靠山近水，并充分利用这一地区丰富的水力资源来发展水运（李彩华，2004）。1970 年 2 月，在拟定的《1970 年计划和第四个五年国民经济计划纲要（草案）》中，除了重申了"靠山、分散、隐蔽"的原则，还进一步指出特殊的、重要的工厂还要"进洞"，实行大分散、小集中。

③ 李富春、薄一波、罗瑞卿：《关于国家经济建设如何防备敌人突然袭击问题的报告（1964 年 8 月 29 日）》，转引自《党的文献》1995 年第 3 期。

蔽原则。位于重庆市南岸区的纳溪沟便是一个很好的例子。重庆市档案馆给出了20世纪60年代纳溪沟的选址条件分析，见表6.12。

表6.12　　　　　20世纪60年代纳溪沟建厂的基本条件

地形	在丛山密林中四面环山
交通	距重庆15公里，距弹子石7公里，在厂区江边设有轮渡码头，海弹公路尚未接通，靠水运哮滩全年可停泊货轮
排污	从长江起水约1—2公里，起水高度约30米，排污除渣沿沟中小溪流入长江下游
土地面积	可供发展面积约30公顷，现有房屋可供施工使用，有的房屋还可改造为生产车间或公用房屋。须占用一部分农田
水	长江取水
电	接电要7公里（弹子石交电站），需投资14万元
其他	有山洞建筑牢固，有套洞可安装机器设备

资料来源：渝档1111-1-242-112，转引自王毅《三线建设中重庆化工企业发展与布局初探》，《党史研究与教学》2015年第2期。

从经济效益的角度看，纳溪沟并不适合建厂，交通不便导致运输成本高昂，缺乏电力资源又会增加生产费用。但若从军事角度看，则十分符合"三线"建设的选址原则了。纳溪沟四面环山，沟长2.5公里，符合靠山、隐蔽的大方针。厂区内大量存在的山洞和套洞有利于存储需要保密的军工产品。正是基于区位的考虑，上海化工厂、上海塑料研究所等企业选择内迁此地。同时，生产永久性发光粉的重庆东方红试剂厂也在纳溪沟建厂。1941年汉阳火药厂（时称第2工厂）同样选择内迁至纳溪沟。作为军工企业，汉阳火药厂选择纳溪沟，其中优越的地理位置或许是其选址的重要依据，我们甚至有足够的理由去猜测，上文档案中提到的那些建筑牢固的山洞正是抗战时期的兵工厂所遗留下来的。纳溪沟的案例表明，"三线"建设的选址确实有很大概率与抗战时期重合。一致的选址原则还只是一种间接效应，1949年以后西部地区很多工业企业的前身就是抗战时期内迁于此的，"三线"时期的投资进一步扩建了这些企业。

二 "三线"建设的实施过程

在紧急备战的情况下,工程建设中的合同制被取消,取而代之的是军事化的建设管理体系。"三线"建设项目享有了最高的优先权,一线地区重要的工厂、优秀的人才和精良的设备也都陆续被调往"三线"地区①。从具体的实施进程看,"三线"建设大致可以分为四个阶段。第一阶段是1964—1966年。该阶段是"三线"建设的第一个高潮,投资的主要地区为西南的四川、贵州和云南三省。第二阶段是1967—1968年。受"文化大革命"的影响,"三线"建设投资陷入低谷。第三阶段是1969—1971年。"珍宝岛"事件将全国再次推入紧急备战状态,"三线"建设进入第二次建设高潮。该阶段的建设区域也由此前的西南向中部的湘西、鄂西和豫西地区扩展。第四阶段是1972—1980年。该阶段主要是收尾配套,"三线"建设的主要任务是充实和加强,而不是铺新摊子。

图6.3展示了大"三线"地区历年基本建设投资和全社会固定资产投资占全国总投资的份额,其随着时间的变化趋势契合了"三线"建设的四个阶段。在"三线"建设启动的1964年,无论是基本建设投资还是固定资产投资,大"三线"地区所占比例均低于20%,到1965年已经超过30%②,1966年后更是超过35%③。然而,

---

① 当时一句流行的口号是"好人好马上'三线',备战备荒为人民"。在"三线"建设中,采取老基地带新基地,老厂矿带新厂矿,老工人带新工人的办法,以加快新厂矿的建设进程。大型、精密和关键设备,全国有两台的放一台在"三线",有一台的优先放在"三线",使"三线"工业具有国内当时的先进水平(李彩华,2004)。

② 从1964—1965年,在西北、西南"三线"部署的新建、扩建和续建的大中型项目达300余项。其中钢铁工业14项,有色金属工业18项,石油工业2项,化学工业14项,化肥工业10项,森林工业11项,建材工业10项,纺织工业12项,轻工业8项,铁道工程26项,交通工程11项,民航工程2项,水利工程2项(陈东林,2003)。

③ 绝对数方面,1964年大三线建设地区基本建设投资额和全社会固定资产投资额分别为26.28亿元和24.21亿元,1966年分别增长为78.16亿元和74.3亿元,年均增长率高达72.46%和75.19%。

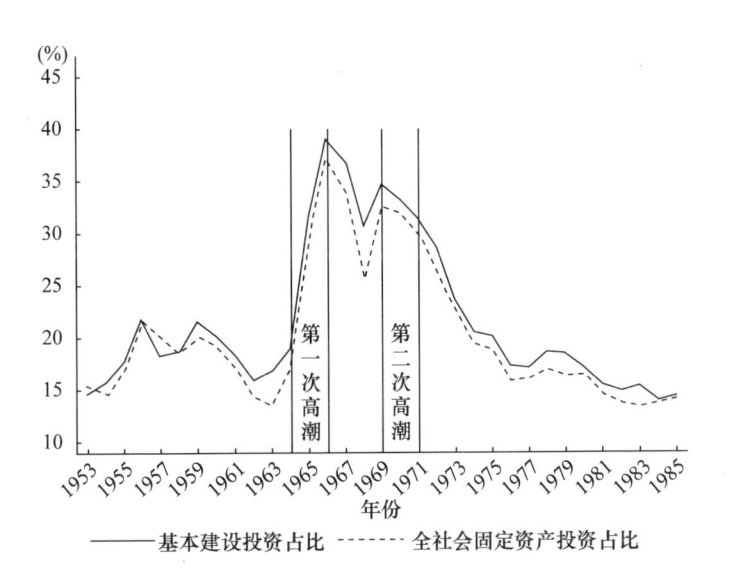

图 6.3　大"三线"地区历年投资占全国总投资比重

——基本建设投资占比　------全社会固定资产投资占比

注：基本建设投资数据来自《中国固定资产投资年鉴（1950—1955）》，固定资产投资数据来自《新中国六十年统计年鉴》。大"三线"地区包括四川、贵州、云南、陕西、甘肃、青海和宁夏。

随后的"文化大革命"使"三线"建设有所停滞。1969—1971年是"三线"建设的第二次高潮①，基本建设投资占比和全社会固定资产投资占比均在30%以上②。1972年以后，大"三线"地区的投资占比逐年递减，到1985年已经恢复到和1953年相近的水平，其份额占全国总投资的15%左右。除了投资，工业化程度的变化率也反映了类似的路径。图6.4给出了大"三线"地区和非"三线"地区历年工业化程度的变化率。1963年两大地区的工业化程度增长率几乎同为100%，然而在1964—1966年与1969—1971年两个时期，"三线"建设地区增

---

① 根据统计，1964—1971年，全国共有380个项目，14.5万人，3.8万台设备，从沿海地区迁移到"三线"（赵德馨，1989）。

② "三线"建设的第二次高潮所展示的数据显示，其投资占全国比重要低于第一次高潮。然而这可能与我们的样本选择有关。"三线"建设地区主要是指大"三线"，并未包含豫西、湘西和鄂西等中部地区，而第二次建设高潮恰恰是增加了对这些省份的投资，所以我们的指标在第二次高潮时期存在低估。

长率显著高于非"三线"建设地区。1971年之后,两大地区工业化程度的变化率大体趋于一致,在100%的增长率水平上波动。

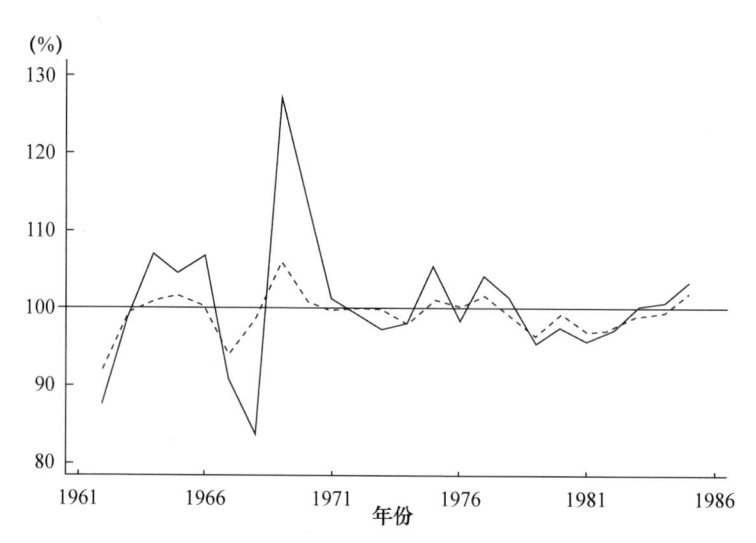

图6.4 各地区历年工业化程度变化率

注:大"三线"地区包括四川等七省,非"三线"地区是指除大"三线"地区以及河南、山西、湖南和湖北四省的其他地区;工业化程度用工业产值占工农业总产值比重表示。

数据来源:国家统计局综合司编:《全国各省、自治区、直辖市历史统计资料汇编(1949—1989)》,中国统计出版社1990年版。

三 "三线"建设的直接经济效果

从1965—1980年,国家为"三线"地区累计投资约2000亿元,相当于1953—1964年投资总和的3倍。"三线"地区的工业固定资产由292亿元增加到1543亿元,职工人数由325.65万人增加到1129.5万人,工程技术人员由14.21万人增加到33.95万人。工业总产值由258亿元增加到1270亿元,修通了成昆等10条铁路干线(新建铁路干线和支线8046公里),建成了大中型骨干企业和科研事业单位近2000个,其中军工企业600多个,各具特色的新兴工业城市30个(李彩华,2004)。

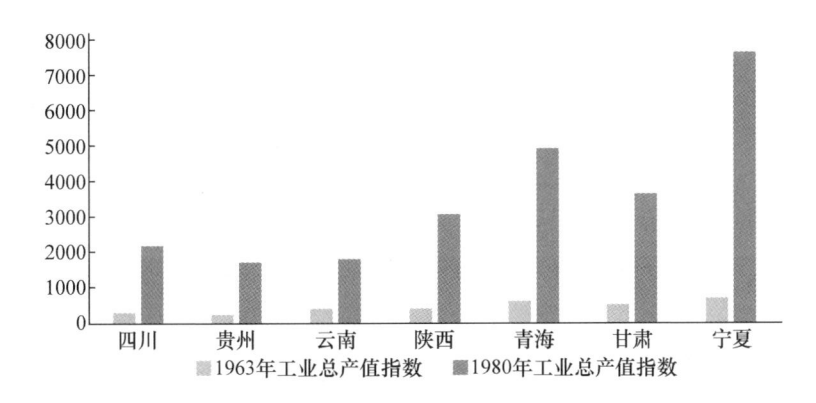

图 6.5 大"三线"各省份工业总产值指数比较

资料来源：《全国各省自治区直辖市历史资料统计汇编（1949—1980）》。指数按可比价格计算，以 1952 年为基期。

图 6.5 展示了"三线"建设时期主要省份工业总产值指数的变化情况。除了云南一省的工业产值在 17 年间的增长不足 4 倍以外，其余六省的增长幅度都超过了 6 倍，宁夏工业产出的增长更是高达 10.18 倍。在总量之外，"三线"地区的经济结构也发生了深刻变化。根据魏后凯（2000）的数据，1966—1978 年间，大"三线"省份工业对经济增长的贡献大都在 50% 以上[①]。这使我们有理由相信，"三线"建设对西部地区的工业化确实起着"大推进（big-push）"的作用。另外，战争背景使得许多"三线"建设项目匆忙上马[②]，并且过于强调隐蔽分散，这些特征在一定程度上损害了经济效益。1966—1978 年，基本建设中损失、浪费及不能及时发挥经济效益的资金达 300 亿元，占同期国家用于"三线"投资的 18% 以上（阎放鸣，1987）。大约同一时期，因基本建设效益下降减少国民收入 533.43 亿元（赵德馨，1989）。马泉山（1988）计算的投资效果系

[①] 唯一的例外是云南省，不过其工业对经济增长的贡献率也达到了 42.4%，只比 50% 低了 7.6 个百分点。

[②] 许多项目未进行资源、环境、产品的调查和论证就匆忙动工，提倡"边设计、边施工、边投产"的"三边"经验，导致一部分工程只好中途下马，还有些则长期不能投产（陈东林，2003）。

数显示，1966—1976年"三线"地区每1元基本建设投资提供的国民收入只有4.98元，低于全国平均的6.87元。同时，每百元资金实现利税只相当于全国平均水平的53.7%和一线地区的38.4%。当然，这些结论仅来自简单的统计计算，没有可靠的计量方法来进行因果识别，因此也很难说上述结论就是"三线"建设所导致的。另外，这些结论仅仅考虑了"三线"建设的短期影响，而忽视了其在长期经济增长中所具有的作用。

四 计量模型：路径依赖效应

前文的史料表明，战时工业基础的长期效应可能是通过"三线"建设来实现的。为验证路径依赖是否真的发挥了作用，还需要度量每个县的"三线"建设强度。本书使用了第二次工业普查提供的各县1985年大中型制造企业工人总数来度量三线建设强度，其基本逻辑是工人总数越多，所获得的"三线"投资越多。该指标的有效性表现在两个方面。其一，截面维度。在第三个五年规划纲要中，主要的工业项目都建立在"三线"地区并且能够较好地与第二次工业普查数据相匹配。另外，迁建的"三线"企业规模通常较大，因而也有更大概率包含在大中型企业数据库中。其二，时间维度。1985年的第二次全国工业普查是"三线"建设结束后第一次全国范围内的工业调查。尽管"三线"建设的重点时期是1964—1980年，但在1992年市场化改革正式启动之前，地区大中型国有企业的变动较小，尤其是缺乏自由的劳动力市场，因此就业指标可以较好地度量三线建设时期的投资状况。最后，稳健起见，还使用了各县1985年人均工业产值作为衡量"三线"建设强度的补充性指标[①]。表6.13给出了估计结果。1—2列报告了战时工业企业数量对"三线"建设

[①] 包含价格的变量或许不是一个好的度量指标。在计划经济时期，重工业优先发展战略使价格存在不同程度的扭曲，因此不能完全真实地反映资源的配置情况。当然，最严重的扭曲更有可能出现在工农产品之间，而非工业产品内部。

的影响。可以看到，无论用何种指标来度量"三线"建设强度，其回归系数都在1%的水平上显著为正，表明抗战时期工业基础的路径依赖效应确实存在。在3—6列中，分别使用2000年的灯光亮度和工业增加值作为被解释变量，并将度量"三线"建设强度的变量纳入回归模型中。回归结果表明，核心解释变量的回归系数大小与显著程度均有下降，而"三线"建设相关变量则在1%水平上显著。该结果意味着，抗日战争时期的工业基础的确是通过路径依赖对长期经济发展产生显著影响。

表6.13 历史工业基础对长期经济发展影响的机制分析："三线"建设

	(1)	(2)	(3)	(4)	(5)	(6)
	1985年工人总数（log）	1985年人均工业净产值（log）	2000年灯光亮度（log）		2000年工业增加值（log）	
战时工业企业数量（log）	1.956*** (0.483)	1.819*** (0.496)	0.181 (0.126)	0.226* (0.125)	0.273 (0.167)	0.295* (0.163)
1985年工人总数（log）			0.084*** (0.016)		0.070*** (0.023)	
1985年人均工业净产值（log）				0.066*** (0.013)		0.062*** (0.019)
控制变量	是	是	是	是	是	是
省份固定效应	是	是	是	是	是	是
样本数	262	262	262	262	261	261
调整 R^2	0.094	0.084	0.498	0.479	0.245	0.240

注："三线"建设数据根据《中华人民共和国1985年工业普查第二册（大中型工业企业）》整理[1]。括号内为稳健标准误。* $p<0.10$，** $p<0.05$，*** $p<0.01$。控制变量包括地理条件、贸易条件、战前经济条件和历史文化条件。

---

[1] 该资料包括全民所有制独立核算工业企业以及其他经济类型的大中型工业企业，共涉及39个行业，7588个企业。有关企业的变量包括1985年工业产值（1980年不变价）、1985年末全部职工人数、1985年末固定资产原值以及主要产品名称。除此之外，该资料还提供了每个企业的具体位置信息，因此我们可以将企业变量加总到县级层面。

除了"三线"建设，抗战时期构建的工业基础还通过改变地区初始资本积累影响长期经济增长。在新古典增长理论中，物质资本和人力资本被认为是促进经济增长的重要因素。许多经验研究也表明，初始资本积累决定了经济起飞的快慢，并对长期经济增长产生显著的正向作用（Acemoglu 等，2009；Banerjee、Somanathan，2007）。本书中，抗战时期的工业基础所带来的一个直接结果便是增加了厂房、机器设备等物质资本积累，而该过程又通过路径依赖被进一步强化。另外，历史上更好的工业基础决定了各地区新中国成立初期经济水平差异，这意味着那些经济条件较好的地区将有能力提供更多的学校教育以促进人力资本积累。最后，全面抗战时期后方的工业化还可能带来道路等基础设施的改善，这也将有利于长期经济增长。表 6.14 报告了回归结果，其中人力资本积累、物质资本积累和基础设施三个变量分别用 1982 年人均受教育年限、1980 年固定资产净值和 1962 年公路密度度量衡量。

表6.14　历史工业基础对长期经济发展影响的机制分析：初始资本积累

	（1）1982年平均受教育年限（log）	（2）1980年固定资产净值（log）	（3）1962年公路密度	（4）2000年灯光亮度（log）	（5）2000年灯光亮度（log）	（6）2000年工业增加值（log）	（7）2000年工业增加值（log）
战时工业企业数量（log）	0.124 *** (0.029)	0.562 *** (0.016)	0.067 (0.128)	0.133 (0.107)	0.189 (0.127)	0.183 (0.144)	0.153 (0.146)
1982 年平均受教育年限（log）				1.738 *** (0.275)		1.336 *** (0.352)	
1980 年固定资产净值（log）					0.265 *** (0.050)		0.340 *** (0.071)
控制变量	是	是	是	是	是	是	是

续表

	(1)	(2)	(3)	(4)	(5)	(6)	(7)
	1982年平均受教育年限（log）	1980年固定资产净值（log）	1962年公路密度	2000年灯光亮度（log）		2000年工业增加值（log）	
省份固定效应	是	是	是	是	是	是	是
样本数	262	262	248	262	262	261	261
调整 R^2	0.088	0.038	0.260	0.517	0.496	0.295	0.346

注：1982年平均受教育年限数据来自第三次全国人口普查。1980年固定资产净值来自《中华人民共和国1985年工业普查第六册（2046个县）》。1962年公路密度数据来自Baum-Snow等（2017）。括号内为稳健标准误。$^* p<0.10$，$^{**} p<0.05$，$^{***} p<0.01$。控制变量包括地理条件、贸易条件、战前经济条件和历史文化条件。

表6.14中，1—3列的回归结果表明，抗日战争时期的工业基础对人均受教育水平①和固定资产均产生了显著的正向影响，但并未显著促进公路建设。追述史料不难发现，铁路②和内河才是抗战期间长短途运输的主要方式。由于汽油和汽车零部件缺乏，公路的作用大受影响，只能作为内河运输的补充而存在（谭刚，2013）。张肖梅（1942）也认为公路在战时后方所发挥的作用有限，他指出："现今滇缅及川滇开发，虽已有公路可通，但公路运输，运费太高，运量太小，时间太长，在此汽油昂贵、车辆缺乏之战时，于军事交通上

---

① 我们也考虑了使用识字率作为教育发展水平的代理变量。不过回归结果显示，即使在10%的水平上，2000年的识字率也不显著。新中国成立以后的扫盲运动或许是造成这一结果的主要因素。该运动大幅提高了各地的识字率，从而降低了抗日战争时期工业化这一历史差异所带来的影响。

② 我们并没有单独考察工业基础对铁路建设的影响，一个重要的原因在于，1962年的数据虽然提供了经过各县的铁路长度，但对照本书的样本却发现存在大量的缺失值，即大多数县并没有铁路通过，而拥有铁路的地区大都是省会城市，而这些地区的样本又被排除在回归模型之外。Baum-Snow等（2017）的研究也表明，中国的铁路主要是用于连接经济中心与省会城市。这些事实意味着，就本书所关注的区域而言，历史上的工业基础并没有对铁路建设产生显著影响。

固不无重大之价值，而帮助经济之开发，殆尚不足以胜此重任"。

表6.15　抗战时期国营交通部门货运量量表（1937—1945年）

	铁路	公路	航空	河运
货运量（千吨）	40608	2238	87.63	39538
货运周转量（千吨公里）	6785371	957013	73468	

资料来源：国民政府主计处统计局编：《中国民国统计提要》，1947年，第77—84页。

表6.15给出了抗战时期各种运输方式的货运量以及周转量的情况，可以看到，铁路和河运所承载的货运量都在4000万吨左右，公路却只有223.8万吨，仅为前者的5.6%。当工业企业的产品及原料更多通过铁路与内河来运输时，其对公路建设的作用自然大大降低了[①]。

为验证机制的有效性，进一步考察了初始资本积累对以2000年灯光亮度和工业增加值衡量的长期经济增长的影响。在表6.14的第（4）（5）列中，分别在基准回归模型中控制了平均受教育年限和固定资产净值变量，此时战时工业企业数量的回归系数下降并不再显著，而初始资本变量依然在1%的水平上显著。与（4）（5）列类似，（6）—（7）列给出了以2000年工业增加值作为被解释变量的回归结果，新的回归同样验证了之前的假说，即历史上的工业基础是通过影响初始资本积累促进长期经济增长。

小　结

本章对战时后方工业发展的长期效应进行了实证研究。我们用

[①] 战时后方工业的发展无法促进公路兴建的另一个原因可能在于西部地区复杂的地形。如滇缅公路"沿途多高山峻岭，土质松软，极易坍塌，修筑极为困难（秦孝仪，1988）；川康公路的二郎山段，路线上山30公里，下山40公里，两边高山悬崖，非常危险（中国第二历史档案馆，1997）"。

战时后方各县所拥有的工业企业数量作为衡量其工业发展水平的代理变量,同时控制了各县的地理变量以及战前的初始经济条件。基准回归结果表明,1942—1945年间县内工业企业数量越多,其在新中国时期经济发展水平越高,不过该效应随时间正逐渐减弱。随后使用工具变量法和双重差分进行稳健性检验,新的识别方法再次支持了上述结论。实证研究还发现,近代大后方地区的工业投资通过路径依赖和初始物质资本积累对长期经济发展产生了正向影响。历史上工业投资越高的地区,当下的工业化程度也越高,但工业企业的生产效率并没有显著差别。另外,历史上拥有更多工业投资的地区在当下能够吸引更多的人口迁入,同时拥有更高的城市化率,不过该历史基础并未显著影响与农村相关的变量,如婴儿死亡率以及农村居民纯收入等。

第七章

结论与研究展望

  如果缺乏多维的视角，我们便很难理解历史事件所具备的真正意义。就本书的研究而言，需要认识到的是战争在带来伤害的同时，也"意外"地为后方长期经济增长带来了正面影响。抗日战争爆发之前，西部地区的工业在全国来看实在微不足道，工厂数量占全国的6%，资本额占比更低，仅为4%，而真正称得上现代意义的工厂，在四川不过5家，陕西3家，贵州仅1家。可以想见，如果没有战争这一外生冲击，西部地区通过自身的资本积累完成工业化转型可能还需要经历漫长的岁月。然而，抗日战争使得后方地区瞬间成为全国的工业中心，西部省市也快速从农业社会进入工业社会。一时间，资本、技术、人才等生产要素皆在后方聚集起来，形成了后方工业的"黄金时代"。不过，随着战争硝烟的散去，后方的经济繁荣似乎也很快走到了尽头。大量企业和政府机构回迁复员，后方经济勃兴之势不再，让人感叹繁华落尽，如梦无痕。在绝大多数学者那里，抗战与后方经济的故事就此结束，当西部地区再次进入人们的视野时，已是"三线"建设和西部大开发时期了。然而，已有的历史学文献都过多强调了考证，而忽略掉历史学本身的或许是更为重要的意义，对当下的意义。时间作为一个连续统一过程，让我们认识到历史是重要的，它可以通过内化信念以及路径依赖等多种方式塑造现在甚至是未来的生活。为此，我们也有必要反省抗战内迁这一重大的历史事件是否对后方的经济发展造成了长期的影响，那些不可逆的工业投资难道就真的和我们今天的生活毫无关系吗？

我们用一个严格的量化研究表明，那些在抗战时期新建了较多工业企业的县市，在当下往往拥有更好的经济表现（用2000年人均GDP表示）。在控制了其他变量以后，这一结论依然是稳健的。至少有两个渠道传递了这种长期影响。其一，抗战时期拥有更多工业企业在新中国成立初期具备了更好的发展基础，初始条件的改善为日后的经济增长提供了前提；其二，抗战时期的工业化有利于吸引更多的移民，人力资本的积累为经济增长创造了条件。计量结论和史料证据的结合，给我们提出了一个非常有趣的命题。就短期来看，西部地区的工业是在抗战时期背景下创建的，本地的要素禀赋和工业尤其是重工业的产业特征并不契合，在抗战时期结束以后，后方工业确实迅速走向衰落。然而如果拉长历史的视角，考虑一个更长期的过程，我们却发现，违背比较优势的"大推进"策略产生了显著的正面效果。林毅夫对新中国的研究表明，重工业优先发展的赶超战略导致了一系列的扭曲（低工资、低利率、低原料价格、低汇率和高税收等），从而降低了经济绩效。改革开放以后，比较优势战略居于主导地位，从而缔造了"中国的增长奇迹"。在林毅夫那里，经济学中的两难冲突并不存在，在只考虑经济绩效的情况下，比较优势战略严格优于重工业优先发展战略。然而在我们的故事里，若没有战争这一外生冲击，西部地区的经济可能在很长一段时间内被锁定在Murphy等（1989）定义的以小农经济为特征的均衡状态里。战时后方重工业的兴起为西部地区日后的经济发展奠定了基础，大规模的投资创造了外溢性需求、扩大了市场以及将人们的生活导入工业化的轨道上，这些都带来了长期的正向效应。当然，比较优势的推测并没有完全失去效力，抗战刚一结束，西部工业确实立马面临危机，没有政府的保护与补贴，其工业产品在市场上很难具有真正的竞争力①。通过这一分析可以看出，重工业战略和比较优势战略在本书的研究中变成了一个关于时间的权衡取舍问题。从某种意义上讲，短期的低效率有可能使经济在未来更有可能跳跃至一个更高水平的均衡状态。故到底采取什么样的发展战略，其核心的决策变量可能在于政策制定者的主观贴现率，对未来越有耐心，就越有能力使用赶超战略，相反，主观贴现率如果很高，那么比较优势战略将是可行的。当然，赶超战略也有可能导致严重的政府失灵以摧毁经济发展的基础，但这一命题已经超出了本书讨论的范围。

对于西部地区而言，抗日战争的外生冲击可以被看作一次极好的自然实验，有利于识别大规模的工业投资如何影响一地区的长期发展。另外，利用自然实验还有利于剔除估计偏差对模型估计结果的影响。经常使用的 DID 方法、RD 方法等皆可以借助自然实验所提供的特征事实建立模型。在估计方法的多样性方面，本书还需要进一步的完善，以使估计结果更加稳健。在未来的研究中，我们认为至少有以下三个主题是很有研究价值的：其一，抗战内迁、三线建设与西部大开发的比较。这三个历史事件都是和发展西部相联系的，不同之处在于前两个都是在战争背景下完成的，而后一个则是在和平年代实施的经济发展战略。西部大开发至今也快有 20 年的历史了，可以对这三次事件进行绩效评价和比较，考察以经济为导向的发展战略是否一定优于以备战为导向的战略，以及讨论其中的成因。其二，在本书的研究中，主要考察的是抗日战争时期后方的工业遗产所带来的长期影响。事实上，战争为后方带来的不仅仅是有形的资产，各大学校的内迁为西部地区的教育也带来了显著冲击，现代化的工厂培养了大量技术工人，东部地区官员、学者、企业家的迁入带来了完全不同的思想观念，工业社会的游戏规则对传统农业社会的行为模式造成了巨大的影响。对西部地区而言，"文化"和

---

① 战争快结束时，很多美货涌入中国市场，历史学者们认为这直接造成了后方民营工业的衰败。

"制度"的重构又带了怎样的长期影响呢？这同样是一个值得讨论的问题。其三，进行国际比较，寻找更多的经验证据。为进一步了解战争的长期效应，做一些国别比较是必要的。在第二次世界大战期间，许多国家都遭到战火的重创，是否所有的这些国家都能在战后获得更快速度的发展呢？又或是因为过多的物质资本和基础设施被摧毁，在战后很长一段时间陷入贫困陷阱呢？如果有国家呈现出不同的状态，那么又到底是何种因素导致的呢？最后，也许超越了本书所涉及的主题：对于人类而言，最该关心的显然不是研究战争所带来的影响，如何避免战争才是迫切需要思考的问题。重要的是给岁月以文明，而不是给文明以岁月。

附 表

附表1　　工矿调整处迁移放款情况（1941年6月30日）　　（单位：元）

业别	编号	名称	放款金额	实付金额	签约日期（年月日）	期限（年）	利率（%）	收回本金	已收利息	净欠本金	应收本金
机械工业	2	大工铁工厂	5620	5620	37.12.23	3	6	1124	323.53	4496	4496
机械工业	4	上海机器厂	10000	10000	38.1.7	3	6	2000	591.78	8000	8000
机械工业	4	上海机器厂	1600	1600	38.1.21	3	6	320	94.69	1280	1280
机械工业	4	上海机器厂	18000	18000	38.5.13	3	6			18000	18000
机械工业	4	上海机器厂	2750	2750	38.7.6	3	6			2750	
机械工业	5	达昌机器厂	1687	1687	38.1.14	3	6			1687.7	1687.7
机械工业	5	达昌机器厂	4000	4000	38.7.6	3	6			4000	4000
机械工业	5	达昌机器厂	700	700	38.11.10	3	6			700	700

续表

业别	编号	名称	放款金额	实付金额	签约日期（年月日）	期限（年）	利率（%）	收回本金	已收利息	净欠本金	应收本金
机械工业	6	精一科学机械厂	3447	3447	38.1.19	3	6	1723.5	368.31	1723.5	1723.5
机械工业	6	精一科学机械厂	1000	1000	38.7.4	3	6	500	95.24	500	
机械工业	9	复兴铁工厂	7000	7000	38.4.5	3	6	3500	725.76	3500	3500
机械工业	9	复兴铁工厂	1500	1500	38.6.18	3	6	750	159.04	750	750
机械工业	10	中兴铁工厂	2000	2000	38.6.16	3	6	1000	107.45	1000	1000
机械工业	15	广利机器厂	1000	1000	38.6.25	3	6	200	59.18	800	800
机械工业	16	毓蒙联华公司	3000	3000	38.6.25	3	6	1500	405.27	1500	1500
机械工业	16	毓蒙联华公司	1000	1000	38.8.2	3	6	200	58.68	800	800
机械工业	17	福泰翻砂厂	1300	1300	38.6.25	3	6	260	76.5	1040	1040
机械工业	18	新民机器厂	7650	7650	38.6.25	3	6	3825	753.59	3825	3825
机械工业	20	姜孚第一厂	1400	1400	38.6.26	3	6	700	182.14	700	700
机械工业	22	大来机器厂	464	464	38.6.27	3	6	232	63.1	232	232
机械工业	25	姚顺兴机器厂周锦昌翻砂厂	4600	4600	39.8.16	3	6			4600	920
机械工业	27	萧万兴铜器厂	750	750	38.7.1	3	6	150	37.04	600	225
机械工业	22	恒顺制造机器厂	45000	45000	38.7.1	3	6	22500	4734.25	22500	
机械工业	31	协昌机器厂	2500	2500	38.7.8	3	6			3500	1250
机械工业	32	陈信记翻砂厂	1500	1500	38.7.14	3	6	750	161.36	750	

续表

业别	编号	名称	放款金额	实付金额	签约日期(年月日)	期限(年)	利率(%)	收回本金	已收利息	净欠本金	应收本金
机械工业	33	大新机器车木厂	600	600	38.7.15	3	6	300	63.52	300	
机械工业	34	华中铁厂	900	900	38.7.15	3	6	450	95.28	450	
机械工业	36	韩云记	150	150	38.7.17	3	6	75	15.88	75	
机械工业	37	馈昌铸铁厂	2400	2400	38.7.18	3	6	1200	254.47	1200	
机械工业	38	华丰机器造船厂	1000	1000	38.7.18	3	6			1000	500
机械工业	39	强华机器铁工厂	200	200	38.7.20	3	6	100	20.91	100	
机械工业	39	强华机器铁工厂	250	250	39.2.9	3	6	125	31.97	125	
机械工业	40	徐顺兴铁厂	300	300	38.7.22	3	6	150	33.23	150	
机械工业	41	精益铁工厂	1000	1000	38.7.22	3	6	200	57.12	800	300
机械工业	42	仁记机器厂	600	600	38.7.22	3	6	300	35.21	300	
机械工业	43	山泰翻砂厂	1000	1000	38.7.22	3	6		83.67	1000	500
机械工业	44	建华机器造船厂	1250	1250	38.7.23	3	6	625	147.33	625	
机械工业	45	洪发利机器厂	2200	2200	38.7.23	3	6	1100	242.96	1100	
机械工业	46	和兴机器厂	380	250	38.7.23	3	6	125	29.03	125	
机械工业	47	张鸿星机器厂	1000	480	38.7.24	3	6	500	107	500	
机械工业	48	亚洲制刀厂	480	600	38.7.25	3	6	240	51.6	240	
机械工业	50	希孟氏历钟制造厂	2400	2400	38.7.29	3	6			600	
机械工业	51	周复泰机器厂	620	620	38.7.31	3	6	310	66.15	310	300

续表

业别	编号	名称	放款金额	实付金额	签约日期（年.月.日）	期限（年）	利率（%）	收回本金	已收利息	净欠本金	应收本金
机械工业	52	秦鸿记机器厂	720	720	38.7.31	3	6	360	75.87	360	
机械工业	53	湖北机器厂	180	180	38.7.31	3	6			180	90
机械工业	53	湖北机器厂	5600	5600	39.11.30	3	6			5600	2240
机械工业	53	湖北机器厂	200	200	38.7.31	3	6	100	23.51	100	
机械工业	54	周义兴机器厂	150	150	38.7.31	3	6	75	15.51	75	
机械工业	55	汉阳洪顺机器厂	4500	4500	38.8.1	3	6	900	507	3600	1350
机械工业	62	广西中华铁工厂	10000	10000	39.5.1	3	6	5000	1311.78	5000	5000
机械工业	63	无声记	2720	2720	39.7.1	3	6	544	160.96	2176	
机械工业	64	振华机器厂	4760	4760	39.7.1	3	6	952	274	3808	
机械工业	65	福顺机器厂	1500	1500	39.8.17	3	6	300	85.07	1200	
机械工业	69	中国油灯公司	31000	31000	40.3.25	3	6			31000	6200
机械工业	70	华兴铁工厂	10000	10000	40.4.1	3	6	2000	557.26	8000	
机械工业	71	德记翻砂厂	110	110	40.7.24	3	6			110	
机械工业	71	陶国记翻砂厂	480	480	40.7.24	3	6			480	
机械工业	71	自强翻砂厂	80	80	40.7.24	3	6			80	
机械工业	71	周兴硬胎翻砂厂	70	70	40.7.24	3	6			70	
机械工业	71	漆鸿盛铁工厂	220	220	40.7.24	3	6			220	
机械工业	71	宝丰机器厂	380	380	40.7.24	3	6			380	

续表

业别	编号	名称	放款金额	实付金额	签约日期（年.月.日）	期限（年）	利率（%）	收回本金	已收利息	净欠本金	应收本金
机械工业	71	民实机器厂	320	320	40.7.24	3	6			320	
机械工业	71	张乾泰机器厂	220	220	40.7.24	3	6			220	
机械工业	71	湖北机器厂第二工厂	590	590	40.7.24	3	6			590	
机械工业	71	张鸿兴机器厂	300	300	40.7.24	3	6			300	
机械工业	71	云龙机器厂	70	70	40.7.24	3	6			70	
机械工业	71	建国机器厂	340	340	40.7.24	3	6			340	
机械工业	71	隆泰工厂	590	590	40.7.24	3	6			590	
机械工业	71	仁昌机器厂	700	700	40.7.24	3	6			700	
机械工业	71	周义兴机器厂	580	580	40.7.24	3	6			580	
机械工业	71	李锦泰五金机器厂	140	140	40.7.24	3	6			140	
机械工业	71	瑞生机器厂	600	600	40.7.24	3	6			600	
机械工业	72	善泰机器厂	500	500	40.10.12	3	6			500	
机械工业	73	协兴机器厂	1000	1000	40.10.9	3	6			1000	
机械工业	11	新昌机器厂	2800	2800	38.6.18	3	6	1400	381.8	1400	1400
电器工业	12	合作五金公司	13000	13000	38.6.24	3	6	6500	1395.45	6500	6500
电器工业	21	鼎丰制造厂	800	800	38.6.27	3	6	400	85.74	400	400
电器工业	26	美艺钢铁厂	10000	10000	38.6.28	3	6	5000	1370.14	5000	5000
电器工业	19	中国蓄电池厂	4000	4000	38.6.25	3	6			4000	4000

续表

业别	编号	名称	放款金额	实付金额	签约日期（年月日）	期限（年）	利率（%）	收回本金	已收利息	净欠本金	应收本金
电器工业	66	成都启明电器公司	20000	20000	39.11.20	3	6	4000	1127.67	16000	
电器工业	67	永华贸易公司	10000	10000	40.3.15	3	6			10000	2000
电器工业	68	馥亚电机公司	21000	21000	40.3.25	3	6	4200	1208.22	16800	
电器工业	13	永利电机厂	2400	2400	38.6.25	3	6	480	132.23	1920	1920
化学工业	30	中兴赛璐珞厂	5200	5200	38.7.6	3	6			5200	2600
化学工业	30	中兴赛璐珞厂	2000	2000	39.1.18	3	6			2000	1000
化学工业	35	华中制药厂	850	850	38.7.16	3	6	425	91.24	425	
化学工业	61	汉中制革厂	5000	5000	38.10.28	3	6	1000	288.82	4000	1500
化学工业	23	科学仪器馆化学药品厂	1300	1300	38.1.25	3	6	650	134.88	650	650
纺织工业	7	震寰纱织公司	34292	34292	38.6.27	3	6	9000		25292	
纺织工业	24	迪安针织厂	500	500	38.8.6	3	6	250	53.67	250	250
纺织工业	56	民康公司药棉纱布厂	3000	3000	38.8.20	3	6	1500		1500	
纺织工业	58	申新第四纺织厂	152500	152500	38.8.29	3	6			152500	152500
纺织工业	59	国华红皮布厂	500	500	38.9.29	3	6	250		250	
纺织工业	60	林裕丰	200	200	41.5.15	3	6	100		100	
纺织工业	75	西安裕泰纺织有限公司	330000	330000	38.6.13	3	6			300000	
印刷工业	3	中国标准国货铝笔厂	20000	20000	38.1.25	3	6	4000		16000	16000
印刷工业	8	时事新报	6000	6000		3	6	1200	343.23	4800	4800

续表

业别	编号	名称	放款金额	实付金额	签约日期(年月日)	期限(年)	利率(%)	收回本金	已收利息	净欠本金	应收本金
印刷工业	14	时代印报印刷所	600	600	38.6.25	3	6	300	64	300	300
印刷工业	29	科学印刷厂	6000	6000	38.7.4	3	6	1200	360	4800	1800
印刷工业	49	汉口大东分局印刷厂	2000	2000	38.7.28	3	6	1000	210.74	1000	
印刷工业	57	七七印刷工厂	800	800	38.8.16	3	6			800	400
印刷工业	74	通俗印刷厂	5000	5000	40.11.26	3	6			5000	
其他	1	中央工业试验所	6000	6000	37.12.15	3	6	2000		4000	4000
总计			890660.7	888630.7				102120.5	20685.03	786510.2	277429.2

注："总计"两列后面有.7,为原文数据,照原文抄录。

资料来源:中国第二历史档案馆编:《国民政府抗战时期厂企内迁档案选辑(上)》,重庆出版社2016年版,第513—516页。

附表2 上海工厂迁移情况(1937年9月11日)

号数	工厂名称	负责人姓名	原有地址	制造种类	机器内容	附记
1	上海机器厂	严耀秋	静安寺路兴和里南市打浦路、福鑫里杨树浦丹阳路	制造各种机器,修配零件	4尺—1丈车床10部,钻床13部,3—7尺车床17部,铣、钻、磨等车床9部,3尺—1丈车床12部,各种机床17部,大小马达6只	8月25日已运出
2	合作五金公司	胡叔常	嘉定县城内合作路	制造弹簧、门锁、干粮袋等各种小五金用品	冲床25部,刨床2部,车床10部,马达2叉1/2—25匹共14只,柴油引擎2只,拔直丝机1部,发电机3部,各种电镀及喷漆机等	8月27日已运出

续表

号数	工厂名称	负责人 姓名	负责人 原有地址	制造种类	机器内容	附记
3	新民机器厂	胡厥文	塘山路796号	制造各种机器	4尺—1丈车床21部,刨床8部,钻床4部,各种应用机器20部	8月27日已运出
4	顺昌铁工厂	马雄冠	周家渡白泥南路	制造各种机器	车床6部,刨床1部,镗床1部,铣床,磨床各1部,起重机1部,抽水机1部,马达8只	8月22日已运出
5	利用五金厂	沈鸿		制造各种机器	8尺车床2部,6尺车床1部,4尺车床1部,刨床8尺1部,18尺1部	9月1日已运出
6	华成电器制造厂	周锦水		制造电器用具	各种车床25部,大小冲床9部,刨床,自动罗丝床	9月6日已运出
7	大鑫钢厂	余名钰		制造各种机器,修配各种零件及大车上零件	电炉2套,车床25部,钻床15部,刨床11部,压沙机14部,1/2—30匹马达36只,行车2部及各种小机器30部	9月1日已运出
8	勤昌机器厂	周良义	虹口路岳州路90号	制造各种机器	大小车床7部,钻床2部,刨床2部,大小马达18只,35匹,24匹,12匹引擎4部,8匹引擎2部	已填志愿单
9	中新工厂	吕时新			大小冲床8部,4—6尺车1部,各种机车约20部	已填志愿单
10	中国制钉公司	钱祥标		制造各种钉	各号制钉机12部,9尺车床1部,7尺车床1部,拉丝机22部	已填志愿单

续表

号数	工厂名称	负责人 姓名	负责人 原有地址	制造种类	机器内容	附记
11	新中工程公司	支秉渊		制造各种机器	大小车床42部,钻床11部,刨床5部,铣床,磨床等20余部	9月2日已运出
12	远大铁工厂	张廷邦		制造各种机器	6—8尺车床6部,刨床及钻床2部	已填志愿单
13	姚兴昌机器厂	姚瑞麟	戈登路	制造各种机器	6—8尺车床5部,马达1只,钻床2部,刨床1部	9月1日已运出
14	精一科学厂	胡允甫	公平路524弄	制造科学器械	4尺车床7部,冲床5部,刨床、钻床等各种机器20部	9月1日已运出
15	中华铁工厂	王佐才		制造各种机器	6—9尺车床18部,刨床3部,钻床2部	已填志愿单
16	源大皮革厂	朱宝峰		制造皮革	马达5只,各种制皮机器约15部	已填志愿单,皮件已运出,机器未运
17	启文机器厂	李渭生		制造号码机、打字机	铣床2部,车床2部,雕刻机2部,电钻5部	9月1日已运出
18	罗莲昌铜铁机器厂	罗莲章	成都路846号	制造以及修理机器		已接洽者
19	上海实业公司	黄文瀚	槟榔路280弄51号			已接洽者

续表

号数	工厂名称	负责人 姓名	负责人 原有地址	制造种类	机器内容	附记
20	永丰五金电器厂	刘启周	威海卫路	制造及电机		已接洽者
21	金刚电池厂	赵启明	辣斐德路426号	制造电池	充电机等	9月4日已运出
22	华东兄弟机器厂		西爱咸斯路31号			已接洽者
23	新业工厂	李俶	平凉路1841号			已接洽者
24	全泰金记铁工厂	黄金生	白尔部路蒲石路46号	制造及修理机器		已接洽者
25	炽昌新牛皮胶厂	汪季材	贝勒路底恒庆里	炼制牛皮胶		已接洽者
26	谭洋蓄电池厂	谭洋	劳合路54号	制造蓄电池		已接洽者
27	亚美无线电公司	苏祖修	江西路323号	制造无线电用品		已接洽者
28	中华无线电研究社	邹雅言	甘氏东路200号	制造无线电用品		已填报关单
29	荣昌机器厂	施瑞芳	北成都路1025号	制造及修理机器		已接洽者
30	中国无线电业公司	王瑞骧	徐家汇路345号	制造及修理无线电用品		已填报关单
31	公茂机器造船厂	施恩湛	贝勒路底恒庆里	制造及修理轮船		已装运
32	汇明电池电筒制造厂	丁熊明	南阳桥新乐里		打电机3部,喷砂机1部	已运

续表

号数	工厂名称	姓名	原有地址	制造种类	机器内容	附记
33	恒达机器制罐厂	胡耀廷	南城都 155 弄 20 号	制造罐头		已接洽者
34	亚光制造公司	张惠康	戈登路普陀路 220 号			已接洽者
35	强化实业公司	陈世觉	中汇大楼 434 号	橡胶面具		已接洽者
36	申昌机器厂	陆顺泉	北福建路老闸桥	制造及修理机器		已接洽者
37	郭源隆机器厂	郭海林	南市里马路三泰码头	制造及修理机器		
38	中国标准铅笔厂	吴囊梅	上海科桥路 1176 号	制造各种铅笔		已填志愿单
39	中国建设工程公司	陈祖光	江西路 368 号		车床 4 部，钻床，冲床，喷漆器等马达 3 只	已运出
40	合众电气公司	王振基		制造蓄电池、电筒	压大电机，压小电机，车床，钻床，喷砂机，马达等	已运出
41	建设委员会电机制造厂	许应期		制造蓄电池、电筒	冲床 5 部，刨床 4 部，车床马达 2 只，铣床，钻床等	已运出
42	中国钢铁工厂	李贤尧			冲床，车床，锯床，马达等	已运出
43	中兴钢珠轴领公司	吕建康		钢珠轴领马达		已运出

续表

号数	工厂名称	负责人 姓名	原有地址	制造种类	机器内容	附记
44	慎昌铸工厂	黄生茂		翻砂工作	砂箱	已装运
45	大中染料厂	董敬庄	龙华天钅十路中山路	制造染料颜料	11号粉碎机1部,干燥盘马达2只,锅炉1组	已填志愿单
46	中国蓄电池厂	胡国光	北宝兴路董家宅	制造蓄电池	马达13只,车床3部,辗丝车扎线机17只,自动冲床	已报关
47	光明染织厂	强粹君	上海大木桥237号	染织	煤气烧毛机,开幅机,上浆机,退浆机,烘干机	已报关
48	新亚药厂	许冠群	新闸路1095号	制药	各种制药机器	已报关
49	和兴造船机器厂	冼冠生		造船		在装箱
50	冠生园罐头厂			制造罐头		已填志愿单
51	三北机器造船厂	叶松春	龙华路882弄4号	造船		在装箱
52	民兴化铁翻砂厂	郭永熙	戈登路876弄70号	翻砂		已报关
53	联普防水布厂	梁士雄	上海西体育会路877号	制造防水布、漆布等	雨衣布机、轧胶机、刷布机、马达等	已填志愿单
54	华生电器厂	叶友才	南翔分厂	制造电器用具	车床、钻床、铣床等	已填志愿单

续表

号数	工厂名称	负责人姓名	原有地址	制造种类	机器内容	附记
55	大公机械厂	林美衍	龙华路局门路	制造修理机器	6尺车床24部,8尺车床4部,12尺车床1部,刨床,钻床,马达	已填志愿单
56	新昌袜机厂	温栋臣	沪军营口	制造袜机及零件		已填志愿单
57	大昌铁工厂	余恩培		制造各种机器	车床、冲床、钻床、刨床等	已运出
58	中国窑业公司	胡佐高				已接洽
59	文新瓷砖厂	钱宗建				已接洽
60	东方瓷砖公司	潘立夫		该厂可制酸陶器		已接洽
61	肇兴化学厂	李祖彝	沪西周家桥西金家8号			已填志愿单
62	中国化学工业社	李祖范				已填志愿单
63	工商橡胶厂	孙洪成		橡胶制品,防毒面具		已填报关单
64	益丰搪瓷厂	葛纪元 董吉甫	西门斜桥局门路	搪瓷器皿		已接洽
65	求新制罐工厂	许标仙	西光复路34号	制造罐头		已接洽
66	康元制罐厂	项康原			磨粉机,轧石机等	已报关
67	北洋翻砂厂	樊子珍				已接洽
68	美艺钢器公司	朱文奎			大小马达5只,4又1/2—9尺车床6部,大小冲床18部,锯床,钻床等	已运出

续表

号数	工厂名称	负责人 姓名	负责人 原有地址	制造种类	机器内容	附记
69	公信金属品制造厂	刘鹤卿	虬江路庵益里23号		自动冲压床24部,机器水盘,滚卷丝机小号5部	已填志愿单
70	大中华火柴公司壁昌厂	刘鸿生	浦东陆家渡			
71	亚浦耳电器厂	胡西园	辽阳路66号	风扇、电炮等		已填志愿单
72	复兴棉织厂	章笃良	南市陆家浜后街68号	棉织品	台姆鲁机3部,喷水机1部	
73	中国股份公司制罐厂	张废发	闸北宝昌路443号	印铁、制罐、热水瓶	冲床20余部,反边车、切边车、印铁机等	
74	普新印刷所	沈荣贵	南市肇嘉路176号	印刷	对开机1部,圆盘3部	
75	新大机器厂	王桂林	南市国货路22号	制造修理机件	车床、钻床、锯床各1部	
76	大华红丹公司	韩星桥	闸北金陵路康吉路4号	制造红丹	磨机、筛机、抽风机等	
77	大新荣橡胶厂	刘福勋	东京路1082号	制造橡胶用品	和料机、鞋面机、鞋底机、干燥机、马达80匹3只,20匹1只	
78	大来机器厂	温润川	沪军营路46号	制造及修理机件	车床、刨床、钻床	
79	中兴铁工厂	陈炳勋	欧嘉路71号			

续表

号数	工厂名称	负责人 姓名	原有地址	制造种类	机器内容	附记
80	达昌机器翻砂厂	任立泉	南市陆家滨路1220号	翻砂	车床5部,钻床2部	
81	中国机器厂	吴纪春	南市高昌庙制江路13号		车床4部,钻床1部,刨床1部	
82	中华造船厂	盛聘如				
83	鸿昌机器造船厂					
84	恒昌祥造船厂					
85	华己造船厂					
86	鸿翔兴造船厂					
87	天利淡气厂					
88	天元电化厂					
89	天厨味精厂					
90	天盛耐酸陶器厂					
91	商务印书馆					
92	中华书局					
93	时事新报馆					
94	中国科学仪器有限公司					

续表

号数	工厂名称	负责人		制造种类	机器内容	附记
		姓名	原有地址			
95	信谊药厂					
96	永固漆厂					
97	希孟氏历钟厂					
98	海军飞机制造厂					已运出
99	华利时伞骨厂					
100	东方瓷砖公司					
101	三雄铁工厂					已填志愿单
102	茂利帆篷厂					已填志愿单
103	华新电焊厂					已填志愿单未给津贴
104	纬业绳厂					已填志愿单
105	振华制造厂			电筒电器零件		

资料来源：中国第二历史档案馆编：《国民政府抗战时期厂企内迁档案选辑（上）》，重庆出版社2016年版，第135—140页。

附表3　　　　镇江海关迁厂一览（1937年11月30日）

迁移工厂		报告表	报关单			附注
编号	厂名	号数	号数	吨数	张数	
1	上海机器厂	1	1	41	5	第一批
1	上海机器厂	8	80	29.27	3	第二批
2	合作五金制造公司	1	2	68.7	8	第一批
2	合作五金制造公司	5	45	31.8	9	第二批
2	合作五金制造公司	8	81	6.18	5	第三批
3	新民机器厂	1	3	56.3	4	第一批
3	新民机器厂	8	82	11.45	2	第二批
4	顺昌铁工厂	1	4	85	1	第一批
4	顺昌铁工厂	5	44	129.69	6	第二批
4	顺昌铁工厂	7	61	101.74	2	第三批
5	启文机器厂	1	5	11.5	1	
6	利用五金厂	1	6	13	1	
7	精一科学器械厂	1	7	49	5	第一批
7	精一科学器械厂	5	40	9.55	5	第二批
8	大鑫钢厂	1	8	183	3	第一批
8	大鑫钢厂	3	26	46.97	3	第二批
8	大鑫钢厂	9—3	123	52	2	第三批
9	姚兴昌机器厂	2	9	5.6	1	
10	新中工程公司	2	10	267.79	16	
11	建委会电视厂	2	11	210	8	第一批
11	建委会电视厂	3	22	204.34	55	第二批
12	合众电器公司	2	12	120	2	
13	江南造船所	2	13	51	2	
14	顺昌钢铁铸工厂	2	14	25	6	
15	中国建设工程公司	2	15	6.67	2	
16	金刚电池厂	2	16	11.53	1	
17	源大皮厂	3	17	9.34	1	第一批
17	源大皮厂	7	66	24.7	3	第二批
17	源大皮厂	9—1	92	54.6	1	第三批

续表

迁移工厂		报告表	报关单			附注
编号	厂名	号数	号数	吨数	张数	
18	中国钢铁厂	3	18	14	2	第一批
18	中国钢铁厂	6	57	35.33	14	第二批
19	中华无线电研究社	3	19	65	13	第一批
19	中华无线电研究社	6	58	85.59	27	第二批
20	中兴钢珠轴领公司	3	20	40	3	
21	中国窑业公司	3	21	175	13	
22	康元制罐厂	3	23	31.17	5	
23	中国无线电业公司	3	24	17.22	6	第一批
23	中国无线电业公司	6	54	37.1	23	第二批
23	中国无线电业公司	9—2	112	20.1	20	第三批
24	华成电器厂	3	25	70	5	第一批
24	华成电器厂	4	34	68.9	6	第二批
24	华成电器厂	5	36	95.97	10	第三批
24	华成电器厂	5	37	31.4	2	第四批
24	华成电器厂	7	62	299.43	4	第五批
24	华成电器厂	9—2	106	48	1	第六批
24	华成电器厂	9—2	107	24.96	5	第七批
24	华成电器厂	11	180	4.39	1	第八批
25	铸亚铁工厂	4	27	312.25	2	第一批
25	铸亚铁工厂	8	88	31	1	第二批
25	铸亚铁工厂	11	182	200	1	第三批
26	中国机器厂	4	28	21.38	3	第一批
26	中国机器厂	9—2	104	6.49	1	第二批
27	中国铅丹厂	4	29	18.31	2	第一批
27	中国铅丹厂	9—2	104	2.608	1	第二批
28	水利电机厂	4	30	10.7	2	
29	益丰搪瓷厂	4	31	110.36	1	第一批
29	益丰搪瓷厂	6	50	59.08	2	第二批
29	益丰搪瓷厂	8	84	55.13	1	第三批
30	冠生园	4	32	15.34	2	

续表

迁移工厂		报告表	报关单			附注
编号	厂名	号数	号数	吨数	张数	
31	中国银行购料处	4	33	69.49	2	第一批
31	中国银行购料处	9—2	114	215.34	5	第二批
31	中国银行购料处	10	131	18.9	1	第三批
32	中新工厂	4	35	40	1	第一批
32	中新工厂	6	55	0.67	1	第二批
33	达昌机器厂	5	38	8.927	1	
34	中国工商谊记橡胶厂					第一批
34	中国工商谊记橡胶厂					第二批
35	迪安针织厂	5	41	25	1	
36	美亚织绸厂	5	42	41.68	1	第一批
36	美亚织绸厂	9—1	100	228.75	2	第二批
36	美亚织绸厂	9—1	101	297.8	2	第三批
37	三北机器厂	5	43	115.98	3	
38	上海美光钢器公司	5	46	52.89	4	第一批
38	上海美光钢器公司	7	71	10.5	2	第二批
38	上海美光钢器公司	9—3	119	2.29	2	第三批
39	中国标准铅笔厂	5	47	89.99	6	第一批
39	中国标准铅笔厂	7	74	9	1	第二批
39	中国标准铅笔厂	9—1	99	25.87	1	第三批
39	中国标准铅笔厂	10—3	159	34.88	7	第四批
40	大公报	6	48	125.42	1	
41	生活书店	6	49	125	2	第一批
41	生活书店	9—3	121	26.4	1	第二批
42	昌明时钟厂	6	51	124.67	1	第一批
42	昌明时钟厂	9—1	91	69.5	3	第二批
43	梁新记牙刷厂	6	52	6.26	4	
44	明艺袜厂	6	53	8.46	2	
45	中华铁工厂	6	56	251.2	15	
46	开明书店	6	59	131	1	
47	汇明电池厂	7	60	14.14	1	

续表

迁移工厂		报告表	报关单			附注
编号	厂名	号数	号数	吨数	张数	
48	精华厂	7	63	13.48	3	
49	中法药房	7	64	9.66	4	
50	新大机器厂	7	65	1.5	1	
51	家庭工业社	7	67	33.73	4	
52	镐昌铁工厂	7	68	36	1	
53	中央化学玻璃厂	7	69	30.4	2	
54	亚洲制刀厂	7	70	10	2	
55	华生机器厂	7—2	72	68.09	15	第一批
55	华生机器厂	9—2	108	272.01	44	第二批
55	华生机器厂	10—1	132	177.6	5	第三批
55	华生机器厂	10—2	148	34.52	9	第四批
55	华生机器厂	10—3	149	47.54	4	第五批
55	华生机器厂	10—3	150	37.23	2	第六批
55	华生机器厂	10—3	151	66.99	3	第七批
55	华生机器厂	10—3	152	13.94	5	第八批
55	华生机器厂	10—3	153	12.54	1	第九批
55	华生机器厂	10—3	154	10.5	1	第十批
55	华生机器厂	10—3	155	42.67	10	第十一批
55	华生机器厂	10—3	160	15.36	2	第十二批
55	华生机器厂	10—4	161	20.64	4	第十三批
55	华生机器厂	10—4	162	8.31	1	第十四批
55	华生机器厂	10—4	163	21.47	2	第十五批
55	华生机器厂	10—4	164	25.37	3	第十六批
55	华生机器厂	10—4	165	12.77	2	第十七批
55	华生机器厂	10—4	166	22.47	7	第十八批
55	华生机器厂	10—4	167	50.64	12	第十九批
55	华生机器厂	10—4	168	108.12	9	第二十批
55	华生机器厂	10—4	169	50.33	17	第二十一批
56	资委会电工厂	7—2	73	9.57	7	
57	新享营造厂	7—2	75	88.59	1	

续表

迁移工厂		报告表	报关单			附注
编号	厂名	号数	号数	吨数	张数	
58	资委会机器厂	7—2	76	128.806	1	第一批
58	资委会机器厂	10—1	130	6.77	1	第二批
59	裕华纺织公司	7—2	77	18.81	2	
60	新亚药厂	7—2	78	40	2	
61	文华纺织公司	8	79	34.5	2	
62	华东铁工厂	8	83	2.88	1	
63	肖万兴铜器厂	8	85	2.35	1	
64	海普制药厂	8	86	43.83	10	
65	谭泮蓄电池厂	8	87	16.02	5	
66	汇昌宝兴铁工厂	8	89	31	3	
67	肇兴化学厂	8	90	161.94	2	第一批
67	肇兴化学厂	10—1	128	41.34	1	第二批
68	中兴铁工厂	9—1	93	8.7	8	
69	大来机器厂	9—1	94	2.04	1	
70	希孟氏历钟厂	9—1	95	15.25	2	
71	中兴赛璐珞厂	9—1	96	61.98	3	
72	新昌机器厂	9—1	97	27.58	8	
73	大公职业学校机厂	9—1	98	43.47	9	
74	东升机器厂	9—2	102	7	1	
75	华成针织厂	9—2	103	2.1	1	
76	中国亚浦耳电器厂	9—2	109	19.425	1	第一批
76	中国亚浦耳电器厂	10—1	135	2.7	1	第一批
77	姚顺兴厂	9—2	110	17.64	6	
78	孙立记机器厂	9—2	111	13.25	4	
79	龙章造纸厂	9—2	113	87	6	
80	华光电化厂	9—3	115	2.9	1	
81	汉兴机器厂	9—3	116	11.5	3	
82	广利砂砻机器厂	9—3	117	13	2	
83	中国制钉厂	9—3	118	353.31	1	
84	华昌无线电器制作所	9—3	120	29.64	10	

续表

迁移工厂		报告表	报关单			附注
编号	厂名	号数	号数	吨数	张数	
85	中国科学图书仪器公司	9—3	122	280.35	16	
86	大光明商行	10—1	125	2	1	
87	大中染料厂	10—1	126	53	1	
87	大中染料厂	10—1	128	6	1	
88	汇新实业社	10—1	127	19.4	4	
89	粹华卡片厂	10—1	133	13.43	1	
90	中国实业机器厂	10—1	134	99.69	7	
91	美新名片公司	10—1	136	10.27	1	
92	强华实业公司	10—2	137	12.8	1	
93	正中书局	10—2	138	260	4	
94	姜孚厂	10—2	139	17.87	2	
95	时事新报	10—2	140	35.92	1	
95	时事新报	10—3	156	36.319	1	
96	振华制造厂	10—2	141	47	9	
97	福泰翻砂厂	10—2	142	9	2	
98	陈信记翻砂厂	10—2	143	9	1	
99	利泰翻砂厂	10—2	144	17	3	
100	大新荣橡胶厂	10—2	145	110.34	16	
101	吴祥泰机器厂	10—2	146	10.64	9	
102	公信金属器厂	10—2	147	37	1	
103	中华书局	10—3	157	140.125	1	
104	申新纱厂	10—3	158	36.96	3	
105	天厨味精厂	10—4	170	32.07	2	第一批
105	天厨味精厂	11	174	328.66	13	第二批
106	天盛陶器厂	11	171	24.37	3	
107	天利厂	11	172	112.013	8	
107	天利厂	11	173	111.554	4	
109	中国工业炼气厂	11	175	61.35	1	
110	三雄铁工厂	11	176	2.78	1	
111	新亚书店	11	177	55.9	1	

续表

迁移工厂		报告表	报关单			附注
编号	厂名	号数	号数	吨数	张数	
112	可炽厂	11	178	74	1	
113	炽厂新制胶公司	11	179	80.22	6	
114	大中华火柴厂	11	181	369.229	31	

注：在此报告中，迁移工厂总数为114家，报告表总号数11号，报关单总号数182号，总吨数11422.85吨，报关单共913张。

资料来源：《陶寿康等陈报在镇江主持迁厂现状并附送迁厂一览表致翁文灏签呈》，转引自中国第二历史档案馆编：《国民政府抗战时期厂企内迁档案选辑（上）》，重庆出版社2016年版，第169—176页。

附表4　　内迁民营工厂名称及地址一览

厂名	原设地点	负责人	迁移地点	备注
四川冶炼				
大鑫钢铁厂	上海	余名钰	重庆沙坪坝	改名渝鑫钢铁厂
重庆炼铜厂			重庆华龙桥	
四川机械工业				
周恒顺机器厂	汉阳	周茂柏	重庆南岸李家沱	改名恒顺机器厂
顺昌铁工厂	上海	马雄冠	重庆猫儿石	1937年11月在汉口复工后迁渝
美艺钢铁厂	上海	朱文奎	重庆化龙桥	1937年10月在汉口一度复工后迁渝
合作五金公司	上海	胡叔常	重庆小龙坎	1937年10月在汉口一度复工后迁渝
中国实业机器厂	上海	宋明德	重庆李子坝	1938年8月复工
上海机器厂	上海	颜耀秋	重庆沙坪坝	1937年10月在汉口复工后迁渝
复旦机器厂	上海	薛威麟	重庆沙坪坝	1938年3月在汉口复工后迁渝
公益铁工厂	无锡	荣毅仁	重庆下南区马路	迁渝后一度改名复兴铁工厂，后复名公益面粉纺织机械公司并设宝鸡分厂

续表

厂名	原设地点	负责人	迁移地点	备注
美孚铁工厂	上海	李本立	重庆南纪门国珍街	
洽生工业公司	上海	焦世昌	重庆南岸猫背沱陈家大湾工业区	自行内迁
协昌机器厂	上海	毛子富	重庆神仙洞新街	自行内迁,上海聚麟工厂并入合作
福泰翻砂厂	上海	薛凤翔	重庆中四路80号	1938年1月在汉口复工后迁渝
陆大铁工厂	济南	陆之顺	重庆复兴岗下黄沙溪榨房沟	一度曾与大中合作改名为大川实业公司后又分组独立
三北造船厂	上海	叶竹	重庆江北头塘惠馆湾（概览溪）	1938年5月在汉口复工后迁渝
新民机器厂	嘉定	胡厥文	重庆小龙坎	1937年10月在汉口复工后迁渝并设衡阳分厂
大公铁工厂	上海	林美衍	重庆小龙坎	
达昌机器厂	上海	任之泉	重庆大溪沟三元桥26号	1938年3月在汉口复工后迁渝
新昌机器厂	上海	温栋臣	重庆复兴岗下	
广利机器厂	上海	尹宏道	重庆通远门外金汤街64号	
精一科学器械制造厂	上海	胡允甫	重庆李子坝河街114号	
永丰翻砂厂	上海	樊子珍	重庆小龙坎	1938年2月在汉口复工后迁渝
中新工厂	上海	吕时新	重庆	迁渝后改作碾片工作
启文机器厂	上海	李翊生	重庆黄沙溪榨房沟	机器一部分出售一部分迁衡阳
大来机器厂	上海	温渭川	重庆小龙坎	
老振兴机器厂	汉口	欧阳润	重庆林森路256号	
鼎丰制造厂	上海	沃鼎臣	重庆黄沙溪	
萧万兴机器厂	上海	萧正启	重庆小龙坎	1937年12月在汉口复工后迁渝

续表

厂名	原设地点	负责人	迁移地点	备注
启新电焊厂	上海	任伯贤	重庆中二路85号	
毛有定铁工厂	汉口	毛清	重庆神仙洞新街	
新上海五金翻砂厂	上海	石闰生	重庆	
洪发利机器厂	汉口	周云鹏	重庆林森路256号	
毓蒙联华公司	汉阳	林宗城	重庆小龙坎	一说在重庆大溪沟老街51号
合成机器厂	汉口	王锡富	重庆下南区马路24号	
永兴铁工厂	汉口	张庶咸	重庆海棠溪罗家坝	
杜顺兴机器翻砂厂	汉口	杜伯臣	重庆南岸石溪路	
严富财翻铜厂	南京	严富财	重庆金汤街28号	
华兴铁工厂	汉口	胡鸣皋	重庆中二路55号	
盈昌铁工厂	上海	庄永良	重庆海棠溪烟雨堡3号	迁渝后机器曾租与洽生工业公司后又收回自办
福裕钢铁厂	汉口	陈子山	重庆江北沙湾陈家馆	桂林分厂于1940年5月复工
四方企业公司	上海	叶英才	重庆小龙坎	
正记同益机器厂	汉口	杨崇勋	重庆南岸野猫溪	
鸿锠机器船厂	宜昌	陈国卿	重庆	
刘祥顺机器厂	汉口	刘支顺	重庆鹅公岩王家沟—九龙坡区	
邬荣昌电焊厂	南昌	邬铁民	重庆中一路207号—渝中区	
中国汽车公司华西分厂	香港	朱清淮	重庆巴县—巴南区	重庆机床集团的前身
精华机器厂	上海	张桂岸	重庆中正路89号—渝中区	
冀鲁制针厂	青岛	尹致中	重庆复兴岗下黄沙溪榨房沟—渝中区	一度改名大中制针厂，再改名大川实业公司
振华制造厂	上海	陈歆馥	重庆南岸野猫溪—南岸区	

续表

厂名	原设地点	负责人	迁移地点	备注
周复泰机器厂	汉口	周春山	重庆小龙坎—沙坪坝区	1939年1月在常德复工后再迁渝
姚顺兴机器厂	上海	姚掌生	重庆小龙坎—沙坪坝区	1938年10月曾在常德复工
周锦昌翻砂厂	汉口	周益贤	重庆小龙坎—沙坪坝区	
方兴发机器厂	汉口	方家国	重庆南岸弹子石拐枣树正街—南岸区	
汉口振华机器厂	汉口	高观春	重庆南岸野猫溪—南岸区	1939年2月在常德复工后迁渝
田顺兴铁工厂	汉口	田玉卿	重庆南岸五桂石正街22号—南岸区	
周义兴机器厂	汉口	周仪臣	重庆南岸五桂石—南岸区	曾于常德一度复工
利兴机器厂	汉口	朱世发	重庆	改名利生机器厂
建华机器船厂	宜昌	陶耕历	重庆菜园坝丝厂巷—渝中区	
秦鸿记机器厂	汉口	秦鸿奎	重庆南岸弹子石拐枣树正街—南岸区	1939年2月曾在常德复工
汤洪发铁工厂	汉口	汤建银	重庆南岸半边街12号—南岸区	
邓兴发翻砂厂	汉口	邓忠堂	重庆南岸弹子石拐枣树正街—南岸区	
胡洪泰铁工厂	汉口	胡树林	重庆南岸五桂石51号—南岸区	1939年4月将机器拆渝曾在湖南常德复工
中兴机器制造厂	上海		重庆南岸区弹子石—南岸区	1941年6月改组为天兴、敬兴二厂
华丰机器厂	上海	王瑞棠	重庆小龙坎—沙坪坝区	1938年1月在汉口复工后再迁渝，一说负责人为周宰发
耀泰五金厂	上海	严光耀	重庆小龙坎—沙坪坝区	1938年7月在汉口复工后再迁渝

续表

厂名	原设地点	负责人	迁移地点	备注
徐兴昌翻砂厂	上海	徐惠民	重庆沙坪坝中渡口—沙坪坝区	与上海机器厂合作
徐顺兴机器厂	汉口	徐士泉	重庆小龙坎—沙坪坝区	
万声记锅炉厂	汉口	万武忠	重庆江北溉澜溪—江北区	1939年1月在常德复工后再迁渝
杨正泰冷作厂	汉口	杨同善	重庆国府路169号—渝中区	1938年10月在常德复工后再迁渝
汉华机器厂	汉口	胡鼎三	重庆南岸野猫溪正街甲1号—南岸区	
胜昌机器厂	汉口	谭善存	重庆	首先在阮陵复工后再迁渝
联益机器厂	汉口	江沅生	重庆南岸区弹子石拐枣树正街—南岸区	1939年1月在常德复工4月迁渝
达生铸炼厂	济南	崔淑	重庆江北陈家湾—渝北区	孙果达书负责人为"崔叔"
精勤机器厂	汉口、宜昌	严励精	重庆南岸龙门浩老码头68号—南岸区	孙果达书负责人为"严厉精"
源记机器厂	汉口	周源义	重庆大溪沟三元桥26号—渝中区	
牲泰翻砂机器厂	上海	周兰生	重庆纯阳洞街54号—渝中区	改名兴泰翻砂厂
协昌翻砂厂	上海	李蔚峰	重庆南岸石溪路25号—南岸区	后改名为同益机器厂
西北制造厂	陕西		四川广元	后改为国营
永业公司五金制造厂	汉口	吴乃镛	重庆赵家坡	
黄运兴五金厂	汉口	黄运连	万县南岸沱口王家庙—万州区	主要生产汽车零件及螺丝
永利化学工业公司铁工厂	卸甲甸	候启萱	四川五通桥—乐山市	
东昇机器厂	上海	赵秀山	重庆	并入文翰机器厂

续表

厂名	原设地点	负责人	迁移地点	备注
永和机器厂	汉口	周家清	重庆菜园坝丝厂巷—渝中区	并入建华机器船厂
复鑫祥机器厂	汉口	周云鹏	重庆菜园坝丝厂巷—渝中区	并入建华机器船厂
光明机器厂	汉口	董志广	重庆复兴岗下—渝中区	并入新昌机器厂
聚麟机器厂	上海		重庆	并入协昌机器厂
复顺渝机器厂	浙江	范国安	重庆江北县	售与中国植物油料厂铁工厂
新华机器厂	汉口	王云甫	重庆南岸大沙溪—南岸区	原与洪昌合组华强，分伙后仍沿用旧名
洪昌机器厂	汉口	张祖良	重庆	1939年1月在常德复工再迁渝
华新电焊厂	上海	蔡井畊	重庆	已停业
苏裕泰机器厂	汉口	苏海卿	重庆南岸五桂石—南岸区	
正昌机器厂	汉口		重庆南岸五桂石—南岸区	
谢元泰机器厂	汉口	谢冬至	重庆南岸五桂石—南岸区	以上共三厂合组为湖北机器厂，设厂南岸五桂石，1939年1月复工
中华职业学校实习工厂	上海	贾观仁	重庆—江北区	
新昌实业公司	山西	徐建邦	重庆复兴岗下—渝中区	
利泰翻砂厂	上海	徐福耕		失去联络
荣昌机器厂	上海	卢炽五		失去联络
复东机器厂	石家庄	陈先舟	重庆	孙果达书负责人为"陈光舟"
公信金属品厂	上海	刘鹤卿		已将机器转移
华丰机器造船厂	上海	周宰发	重庆	迁渝后改名华丰机器厂
王鸿昌机器厂	汉口	王金元	重庆	1939年2月在常德复工后迁渝失去联络

续表

厂名	原设地点	负责人	迁移地点	备注
汉口机器厂	汉口	周昌善	重庆	在常德复工后迁重庆
汉口顺昌铁工厂	汉口	祝金元	巴县李家沱	迁渝后转售与裕华纱厂
六河沟铁厂	汉口	李组绅	巴县大渡口	机器一部分并入迁建委员会钢铁厂—部分迁桂林设厂
永利机器厂	南京	候启宣	四川犍为新塘沽	主要产品和业务为化工机器、机器修理
鸿昌机器厂	宜昌	陈国卿	重庆江北溉澜溪	船舶修理和铁器,曾经在常德复工
宜大昌机器厂	宜兴		重庆上龙门浩滩子口1号	后并入建华机器船厂
义兴昌机器厂			重庆海棠溪	
万声记机器厂			重庆江北溉澜溪	抗战爆发后,由上海迁至武汉,1938年又复迁
王洪昌翻砂厂			重庆南岸野猫溪	
毛福定铁工厂			重庆神仙洞	
四方企业公司机器厂		穆藕初	重庆南岸	
水利化学工业公司铁工厂			四川乐山五通桥	
华强机器厂			重庆南岸	
江南翻砂厂			重庆中一路	
汤义兴机器厂			南岸区	1938年由武汉迁湖南常德复工,8月又迁重庆南岸,负责人汤善夫
军政部交通机械修造厂			四川綦江	1937年11月,由南京迁长沙,后又移沅陵、贵阳,1939年10月迁至四川綦江
张瑞生电焊厂			重庆东水门	抗战爆发后,由上海迁至重庆东水门禹王庙,负责人张瑞生
招商局机器厂			重庆南岸	1938年11月由武汉迁往重庆龙门浩

续表

厂名	原设地点	负责人	迁移地点	备注
顺丰翻砂厂			重庆南岸	1938年11月,自武汉迁常德,后又迁重庆南岸弹子石拐枣树街,负责人谭金桃
复兴铁工厂			渝中区	抗战爆发后,从无锡迁至重庆下南区马路94号,负责人薛明剑
胜昌机器厂			渝中区	此处负责人为刘华清,1938年自武汉迁沅陵,后又迁重庆大溪沟三元桥
俞森记工厂			万州区	1938年由武汉迁四川万县
益成翻砂厂			南岸区	抗战爆发后迁至重庆南岸石溪路,1940年改组为同益,负责人黄勤甫
湖北机器厂			南岸区	1939年10月,由汉口迁重庆南岸五桂石,由苏裕泰、正昌及谢元泰三厂改组而成,后改名为万县机器厂,负责人苏海卿
毓蒙联华公司			渝中区	大溪沟
陆大工厂			沙坪坝区	
黄运兴机器厂			南岸区	
达飞机器厂			渝中区	
震旦机器工厂			渝中区	资本达20万元
四川电器工业				
中国建设公司	上海	陈光祖	重庆沙坪坝	
华生电机厂	上海	叶友才	重庆陈家大湾	1938年1月在汉口复工后再迁渝
中华无线电社	上海	陶胜百	重庆沙坪坝	1937年11月在汉口复工后再迁渝
永川电器厂	上海	乐颂云	重庆弹子石—南岸区	改名建华电器厂
电声电器厂	上海	李玉青	重庆	
益丰电池厂	上海	贺师能	重庆南岸马鞍山—南岸区	

续表

厂名	原设地点	负责人	迁移地点	备注
大陆电业公司	上海	吕蒿若	重庆	
神明电池厂	汉口	唐伯辰	重庆南岸—南岸区	
义华电器工厂	汉口	刘鸿章	重庆	
中国无线电业公司	上海	王瑞骧	江北相国寺—江北区	归并为中国兴业公司电业部
馥亚电机公司	上海	廖馥亚		仅迁至香港，设办事处于重庆陕西路
中国蓄电池厂	上海	胡国光	重庆	已结束机器出售
永耀电器公司	汉口	唐绍英	重庆	迁川后转售与资源委员会
沙市电灯厂	沙市	吴继贤	重庆	迁川后转售与资源委员会
孙立记电器厂	上海	戴石青	重庆	失去联络
汇明电池厂	上海	章润霖	重庆	失去联络
既济水电公司	汉口	潘铭新	宜宾	迁宜宾，售与资源委员会，一说迁重庆
谭泮记电池厂	上海	霍伯华	重庆陈家大湾	已停办，内迁时改名永华贸易公司
中益电工制造厂	南京		重庆	
大陆无线电社				抗战爆发后迁至重庆勤工局街，负责人吕鸿生
华生电器厂			南岸区	1937年9月运出上海迁武汉，1939年春又迁重庆南岸大湾，负责人曹竹铭
军政部电信工程			重庆化龙桥	1937年8月，由南京迁湖南长沙，1938年改组为电信机械修造厂
交通部电信机料修造厂			四川泸县	
中央电瓷制造厂			四川宜宾总厂	
四川化学工业				
天原化工厂	上海	吴蕴初	重庆江北猫儿石—江北区	

续表

厂名	原设地点	负责人	迁移地点	备注
华光电化厂	上海	李鸿寿	重庆小龙坎—沙坪坝区	
建华油漆厂	汉口	唐性初	重庆—南岸区	
天盛耐酸陶器厂	上海	吴蕴初	重庆江北猫儿石—江北区	
瑞华玻璃厂	汉口	李文彬	重庆华龙桥—渝中区	
汉中制革厂	汉口	魏雅平	重庆江北香国寺—江北区	
龙章造纸厂	上海	龙赞臣	重庆江北猫儿石—江北区	售与财政部
永新化学公司	南通	赵春咏	重庆江北县—江北区	
汉昌肥皂厂	汉口	余叔瞻	重庆南岸—南岸区	
中法制药厂	上海	林鸿藻	重庆南岸—南岸区	
振西搪瓷厂	上海	李开云	重庆江北—江北区	
光华制药厂	上海	张汉武	重庆	
大鑫火砖厂—1	上海	谢诗箴	重庆沙坪坝	为渝鑫钢铁厂所办
大鑫火砖厂—2			重庆江北黄角树—江北区	
光华油漆厂	上海	吴龚梅	重庆菜园坝—渝中区	
中央化学玻璃厂	上海	徐新之	重庆	改名中国化学玻璃厂
勉记砖瓦厂	南京	牟鸿恂	重庆沙坪坝	
中国植物油料厂	上海	刘瑚	江北区	
允利化学公司	无锡	薛明剑	重庆	改名允利实业公司
松江造纸厂	松江	梁砥中	四川铜梁	改名广成造纸公司后并入铜梁造纸厂
中元造纸厂	杭州	钱子甯	宜宾	
光大瓷业公司	九江	杨之屏	重庆	一说宜宾,并分设曲靖分厂
大利华制钙厂	上海	吴又鲁	重庆	主持人离去未复工
益丰搪瓷厂	上海	葛纪元	重庆菜园坝—渝中区	与福华益记搪瓷厂合作
海普制药厂	上海	季德馨	重庆	曾在渝复工,1938年5月被炸毁后未开工

续表

厂名	原设地点	负责人	迁移地点	备注
中国铅丹厂	上海	吴纪清	重庆	与建华油漆厂合作
中国化学工业社	上海	李祖谦	重庆巴县李家沱工业区—巴南区	
大中华火柴厂	九江	刘鸿生	重庆弹子石—南岸区	与当地华业火柴厂合作改名华业
家庭工业社	上海	陈定山	重庆井口—沙坪坝区	1937年11月在汉口复工后迁渝，负责人一说庄茂如
中兴赛璐珞厂	上海	周乡畔	泸县	迁泸州因主持人返沪未开工
天利氮气厂	上海	吴蕴初	重庆江北猫儿石—江北区	仅部分迁出未复工
汉口车光玻璃厂	汉口	郑竹影		迁渝途中机料沉没未复工
科学仪器馆化学厂	汉口	张德明	重庆	与国立药专合作
民康实业公司	汉口	刘洪源	重庆弹子石—南岸区	分设渝、陕二厂
三星工艺社	上海	彭效旭	重庆	
祥光皂烛厂	汉口	应云徒	重庆	
光原锰粉厂	汉口	孙祥康	重庆	失去联络
中国工业炼气公司	上海	李允成	四川长寿	1939年11月复工
新业药厂	上海	许冠群	重庆	机器售与中国药产提炼公司，又建厂复工
汉光玻璃厂	汉口	查子诚	重庆	迁渝途中机料沉没未复工
谌家矿造纸厂	湖北	李景潞	四川成都	改名建国造纸厂
三合公记玻璃厂			乐山	
江西光大瓷器公司			四川泸县	
天原电化厂			四川自流井	
中国工业煤气公司			四川泸州	
西南化学工业制造厂			重庆南岸	
江南协记皂烛厂			重庆北碚	1938年由汉口迁来
国民化学酒精厂			重庆巴县	
资中酒精厂			四川资中	
新亚药厂			重庆沙坪坝	

续表

厂名	原设地点	负责人	迁移地点	备注
中央工业试验所化学药品制造实验工厂			北碚区	资本15万元
湖北省建设厅造纸厂			万县	
永利化学公司			四川犍为新塘古	资本298万元
动力油料厂			重庆沙坪坝区	
兴华油漆厂			重庆渝中区	
重庆天原电化厂			重庆华龙桥—渝中区	
大兴工业公司			重庆江北陈家馆—江北区	
上海协记大来化学制胰厂			重庆江北兴隆桥—江北区	
四川纺织工业				
豫丰纱厂	郑州	潘仰山	重庆沙坪坝	分厂设合川,资金相当雄厚,资本在1500万元以上
裕华纱厂	汉口	苏汰余	重庆南岸窍角沱—南岸区	
申新纱厂第四厂	汉口	李国伟	重庆窍角沱—南岸区	共分重庆、宝鸡、成都三个分厂
沙市纱厂	沙市	萧伦豫	重庆李家沱工业区—巴南区	
美亚织绸厂	上海	高事恒	乐山	一说迁重庆,另设分厂于五通桥
章华毛纺织厂	上海	刘鸿生	重庆李家沱工业区—巴南区	改组为中国毛纺织公司
苏州实业社	上海	徐元章	重庆弹子石—南岸区	分厂设遂宁北门外
五和织造厂	上海	周福泰	泸州	由内迁厂投资新组建之厂
亚东祥记织造厂	汉口	杨云樵	重庆龙门浩—南岸区	迁常德复工后迁渝
和兴染织厂	汉口	张清成	重庆南岸—南岸区	

续表

厂名	原设地点	负责人	迁移地点	备注
新新实业社	南京	顾鼎勋	重庆	
新昌棉织厂		罗孟泉	重庆	
大成纺织厂	常州	查济民	重庆北碚	改名大明染织厂
七七袜厂	汉口	程远	重庆北碚	
普益经纬公司	杭州	王士强	四川乐山五通桥	
林长兴织带厂等六厂	杭州	林崇熹	重庆	一说迁川西
隆昌织染厂	汉口	倪麒时	重庆北碚	合组改名为大明染织厂
迪安针织厂	上海	魏卜孚	重庆江北县	改组为实兴袜厂
泰中电器工业社	汉口	赵善夫		受炸后未复工
国华精棉厂	汉口	陆绍云	重庆江北猫儿石	改组为维昌纺织厂
福星染厂	长沙	范新度	重庆、桂林	内迁机器一部分归重庆染整厂，一部分并入桂林广西纺织机器厂
湖北麻织厂	湖北	田镇瀛	重庆万县	
震寰纺厂	汉口	刘笃生	重庆窍角沱—南岸区	纱锭分租与西安大华及重庆裕华纱厂
军政部第一纺织厂			重庆沙坪坝	
军政部第二纺织厂			重庆弹子石—南岸区	
军政部第一制呢厂			重庆磁器口—沙坪坝区	
军政部第二制呢厂			四川江津—江津	
隆和染厂			四川万县	
湖南第三纺织厂			四川长寿	
美亚织绸厂			重庆江北香国寺—江北区	
四川饮食品工业				
福新面粉厂	汉口	章剑慧	重庆南岸—南岸区	内迁机器部分设重庆、宝鸡二厂
南洋烟草公司	汉口	陈容贵	重庆弹子石—南岸区	

续表

厂名	原设地点	负责人	迁移地点	备注
天厨味精厂	上海	吴蕴初	重庆江北猫儿石	
振兴糖果饼干厂	汉口	李炳炎	重庆油市街	
金华食品化学工业社	南京	钟履坚	重庆	一说迁乐山,负责人为范旭东
久大盐业公司	天津	唐汉三	四川五通桥—乐山	
冠生园罐头厂	上海	冼冠生	重庆李子坝—渝中区	1937年在汉口及桃源复工后再迁渝
正明面粉厂	汉口	余克明	重庆江北人和—渝北区	机器租与福民面粉公司开工
康元制罐厂	上海	项康元	内江	一说迁重庆
五丰面粉厂	汉口	施昌沚	湖南桃源转迁渝	售与中国粮食公司
久大精盐公司			四川自流井—自贡	
全华食品化学工业社			四川乐山	
万县造纸厂	武汉		四川万县	
四川教育用具工业				
中国标准铅笔厂	上海	吴羹梅	重庆菜园坝—渝中区	另设分厂于南温泉
华丰铸字厂	南京	乔雨亭	重庆临江门	
大业凹凸印刷厂	上海	张星联	重庆	设厂选迁香港仰光再迁渝
丽华制版厂	上海	王汉仁	重庆中一路—渝中区	
京华印书馆	南京	王毓英	重庆北碚天生桥—北碚	
振明印书馆	上海	周振明	重庆小龙坎—沙坪坝区	
正中书局印刷厂	南京	王旭东	重庆南岸—南岸区	
申江印刷厂	上海	周文斌	重庆临江门—渝中区	
大东书局印刷所	汉口	杨锡苏	重庆弹子石—南岸区	
白鹤印书馆	汉口	蔡怀民	重庆行街姚家巷—渝北区	
汉光印书馆	汉口	陈庆生	重庆渝中区	

续表

厂名	原设地点	负责人	迁移地点	备注
劳益印书所	汉口	蔡少文	重庆小龙坎—沙坪坝区	
时事新报印刷厂	上海	崔唯吾	重庆	
新华日报印刷厂	汉口	熊瑾玎	重庆渝中区	
大公报印刷厂	上海	曹谷冰	重庆中一路—渝北区	1937年9月在昆明复工再迁重庆
华南印刷厂	汉口	郝秉乾	重庆	
时代报印刷厂	南京	胡秋原	重庆江北	
生活书店印刷厂	汉口	徐伯昕	重庆	
开明书店印刷厂	上海	童雪舟	重庆	
民生印刷公司	上海	叶波澄	重庆	迁川以后改组为南方印书馆
建国教育用品厂		范鼎仁	重庆	
惠民墨水厂	南京	杨泽霖	重庆	
上海印刷厂	沙市	白志芳	重庆	机器已售与振明印书馆
七七印刷厂	汉口	程远	重庆	被炸后停办
汉口新快报印刷厂	汉口	万克哉	重庆江北	
商务印书馆印刷厂	上海	涂溥杰	重庆东水门—渝中区	
美丰祥印刷公司	南京	徐守箴	重庆	失去联络
中华印书馆	汉口	徐嘉生	重庆	已停业
武汉印书馆	汉口	王序坤	重庆北碚	合组京华印书馆
华成印书馆	汉口	张叔良	重庆	失去联络
汉益印书馆	汉口			失去联络
汉口正报印刷厂	汉口	谢正宇		失去联络
四川其他工业				
友联皮带厂	汉口	李友廷	重庆	
梁新记牙刷厂	上海	梁守德	重庆江北下正街—江北区	1937年11月在汉口复工后迁渝
豫明机制煤球厂	沙市	吴冰澄	重庆	迁渝后改组为裕民机制煤球厂

续表

厂名	原设地点	负责人	迁移地点	备注
寿康祥锯木厂	汉口	王佑霖	重庆菜园坝—渝中区	
华兴制帽厂	汉口	余国柱	重庆合川	1938年9月在渝复工后迁合川
精益眼镜厂	汉口	王翔欣	重庆华龙桥—渝中区	
孙舟眼镜厂	汉口	应顺祺	重庆	
六合建筑公司	上海	李祖贤	重庆道门口—渝中区	
陶馥记营造厂	上海	陶桂林	重庆化龙桥	
建业营造厂	上海	周敬熙	重庆—昆明—贵阳	昆明贵阳设有分厂
杨子建业公司	上海	陈星垣	重庆	
金刚机制鞋厂	江苏	胡觉清	重庆	曾在沅陵复工后再迁川失去联络
大同五金厂	上海		重庆	迁川后改为商号
中奥珠轴公司	上海	黄铁明		迁川后改为商号
联益眼镜公司			重庆会仙桥正街—渝中区	

四川矿业				
中福煤矿公司	河南	孙越崎	重庆江北县—北碚（矿厂）	与当地天府煤矿公司合作
利华煤矿	大冶	黄师让	重庆	机器迁川后转售与裕华纱厂
湘潭煤矿	湖南	孙越崎	四川健为	改组为嘉阳煤矿
湘江煤矿	湖南	朱谦	四川	一部分机器迁川

湖南机械工业				
福顺机器厂	汉口	萧寿廷	沅陵	一说在湖南辰溪
张鸿兴机器厂	汉口	张鹄臣	常德	一说在湖南辰溪，与陈东记、李兴发、胜泰、合兴、仁昌合组改称中亚机器厂
彭宝泰机器厂	汉口	彭西臣	沅陵	一说在湘南
山泰翻砂厂	汉口	李志卿	沅陵	一说在湘西
中国机器厂	上海	吴燕亭	沅陵	1937年12月在汉口复工后再迁沅陵，1942年改名长泰机器碾米厂

续表

厂名	原设地点	负责人	迁移地点	备注
精益铁工厂	南京	钱贯之	常德	1938年8月再迁沅陵
仲桐机器厂	汉口	王吉丸	衡阳	一说在湖南沅陵
仁昌机器厂	汉口	杜益善	常德	与陈东记、李兴发、胜泰、合兴、仁昌合组改称中亚机器厂
陶国记翻砂厂	汉口	陶国余	常德	一说在湖南辰溪
汤益兴机器厂	汉口	汤善夫	常德	一说在湖南辰溪
兴顺机器厂	汉口	邓昌祺	常德	一说在湖南辰溪
美丰机器厂	汉口	毛学广	常德	一说在湖南辰溪
鸿泰机器厂	汉口	葛祺增	浦市	一说在湖南辰溪,后迁浦市
谢洪兴机器厂	汉口	谢华堂	常德	一说在湖南辰溪
亚洲制刀厂	上海	岳奎璧	常德	一说在湖南辰溪
大荣机器厂	汉口	周根祥	常德	一说在湘南
韩云记机器厂	汉口	韩云卿	常德	一说在湖南辰溪
和兴机器厂	汉口	陈云卿	常德	一说在湖南辰溪
金炳记机器厂	汉口	金华庆	常德	
协兴铁工厂	汉口	华阿本	常德	一说在湖南辰溪,与陈东记、李兴发、胜泰、合兴、仁昌合组改称中亚机器厂
李胜兴机器厂	汉口	季云卿	常德	一说在湖南辰溪,与仁昌等机器厂合并为中亚机器厂
范兴昌翻砂厂	汉口	范华山	常德	一说在湖南辰溪
吴善兴机器厂	南京	何学明	常德	
张乾泰机器厂	汉口	张才	常德	一说在湖南辰溪
李兴发机器厂	汉口	李汉卿	常德	与陈东记、李兴发、胜泰、合兴、仁昌合组改称中亚机器厂
瑞生机器厂	汉口	宋福生	常德	一说在湖南辰溪
恒兴义铁工厂	汉口	钱恒丰	常德	一说在湖南辰溪
聂兴隆铁工厂	汉口	聂正明	常德	一说在湖南辰溪
陈东记机器厂	汉口	陈东亭	常德	一说在湖南辰溪,与仁昌等机器厂合并为中亚机器厂

续表

厂名	原设地点	负责人	迁移地点	备注
华森翻砂厂	汉口	万华云	常德	一说在湖南辰溪
隆泰机器厂	汉口	王继尧	辰溪	与义复、昌永、和义、兴合组为建国机器厂，迁辰溪
李锦泰军锅厂	汉口	李哲忠	常德	一说在湖南辰溪
刘鸿盛机器厂	汉口	刘汉华	常德	一说在湖南辰溪
黄福记铁工厂	汉口	钱文奎	沅陵	1938年1月在常德复工后迁沅陵
民实机器厂	长沙	袁国勋	沅陵	
云龙机器厂	汉口	李滑清	辰溪	
德泰铁工厂	汉口	应承宣	沅陵	一说在湖南辰溪
德昌永机器厂	汉口	刘清山	沅陵	
周庆记翻砂厂	汉口	周庆蓬	沅陵	
同和工厂	汉口	熊嗣声	沅陵	
陈鸿泰机器纽扣厂	汉口	陈鸿庆	沅陵	
正泰白铁工厂	岳阳	郝顺林	沅陵	
胡万泰铁工厂	汉口	胡松山		
黄永寿铁工厂	汉口	黄永寿		改名黄永兴铁工厂
善泰铁工厂	汉口	吴善根		
王文记机器厂	汉口	王文起		
义兴机器厂	汉口	张世英		与义富昌、隆泰、永和合组为建国机器厂
泰兴电镀五金厂	汉口	胡少泉		
新中工程公司	上海	支秉渊		先曾在长沙复工后迁祁阳后迁川
河南农业机器厂	开封	程炯		迁桃源后转售与农本局
大生机器厂			沅陵	1938年8月由武汉迁湖南沅陵
大牛马鞍机器厂			湖南衡阳	湖南衡阳
上海王记机器厂			芷江	1940年7月，由沅陵迁至芷江

续表

厂名	原设地点	负责人	迁移地点	备注
公大翻砂厂			辰溪	辰溪
永泰铁工厂			湖南常德	湖南常德
民宝机器厂			辰溪	辰溪
正大利机器厂			沅陵	1938年由武汉迁湖南沅陵
东桐记机器厂			常德	1938年由武汉迁湖南常德
龙兴记铁工厂			沅陵	1940年8月由湖南常德迁沅陵
百利机器厂			常德	湖南常德
华泰铁工厂			湖南衡阳	湖南衡阳
自强翻砂厂			辰溪	1940年10月由湖南常德迁辰溪
合记铁工厂			常德	1939年3月迁湖南常德承造海军用品，负责人朱金生
李锦记机器厂			沅陵	1940年7月由常德迁至沅陵
老荣泰机器厂			沅陵	1938年由武汉迁沅陵
刘义昌翻砂厂			沅陵	1938年由武汉迁沅陵
江源昌机器厂			常德	1938年10月迁至湖南常德复工，承接海军部工程，负责人江源生
吴国康铁工厂			辰溪	1940年7月由湖南常德迁辰溪
闵记机器厂			沅陵	1938年由汉口迁沅陵
邵定兴翻砂厂			沅陵	1938年由汉口迁沅陵
陆鸿兴机器厂			辰溪	1940年7月由湖南常德迁辰溪
国记翻砂厂			辰溪	1940年10月，由湖南常德迁辰溪
宝丰机器厂			辰溪	1937年12月，由南京迁汉口，1938年10月又迁湖南辰溪
周正兴铁工厂			辰溪	1940年7月由湖南常德迁辰溪

续表

厂名	原设地点	负责人	迁移地点	备注
周顺兴机器厂			湖南衡阳	1938年由武汉迁湖南沅陵，1940年7月又迁衡阳
周洪发机器厂			辰溪	1940年7月由湖南常德迁辰溪
张兴发机器厂			沅陵	1938年由武汉迁湖南沅陵
泰记机器厂			祁阳	1938年由武汉迁湖南祁阳
恒记铁工厂			沅陵	1938年由武汉迁沅陵
建国机器厂			辰溪	1940年7月由湖南常德迁辰溪
袁义兴铁工厂			辰溪	1938年5月由常德迁沅陵，1940年9月又迁辰溪
夏洪发铁工厂			辰溪	1940年7月由常德迁至辰溪
骆兴昌铁工厂			辰溪	1940年7月由湖南常德迁辰溪
瑞昌制造厂			常德	1938年由武汉迁湖南常德
源发铁工厂			沅陵	1940年7月，由湖南常德迁至沅陵
新泰祥机器厂			沅陵	1938年由武汉迁沅陵
漆鸿盛铁工厂			沅陵	1940年8月，由湖南常德迁至沅陵
新泰标记机器厂			沅陵	1938年由武汉迁至湖南沅陵
德大机器厂			沅陵	1938年由武汉迁沅陵
魏源顺机器厂			沅陵	1938年由武汉迁沅陵
湖南电器工业				
亚星电池厂	汉口	李南山	湘西	
华成电气厂	上海	周锦水	衡水	1938年1月在汉口复工后再迁湘
亚浦耳电器厂	上海	胡西园	湘南	后再迁渝改组为西亚电器厂
公记电池厂	上海	梁行	长沙	失去联络
金刚电池厂	上海	赵启明	长沙	失去联络

续表

厂名	原设地点	负责人	迁移地点	备注
民营电木厂	上海	陈宗熙	沅陵	1938年7月迁至沅陵更名为民生电木厂
中亚机器厂			辰溪	
特四区发电厂			衡阳	1938年由武汉迁衡阳
湖南化学工业				
华中制药厂	汉口	刘仲府	沅陵	
湖北水泥厂	大冶	卢开瑗	辰溪和昆阳	改名华中水泥厂并分设云南水泥厂于昆明
中国窑业公司	上海	胡组庵	零陵、湘潭	总厂设于零陵，分厂设于湘潭
宝华玻璃厂	长沙	翁希仲	沅陵	
建国药棉厂	汉口	刁蕴巢	沅陵	
民营化学工业社	汉口	杨良弼	沅陵	
万利药棉厂	武昌	喻会孝	沅陵	先迁长沙继迁零陵
沪汉玻璃厂	汉口	傅瑞卿	湘西	失去联络
民生制药厂	汉口		沅陵	
中国窑业公司			零陵	
华中水泥厂			辰溪	
泸汉玻璃厂			湖南衡阳	
湖南纺织工业				
国华布厂	汉口	戚玉成	祁阳	
仁记布厂	汉口	吴仁山	祁阳	
玉记布厂	汉口	孙玉山	祁阳	
正记布厂	汉口	孙正堂	祁阳	
兴记布厂	汉口	陈家修	祁阳	
保记布厂	汉口	汪保山	祁阳	
富记布厂	汉口	殷兴富	祁阳	
汉记布厂	汉口	梅汉卿	祁阳	
同兴布厂	汉口	王子平	祁阳	
宏昇布厂	汉口	王润甫	祁阳	

续表

厂名	原设地点	负责人	迁移地点	备注
洪兴布厂	汉口	徐汉民	祁阳	
协盛布厂	汉口	傅美田	祁阳	
祥泰布厂	汉口	徐椿林	祁阳	
王四记布厂	汉口	王盛卿	祁阳	
宏昇四记布厂	汉口	王焕章	祁阳	
李二记布厂	汉口	李二记	祁阳	
林胜利布厂	汉口	林孝齐	祁阳	
吴在明布厂	汉口	吴在明	祁阳	
马春记布厂	汉口	马春山	祁阳	
张合记布厂	汉口	张合记	祁阳	
殷合记布厂	汉口	殷合记	祁阳	
傅春记布厂	汉口	傅左廷	祁阳	
杨福盛布厂	汉口	杨志明	祁阳	
林裕丰五家布厂	汉口	林协臣	祁阳	
江苏难民纺织厂	汉口	许振	祁阳	
新成布厂	汉口	毛剑炳	祁阳	改组为华商军服厂
新盛布厂	汉口	王汉昌	祁阳	改组为华商军服厂
楚胜联合公司	汉口	韦海山	祁阳	
麟笙军服厂	汉口	江干庚	常德	1941年迁设沅陵
张春记布厂	汉口		常德	
震华布厂	汉口		常德	
魏福记布厂	汉口		常德	
光明布厂	汉口		常德	
永顺布厂	汉口		常德	
陈鹏记布厂	汉口		常德	
陆炳记布厂	汉口		常德	
冯兴发布厂	汉口		常德	
王顺记布厂	汉口		常德	
王永顺布厂	汉口		祁阳	《抗日战争大辞典》：祁阳
远东布厂	汉口		沅陵	

续表

厂名	原设地点	负责人	迁移地点	备注
张兴发布厂	汉口		常德	
张宏发布厂	汉口		常德	
张福记布厂	汉口		常德	
张正记布厂	汉口		常德	
刘幼记布厂	汉口		祁阳	
阳永和布厂	汉口		祁阳	
华兴布厂	汉口		祁阳	
国成布厂	汉口		祁阳	
林裕丰布厂	汉口	林协臣	祁阳	以上5家合迁祁阳
万春布厂			祁阳	
义泰布厂			常德	一说陕中
王义兴布厂			祁阳	
王永记布厂			祁阳	
汉华布厂			祁阳	
合兴带厂			祁阳	
汪谦记布厂			常德	
林森军服厂			沅陵	
段合记布厂			祁阳	
美丰纽扣厂			常德	
徐万兴布厂			祁阳	
徐永兴布厂			祁阳	
徐兴发布厂			祁阳	
彭兴发布厂			湖南常德	
湖南第一纺织厂			湖南黔阳县	
谢祥源综筘厂			祁阳	
慎记布厂			祁阳	
福东布厂			常德	
湖南食品工业				
胜常面粉厂	汉口		湘西	失去联络

续表

厂名	原设地点	负责人	迁移地点	备注
湖南教育				
京城印刷公司	汉口		长沙	失去联络
湖南矿业				
原华煤矿	大冶	王野白	辰溪	也有说在常德
观音滩煤矿			祁阳	
淮南煤矿			湘潭	
广西机械工业				
铸亚铁工厂	上海	郁鼎铭	桂林	归并于广西纺织机械工厂
赵金记机器厂	上海	赵金元	桂林	
希孟氏闹钟制造厂	上海	丁希孟	桂林	改名希孟氏军需机器厂
中华铁工厂	上海	王佐才	桂林	
慎昌翻砂厂	上海	黄生茂	桂林	
中兴铁工厂	上海	陈炳勤	桂林	
陈信记翻砂厂	上海	陈德泉	桂林	
华中铁工厂	上海	卢焕文	桂林	
怀民实验机器厂	汉口	陈天和	桂林	
中国制钉厂	上海	钱祥标	桂林	主持人返沪失去联系
上海制钉厂	上海	姚文林	桂林	并入文本机械纺织厂
强华机器厂	汉口	梁金才	桂林	先迁衡阳复迁桂林
六河沟制铁机械厂	汉口	李组绅	桂林	改名为六河沟机械厂
中华碾铜厂	上海	余中南	桂林	已将机器出售
广西电机				
永利电机厂	上海	刘振华	桂林	1939年1月在汉口复工后再迁桂
三友电焊厂			桂林	抗战爆发后,由上海迁汉口,1938年8月,又迁桂林
上海郑兴泰厂			广西全州	
中国兴业铸铁厂			桂林	
合众铁工厂			广西全州	

续表

厂名	原设地点	负责人	迁移地点	备注
朱洪昌铁工厂			桂林	1937年8月21日由汉口迁衡阳，1938年11月20日又迁桂林
陈永泰五金厂			桂林	1937年11月24日由汉口迁长沙，1938年11月又迁桂林
启昌五金电焊厂			桂林	1938年8月由上海迁桂林
国华电焊厂			桂林	1938年9月15日由汉口迁衡阳，1940年4月20日又迁桂林
金陵修车厂			桂林	1938年8月由南京迁桂林
宝泰机器厂			桂林	1938年8月由汉口迁长沙，11月又迁衡阳，1939年4月再迁桂林，负责人张则明
泰昌五金厂			桂林	1937年11月23日由长沙迁桂林
钱荣记铁工厂			桂林	1938年自汉口迁桂林
浙赣铁路桂林机厂			桂林	1939年由江西上饶迁至桂林北郊，负责人朱其培
熊发昌翻砂厂			桂林	1937年7月由上海迁长沙，1939年8月1日又迁桂林
中央电工器材厂			桂林	1938年初由湘潭下摄司分迁至昆明、桂林、九龙等地
中央无线电器材厂			桂林	1938年11月由湖南长沙黄土岭迁至广西桂林南门外赤土堡
广西化学				
工商谊记橡胶厂	上海	孙洪成	桂林	已售与兵工厂
大新荣橡胶厂	上海	孙福勋	桂林	已复工转售与广西绥靖公署

续表

厂名	原设地点	负责人	迁移地点	备注
广西纺织工业				
中央纺织实验馆	上海	聂光埙	桂林	并入广西纺织厂
福星染厂	长沙	范新度	桂林	一部分机器迁渝并入重庆染整厂，另一部分机器迁入桂林并入广西纺织机械工厂
华中染厂	汉口	张正兴	桂林	未复工
广西食品工业				
汉口冰厂	汉口	关秉湘	桂林	并入桂林纺织机械工厂
广西教育				
科学印刷厂	上海	宋乃公	桂林	
国光印刷厂	汉口	李光伟	桂林	
国美印刷厂	汉口	区达璋	桂林	改名绍荣印刷厂
广西其他工业				
大新车木厂	上海	毛国良	桂林	一度在桂林复工后迁筑后又迁桂
陕西机械工业				
西北制造厂	太原	张书田	城固	一部分机件迁北川
洪顺机器厂	汉阳	周文轩	西安宝鸡	
成通铁工厂	济南	苗海南	西安	
华兴铁工厂	河南孟县	李宏宸	西安	
利用五金厂	上海	沈鸿	延安	
申新纺厂铁工部	汉口	李国伟	宝鸡	
吕方记机器厂	汉口	吕方根	西安	迁西安将机器转租另在四川设分厂
光华铁器厂	河南郑州			并入农本部

续表

厂名	原设地点	负责人	迁移地点	备注
陕西化学				
秦昌火柴厂	山西绛县	段连岑	宝鸡	
民康实业公司药棉厂	汉口	华迩英	宝鸡	内迁机器分设渝陕二厂
德记药棉厂	汉口	李仲平	西安、南郑	改名为汉光药棉厂
陕西纺织工业				
申新第四纱厂	汉口	李国伟	宝鸡	内迁机器分设渝陕二厂
震寰纱厂	武昌	刘笃生	西安	机器租与西大华纱厂及重庆裕华纱厂
成都纱厂	济南	苗海南	西安	
湖北官纱布厂	武昌	刘光兴	宝鸡、咸阳	与中国银行合办咸阳工厂,一部分机器租与申新纱厂
东华染厂	汉口	陈福椮	陕中宝鸡	
善昌新染厂	汉口	陈养甫	陕中宝鸡	
隆昌染厂	汉口	倪麒时	陕中	机件改迁渝与大明染织厂合作
同济轧花厂	汉口	晏清祥	陕中宝鸡	
豫中打包厂	郑州	金颂陶	陕中	
成功袜厂	汉口	成秋芳	陕中宝鸡	
德记布厂	汉口	李伯平	陕中宝鸡	并入工业合作协会
金盛隆弹花棉厂	郑州	孙令齐	西安	改组为隆安弹花厂
业精纺织公司	新绛	王瑞基	陕中宝鸡	
义泰布厂	汉口	鲍子英	陕中	并入工业合作协会
正大布厂	汉口		陕中	并入工业合作协会
同泰布厂	汉口		陕中	并入工业合作协会
必茂布厂	汉口		陕中	并入工业合作协会
协昶布厂	汉口		陕中宝鸡	并入工业合作协会
协昌布厂	汉口		陕中宝鸡	并入工业合作协会
全盛隆电机弹花厂			西安	
复兴布厂			宝鸡	
蒙联华公司			汉中	

续表

厂名	原设地点	负责人	迁移地点	备注
德记汉光织布肥皂厂			南郑	
陕西食品工业				
福新面粉厂	汉口	李国伟	宝鸡	内迁机器分设渝陕二厂
大通打蛋厂	临颖	姚君	蔡家坡	并入蔡家坡纱厂
大新面粉厂	漯河	杨靖宇	陕中宝鸡	
农丰公司豆粉厂	郑州	明德	蔡家坡	并入蔡家坡纱厂
和合面粉厂	许昌	孔子杰	陕中西安	
三泰面粉厂	许昌	徐滋叔	西安	
同兴面粉厂	青岛	徐宏志	渭南和西安	1940年初由西安迁往渭南改组为象丰
仁生东制油厂	青岛	徐伯铭	西安	
胜新面粉厂			西安	
陕西矿业				
民生煤矿	观音台	张伯英	陕南	
大生煤矿公司			陕西两当县	
陕西其他				
大营电灯厂	河南大营		西安	并入华兴铁工厂
通俗营造厂	郑州	孟紫萍	西安	
华兴卷烟厂	洛阳		西安	
其他省区机械工业				
通用机器厂	上海	黄剑英	贵州	一说迁昆明
瑞丰汽车修理厂	汉口	常凯生	贵州贵阳	
中国煤气机制造厂	汉口	李葆和	贵阳	改名中国机械厂，并由贵州企业公司加入投资
润新工厂	汉口	韦润吾	应城	未复工
泰昌桐记机器厂	汉口	张瑞卿	藕池口	未复工

续表

厂名	原设地点	负责人	迁移地点	备注
黄兴发机器厂	汉口		老河口	归并第五战区经济委员会机器厂
中央机器厂（资源委员会）			昆明	
中央炼铜厂			昆明	
江西电工厂			江西泰和	
中央电工器材厂			桂林	1938年初由湘潭下摄司分迁至昆明、桂林、九龙等地
其他省区化学工业				
大中华橡胶厂	上海	洪念祖	昆明	一度拟改组为云南橡胶厂，因运输艰阻未成
湖北水泥厂	大冶	王涛	昆明	合组改名云南水泥厂
光大瓷业公司	九江	杨之屏	昆明	一说迁云南曲靖，总厂设于四川
上海造纸厂	上海	褚凤章	昆明	改组云丰造纸厂
应城石膏厂	汉口	陈稚齐	汉中	失去联络
允利化学厂	无锡	薛明剑	西康	由重庆分一部分机件至康定
中央化学玻璃厂			昆明	张守广书里说的是迁移到重庆
工商谊记橡胶厂			昆明	
其他省区纺织工业				
军政部第三制呢厂			贵阳	
振昆织染厂			昆明	
其他省区食品工业				
青年卷烟公司	上海	徐启钧	贵阳	归并贵州企业公司改名贵州卷烟公司
中国机茶公司			恩施	

续表

厂名	原设地点	负责人	迁移地点	备注
其他省区教育用品工业				
长兴印刷公司	汉口	汪幼云	贵阳	改组为西南印刷所

注:除了上述资料,还特别搜寻了各公司的企业史资料,通过可获得的资料,进一步细化并明确了工厂的内迁地点。

资料来源:林继庸:《林继庸先生访问记录》,台北"中央研究院"近代史研究所1983年版,第146—189页;孙果达:《民族工业大迁徙——抗日时期民营工厂的内迁》,中国文史出版社1991版,第209—252页;中国第二历史档案馆:《中国抗日战争大辞典》,湖北教育出版社1995年版,第800—816页。

参考文献

安徽省建设厅秘书室编：《安徽省战时经济建设论丛》，安徽省建设厅秘书室1945年版。

曹敏华：《论抗战时期后方冶金工业建设对军事工业发展的影响》，《东南学术》2003年第5期。

曹树基：《中国人口史（第五卷）》，复旦大学出版社2005年版。

曹天元：《上帝掷骰子吗：量子物理史话》，宁夏教育出版社2006年版。

曹子阳、吴志峰、匡耀求、黄宁生：《DMSP/OLS夜间灯光影像中国区域的校正及应用》，《地球信息科学学报》2015年第9期。

陈长蘅：《论战时人口变动与后方建设》，《财政评论》1940年第1期。

陈东林：《三线建设：备战时期的西部开发》，中共中央党校出版社2003年版。

陈雷：《国民政府战时统制经济研究》，博士学位论文，河北师范大学，2008年。

陈强：《气候冲击、王朝周期与游牧民族的征服》，《经济学季刊》2014年第4期。

陈强：《气候冲击、政府能力与中国北方农民起义（公元25—1911年）》，《经济学季刊》2015年第4期。

陈永伟、黄英伟、周羿：《"哥伦布大交换"终结了"气候—治乱循环"吗？——对玉米在中国引种和农民起义发生率的一项历史考察》,《经济学季刊》2014年第3期。

陈真、姚洛合:《中国近代工业史资料(第一辑):民族资本创办和经营的工业》,生活·读书·新知三联书店1957年版。

陈真:《中国近代工业史资料(第二辑):帝国主义对中国工矿事业的侵略和垄断》,生活·读书·新知三联书店1958年版。

陈真:《中国近代工业史资料(第四辑):中国工业的特点、资本、结构和工业中各行业概况》,生活·读书·新知三联书店1961年版。

陈征平:《二战时期云南近代工业的发展水平及特点》,《思想战线》2001年第2期。

程麟荪:《论抗日战争前资源委员会的重工业建设计划》,《近代史研究》1986年第2期。

褚葆一:《中国战时工业建设的梗概》,《新工商》1943年第5—6期。

戴鞍钢:《抗战时期中国西部工业的转机和困顿》,载自朱荫贵、戴鞍钢《近代中国:经济与社会研究》,复旦大学出版社2006年版。

戴鞍钢、阎建宁:《中国近代工业地理分布、变化及其影响》,《中国历史地理论丛》2000年第1期。

丁道谦:《贵州的工业建设》,《中国工业(桂林)》1942年第4期。

丁日初、沈祖炜:《论抗日战争时期的国家资本》,《民国档案》1986年第4期。

董长芝:《论国民政府抗战时期的金融体制》,《抗日战争研究》1997年第4期。

杜恂诚:《金融业在近代中国经济中的地位》,《上海财经大学学报》2012年第1期。

樊百川:《二十世纪初期中国资本主义发展的概况与特点》,《历史研究》1983年第4期。

范子英、彭飞、刘冲:《政治关联与经济增长——基于卫星灯光数据的研究》,《经济研究》2016年第1期。

方显廷、顾浚泉：《中国工业上的几个问题》，《西南实业通讯》1941年第5/6期。

方颖、赵扬：《寻找制度的工具变量：估计产权保护对中国经济增长的贡献》，《经济研究》2011年第5期。

付润华、汤约生：《陪都工商年鉴》，文信书局1945年版。

傅斯年：《史学方法导论》，中国人民大学出版社2004年版。

甘肃省地方史志编纂委员会等编：《甘肃省志·第十五卷·经济计划志》，甘肃人民出版社2000年版。

甘肃省政府编：《甘肃省统计年鉴（民国三十五年）》，甘肃省政府1946年版。

格雷夫：《大裂变：中世纪贸易制度比较和西方的兴起》，中信出版社2008年版。

格雷夫：《对〈发展的历史视角〉的评论》，载迈耶、斯蒂格利茨《发展经济学前沿——未来展望》，中国财政经济出版社2003年版。

顾葆常：《十年来之化学工业》，中华书局1948年版。

贵州省政府统计室：《贵州省统计年鉴》，贵州省政府统计室1945年版。

郭德文、孙克铭：《抗战八年来之电器工业》，《资源委员会季刊》1946年第6期。

郭红娟：《抗战时期资源委员会重工业建设的资金动员》，《中国经济史研究》2007年第4期。

国务院全国工业普查领导小组办公室：《第二次全国工业普查科学水平的评价》，《中国工业经济》1990年第6期。

国务院全国工业普查领导小组办公室：《中华人民共和国1985年工业普查资料——第六册（2046个县）》，中国统计出版社1988年版。

国务院全国工业普查领导小组办公室：《中华人民共和国1985年工业普查资料——第五册（324个城市）》，中国统计出版社1988

年版。

何子龙：《八一三以来之上海工业》，《中国经济评论》1938 年第 2 期。

何祚宇：《雾霾中的历史阴影》，博士学位论文，武汉大学，2016 年。

贺岜岜：《初探抗战人口损失对民主主义的影响》，第四届量化历史年会论文集 2016 年版。

胡焕庸：《中国人口之分布》，钟山书局 1935 年版。

胡适：《中国哲学史大纲》，商务印书馆 2011 年版。

湖北省政府编：《湖北省统计年鉴》，湖北省政府 1943 年版。

黄汲清：《西南煤田之分布与工业中心》，《新经济》1939 年第 7 期。

黄金寿、季天祜：《福建经济概况》，福建省政府建设厅 1947 年版。

黄菊艳：《抗战时期广东省工业的损失与重建》，《民国档案》2000 年第 2 期。

黄立人：《抗日战争时期工厂内迁的考察》，《历史研究》1994 年第 4 期。

黄立人：《抗日战争时期国民党政府开发西南的历史评考》，《云南师范大学学报》（对外汉语教学与研究版）1985 年第 4 期。

黄立人：《抗战时期大后方经济史研究》，中国档案出版社 1998 年版。

黄立人：《论抗战时期的大后方工业科技》，《抗日战争研究》1996 年第 1 期。

黄立人、张有高：《抗日战争时期中国兵器工业内迁初论》，《历史档案》1991 年第 2 期。

黄逸峰：《旧中国民族资产阶级》，江苏古籍出版社 1990 年版。

季羡林：《我的学术总结》，《文艺研究》1999 年第 3 期。

建子：《西北民营工业概观》，《西南实业通讯》1944 年第 3 期。

江满情：《抗战时期民营工厂内迁新论》，《近代史学刊》2009 年第 2 期。

江沛：《抗战时期中国社会变动的三大特征》，《南方论丛》2005 年第 3 期。

江西省政府统计处：《江西统计提要（中华民国三十五年辑）》，江西省政府 1946 年版。

蒋仕民：《抗战时期大后方的兵工生产》，《军事经济研究》1995 年第 7 期。

景占魁：《阎锡山的"西北实业公司"》，《晋阳学刊》1980 年第 2 期。

景占魁：《阎锡山与西北实业公司》，山西经济出版社 1991 年版。

久保亨：《关于民国时期工业生产总值的几个问题》，《历史研究》2001 年第 5 期。

卡尔：《历史是什么？》，商务印书馆 1981 年版。

李伯重：《理论、方法、发展趋势：中国经济史研究新探》，浙江大学出版社 2013 年版。

李彩华：《三线建设研究》，吉林大学出版社 2004 年版。

李承三：《从地理环境论西北建设》，《中央周刊》1943 年第 29 期。

李楠、林友宏：《管治方式转变与经济发展——基于清代西南地区"改土归流"历史经验的考察》，《经济研究》2016 年第 7 期。

李善丰：《我国战时工业政策之检讨》，《建设研究》1940 年第 4 期。

李云峰、曹敏：《抗日时期的国民政府与西北开发》，《抗日战争研究》2003 年第 3 期。

李紫翔：《从战时工业论战后工业的途径》，《中央银行月报》1946 年第 1 期。

李紫翔：《大后方的民营工业》，《经济周报》1946 年第 2 期。

李紫翔：《大后方工业的发展》，《经济周报》1945 年第 1 期。

李紫翔：《大后方战时工业鸟瞰》，《经济周报》1945 年第 1 期。

李紫翔：《四川战时工业统计》，《四川经济季刊》1946 年第 1 期。

李紫翔：《我国战时工业生产与前瞻》，《四川经济季刊》1945 年第 2 期。

李紫翔：《我国战时工业之发展趋势》，《四川经济季刊》1944年第3期。

李紫翔：《战时工业资本的估计与分析》，《中国工业》1945年第32/33期。

梁若冰：《口岸、铁路与中国近代工业化》，《经济研究》2015年第4期。

林继庸口述，林泉记录：《林继庸先生访问录》，"中央研究院"近代史研究所1983年版。

林继庸：《民营厂矿内迁花絮》，载《工商经济史料丛刊》，1983年。

林继庸：《民营厂矿内迁纪略》，星星出版社1942年版。

林建曾：《一次异常的工业化空间传动——抗日战争时期厂矿内迁的客观作用》，《抗日战争研究》1996年第3期。

林毅夫：《发展战略与经济改革》，北京大学出版社2004年版。

林毅夫：《新结构经济学》，北京大学出版社2014年版。

凌耀伦：《民生公司史》，人民交通出版社1990年版。

刘大钧：《我国工业建设之方针》，《经济建设季刊》1942年第1期。

刘大钧：《中国工业调查报告（上）》，福建教育出版社2014年版。

刘殿君：《评抗战时期国民政府经济统制》，《南开经济研究》1996年第3期。

刘国武：《抗战时期湖南的工矿业》，《抗日战争研究》2009年第2期。

刘国武、李朝辉：《抗战时期的湘西工业区》，《衡阳师范学院学报》2015年第4期。

刘莉莉：《近代江西工业化的"黄金时期"：1938—1943》，《江西师范大学学报》（哲学社会科学版）2001年第3期。

刘义程：《抗日战争时期江西工业发展考察》，《抗日战争研究》2010年第3期。

刘祯贵、侯德础：《试论抗日战争时期四联总处的工矿贴放政策》，《四川师范大学学报》（社会科学版）1997年第2期。

刘治干：《江西年鉴（第1回）》，江西省政府统计室1936年版。

卢盛峰、陈思霞、杨子涵：《官出数字：官员晋升激励下的GDP失真》，《中国工业经济》2017年第7期。

卢征良：《抗战时期大后方省营企业的股权结构与内部权力分配问题——以川康兴业公司为中心的分析》，《民国研究》2017年第1期。

陆大道、刘毅：《中国区域发展报告》，商务印书馆1997年版。

陆大钺：《抗战时期大后方的兵器工业》，《中国经济史研究》1993年第1期。

罗敦伟：《西南经济建设与计划经济》，《西南实业通讯》1940年第3期。

马泉山：《新中国工业经济史》，经济管理出版社1998年版。

马雄冠、叶竹：《后方民营机器工业过去及现在概况》，《西南实业通讯》1943年第1期。

孟连、王小鲁：《对中国经济增长统计数据可信度的估计》，《当代中国史研究》2001年第1期。

欧阳仑：《十年来之机器工业》，中华书局1948年版。

潘仰山：《民族工业的命运》，《西南实业通讯》1947年第1—3期。

彭凯翔：《清代以来的粮价：历史学的解释与再解释》，上海人民出版社2006年版。

戚厚杰：《抗战时期兵器工业的内迁及在西南地区的发展》，《民国档案》2003年第1期。

戚厚杰、王德中：《抗日战争时期兵器工业的内迁》，《军事历史研究》1993年第2期。

戚厚杰、奚霞：《抗战中重庆兵器工业基地的形成及意义》，《抗日战争研究》2005年第2期。

齐植璐：《由地理观点论西北西南之经济依存关系》，《新经济》1943年第5期。

秦孝仪：《谭伯英呈蒋委员长滇缅公路现状报告：中华民国重要史料

初编——对日抗战时期》，中央文物供应社 1988 年版。

清庆瑞：《抗战时期的经济》，北京出版社 2005 年版。

阙里、钟笑寒：《中国地区 GDP 增长统计的真实性检验》，《数量经济技术经济研究》2005 年第 4 期。

任扶善：《战时技工缺乏的对策》，《新经济》1940 年第 10 期。

沈雷春、陈禾章：《中国战时经济志》，中国金融年鉴社 1941 年版。

四川省巴县志编纂委员会：《巴县志》，重庆出版社 1994 年版。

四川省档案馆：《抗日战争时期四川省各类情况统计》，西南交通大学出版社 2005 年版。

四川省綦江县志编纂委员会：《綦江县志》，西南交通大学出版社 1991 年版。

孙本文：《现代中国社会问题（第二册）》，商务印书馆 1946 年版。

孙果达：《抗战初期上海民营工厂的内迁》，《近代史研究》1985 年第 4 期。

孙果达：《民族工业大迁徙——抗日战争时期民营工厂的内迁》，中国文史出版社 1991 年版。

孙玉声：《抗战八年来之电气事业》，《资源委员会季刊》1946 年第 1—2 期。

谭刚：《抗战时期大后方交通与西部经济开放》，中国社会科学出版社 2013 年版。

谭熙鸿：《十年来之中国经济》，中华书局 1948 年版。

唐为：《分权、外部性与边界效应》，《经济研究》2019 年第 3 期。

田霞：《抗日战争时期陕西工业发展探析》，《抗日战争研究》2002 年第 3 期。

汪敬虞：《抗日战争时期华北沦陷区工业综述》，《中国经济史研究》2009 年第 1 期。

汪敬虞：《中国工业生产力变动初探（1933—1946）》，《中国经济史研究》2004 年第 1 期。

王安中：《国民政府军事工业研究》，博士学位论文，上海大学，

2009 年。

王安中:《抗战时期湖南工矿业发展趋势新探》,《湖南社会科学》2011 年第 2 期。

王德中、程树武:《抗日战争时期的中国军事工业》,《中州学刊》1988 年第 5 期。

王国强:《抗战中的兵工生产》,载《抗战胜利 40 周年论文集》,黎明文化事业公司 1995 年版。

王红曼:《抗日战争时期四联总处在西南地区的工农业经济投资》,《贵州民族大学学报》(哲学社会科学版) 2007 年第 1 期。

王同起:《抗战初期国民政府经济体制与政策的调整》,《历史教学》1998 年第 9 期。

王卫星:《资源委员会与战时国防重工业建设》,《抗日战争研究》1997 年第 4 期。

王毅:《三线建设中重庆化工企业发展与布局初探》,《党史研究与教学》2015 年第 2 期。

王玉茹:《论两次世界大战之间中国经济的发展》,《中国经济史研究》1987 年第 2 期。

王兆辉、张亚斌:《重庆中国抗战大后方兵工生产情况述论》,《云南开放大学学报》2014 年第 2 期。

王子祐:《抗战八年来之我国钢铁工业》,《资源委员会季刊》1946 年第 6 期。

隗瀛涛:《近代重庆城市史》,四川大学出版社 1991 年版。

魏宏运:《抗战初期工厂内迁的剖析》,《南开学报》(哲学社会科学版) 1999 年第 5 期。

魏后凯:《21 世纪中西部工业发展战略》,河南人民出版社 2000 年版。

翁文灏:《经济部的战时工业建设》,《中央周刊》1941 年第 3 期。

翁文灏:《科学与工业化——翁文灏文存》,中华书局 2009 年版。

翁文灏:《西南经济建设之前瞻》,《西南实业通讯》1940 年第 3 期。

翁文灏:《中国经济建设概论》,载《中国经济建设与农村工业化问题》,商务印书馆1944年版。

吴承明:《论历史主义》,《中国经济史研究》1993年第2期。

吴承明:《中国经济史研究的方法论问题》,《中国经济史研究》1992年第1期。

吴景超:《中国应当建设的工业区与工业》,《经济建设季刊》1943年第4期。

吴仁明:《抗战时期大后方民营工业兴衰及其与政府关系述论》,《江汉论坛》2011年第5期。

吴太昌:《抗战时期国民党国家资本在工矿业的垄断地位及其与民营资本比较》,《中国经济史研究》1987年第3期。

忻平:《抗日战争与中国现代化进程》,《上海党史与党建》1995年版。

徐康宁、陈丰龙、刘修岩:《中国经济增长的真实性:基于全球夜间灯光数据的检验》,《经济研究》2015年第9期。

徐旭阳:《抗日战争时期湖北后方国统区工矿业开发建设述论》,《湖北师范学院学报》(哲学社会科学版)2005年第1期。

许涤新、吴承明:《中国资本主义发展史(第三卷)——新民主主义革命时期的中国资本主义》,社会科学文献出版社2007年版。

许维雍、黄汉民:《荣家企业发展史》,人民出版社1985年版。

薛毅:《国民政府资源委员会研究述评》,社会科学文献出版社2005年版。

薛毅:《抗战期间的英商福公司》,《抗日战争研究》1993年第1期。

严中平:《中国近代经济史统计资料选辑》,科学出版社1955年版。

阎放鸣:《三线建设述评》,《党史研究》1987年第4期。

游海华:《抗日战争时期中国东南区域工业发展考察》,《学术月刊》2017年第5期。

游海华:《抗战时期中国东南地区的工业合作》,《抗日战争研究》2015年第1期。

虞和平：《抗战时期后方的金融、财政及投资》，载朱荫贵、戴鞍钢《近代中国：经济与社会研究》，复旦大学出版社 2006 年版。

《裕大华纺织资本集团史料》编写组：《裕大华纺织资本集团史料》，湖北人民出版社 1984 年版。

袁成毅：《区域工业化进程的重创：抗战时期浙江工业损失初探》，《浙江社会科学》2003 年第 4 期。

袁梅因：《战时后方工业建设概况》，《经济汇报》1944 年第 5 期。

张根福：《抗战时期人口流迁状况研究》，《中国人口科学》2006 年第 6 期。

张根福：《抗战时期浙江各地迁设丽水地区的工厂及其影响》，《浙江师范大学学报》（社会科学版）1999 年第 5 期。

张国瑞：《开发资源与西南新经济建设》，中国建设出版社 1939 年版。

张圻福、韦恒：《火柴大王刘鸿生》，河南人民出版社 1990 年版。

张守广：《筚路蓝缕：抗战时期厂矿企业大迁移》，商务印书馆 2015 年版。

张守广：《简论抗战时期后方企业的历史贡献》，《重庆社会科学》2005 年第 8 期。

张守广：《抗战大后方工业研究》，重庆出版社 2012 年版。

张守广：《抗战时期后方地区大中型企业的兴起与发展》，《云南师范大学学报》（哲学社会科学版）2005 年第 1 期。

张肖梅：《对开发西南实业应有之认识》，《工商界（重庆）》1945 年第 5 期。

张肖梅：《云南经济》，中国国民经济研究所 1942 年版。

张用建：《艰难的变迁：抗战前十年中国西部工业发展研究》，博士学位论文，四川大学，2003 年。

赵德馨：《中华人民共和国经济史：1967—1984》，河南人民出版社 1989 年版。

赵津：《范旭东企业集团历史资料汇编》，天津人民出版社 2006

年版。

郑友揆:《中国的对外贸易和工业发展(1840—1948年)——史实的综合分析》,上海社会科学院出版社1984年版。

郑有贵、陈东林、段娟:《历史与现实结合视角的三线建设评价——基于四川、段伟、甘肃天水三线建设初探》,《中国经济史研究》2012年第3期。

中国第二历史档案馆编:《国民政府抗战时期厂企内迁档案选辑(上)》,重庆出版社2016年版。

中国第二历史档案馆编:《国民政府抗战时期厂企内迁档案选辑(下)》,重庆出版社2016年版。

中国第二历史档案馆编:《中华民国史档案资料汇编[第5辑第1编财政经济(5)]》,江苏古籍出版社1994年版。

中国第二历史档案馆编:《国民政府抗战时期厂企内迁档案选辑(中)》,重庆出版社2016年版。

中国第二历史档案馆编:《中国抗日战争大辞典》,湖北教育出版社1995年版。

中国第二历史档案馆编:《中华民国史档案资料汇编[第5辑第3编财政经济(5)]》,江苏古籍出版社2000年版。

中国文化建设协会:《十年来的中国》,商务印书馆1937年版。

重庆化学工业志编纂委员会编:《重庆市化工志》,渠县印刷厂印刷1992年版。

重庆市档案馆编:《中国战时首都档案文献:战时工业》,重庆出版社2014年版。

重庆市教育委员会编:《重庆教育志》,重庆出版社2002年版。

周立三、侯学涛、陈泗桥:《四川经济地图集说明》,中国地理研究所1946年版。

朱海嘉:《抗战时期国民政府对民营电力的资本介入——以重庆电力公司融资为例的考察》,《近代中国》,2015年。

诸葛达:《抗日战争时期工厂内迁及其对大后方工业的影响》,《复旦学报》(社会科学版) 2001 年第 4 期。

主计部统计局编:《中华民国统计年鉴》,主计部统计局 1948 年版。

[美] 埃德加·斯诺:《为亚洲而战》,新华出版社 1984 年版。

Acemoglu D., Cantoni D., Johnson S., et al. "The Consequences of Radical Reform: The French Revolution", *American Economic Review*, Vol. 101, No. 7, 2011.

Acemoglu, Daron, Simon Johnson, and James A. Robinson, "Reversal of Fortune, Geography and Institutions in the Making of the Modern World Income Distribution", *Quarterly Journal of Economics*, Vol. 117, No. 4, 2002.

Aiginger K., Davies S., "Industrial Specialisation and Geographic Concentration: Two Sides of the Same Coin? Not for the European Union", *Journal of Applied Economics*, Vol. 7, No. 2, 2004.

Alesina A., Reich B., Riboni A., "Nation-Building, Nationalism, and Wars", Working Papers, 2017.

Allen, R., Bassion, J., Ma, D., Moll-Murata, C., Van Zanden J., "Wages, Prices, and Living Standards in China, 1738 – 1925: In Comparison with Europe, Japan, and India", *The Economic History Review*, Vol. 64, No. S1, 2011.

Audretsch D. B., Feldman M. P., "R & D Spillovers and the Geography of Innovation and Production", *American Economic Review*, Vol. 86, No. 3, 1996.

Bai, Ying, James Kai-sing Kung, "Climate Shocks and Sino-Nomadic Conflict", *The Review of Economics and Statistics*, Vol. 93, No. 3, 2011.

Banerjee A., Iyer L., "History, Institutions and Economic Performance: The Legacy of Colonial Land Tenure Systems in India", *The American Economic Review*, Vol. 95, No. 4, 2005.

Banerjee A., Somanathan R., "The Political Economy of Public Goods:

Some Evidence from India", *Journal of Development Economics*, Vol. 82, No. 2, 2007.

Baten J., Ma D., Morgan S., et al., "Evolution of Living Standards and Human Capital in China in the 18 – 20th Centuries: Evidences from Real Wages, Age-Heaping, and Anthropometrics", *Explorations in Economic History*, Vol. 47, No. 3, 2010.

Battese, G. E. and Coelli, T. J., "A Model for Technical in efficiency Effects in a Stochasti Frontier Production Function for Panel Data", *Empirical Economics*, No. 20, 1995.

Bauer M., Blattman C., Chytilová J., "Can War Foster Cooperation", *Journal of Economic Perspectives*, Vol. 30, No. 3, 2016.

Bellows J., Miguel E., "War and Institutions: New Evidence from Sierra Leone", *American Economic Review*, Vol. 96, No. 2, 2013.

Berkowitz D., Clay K., "American Civil Law Origins: Implications for State Constitutions", *American Law and Economics Review*, Vol. 7, No. 1, 2005.

Bleakley H., Lin J., "Portage and Path Dependence", *The Quarterly Journal of Economics*, Vol. 127, No. 2, 2012.

Botero J. C., Djankov S., La Porta R., Lopez de Silanes F., Shleifer A., "The Regulation of Labor", *The Quarterly Journal of Economics*, Vol. 119, No. 4, 2004.

Chang John K., *Industrial Development in Pre-Communist China: A Quantitative Analysis*, Chicago: Aldine, 1969.

Chen S., Kung K. S., "Of Maize and Men: The Effect of a New World Crop on Population and Economic Growth in China", *Journal of Economic Growth*, Vol. 21, No. 1, 2016.

Chen Y., Wang H., Yan S., "The Long-Term Effects of Protestant Activities in China", *SSRN Electronic Journal*, 2014.

Chuanchuan Zhang, "Culture and the Economy: Clan, Entrepreneurship and Development of the Private Sector in China", 第五届量化历史年会论文集, 2017 年。

Cong Liu, "Political Stability and Industrial Investments in Early Twentieth-Century China", 第五届量化历史年会论文集, 2017 年。

Croce B., Sprigge S., "History as the Story of Liberty", George Allen and Unwin Ltd., 1941.

Dell M., "The Persistent Effects of Peru's Mining Mita", *Econometrica*, Vol. 78, No. 6, 2010.

Dell M., Olken B. A., "The Development Effects of the Extractive Colonial Economy: The Dutch Cultivation System in Java", *NBER Working Papers*, 2017.

Dincecco M., Prado M., "Warfare, Fiscal Capacity, and Performance", *Journal of Economic Growth*, Vol. 17, No. 3, 2012.

Djankov S., La Porta R., Lopez-de-Silanes F., Shleifer A., "Courts", *The Quarterly Journal of Economics*, Vol. 118, No. 2, 2003.

Ellison G. and E. L. Glaeser, "Geographic Concentration in U. S. Manufacturing Industries: A Dartboard Approach", *Journal of Political Economics*, Vol. 105, No. 5, 1997.

Engerman S. L., Sokoloff K. L., "Factor Endowments, Institutions, and Differential Paths of Growth Among New World Economies: A View from Economic Historians of the United States", *NBER Working Paper*, 1994.

Engerman S. L., Sokoloff K. L., "Factor Endowments, Inequality, and Paths of Development Among New World Economies", *NBER Working Paper*, 2002.

Freedman M., "Lineage Organization in Southeastern China", *Athlone Press*, 1965.

Galor O., Moav O., Vollrath D., "Inequality in Land Ownership, the Emergence of Human Capital Promoting Institutions and the Great Divergence", *The Review of Economic Studies*, Vol. 76, No. 1, 2009.

Gan Jin, "Circle of Fortune: The Long Term Impact of Western Tax Regime in China", 第五届量化历史年会论文集, 2017 年。

Greif, Avner, and Guido Tabellini, "Cultural and Institutional Bifurcation: China and Europe Compared", *The American Economic Review*, Vol. 100, No. 2, 2010.

Hao Y., Xue M. M., "Friends from Afar: The Taiping Rebellion, Cultural Proximity and Primary Schooling in the Lower Yangzi, 1850 – 1949", *Explorations in Economic History*, Vol. 63, 2017.

Henderson J. V., Storeygard A., Weil D. N., "Measuring Economic Growth from Outer Space", *American Economic Review*, Vol. 102, No. 2, 2012.

Henrich J., "Demography and Cultural Evolution: How Adaptive Cultural Processes Can Produce Maladaptive Losses—the Tasmanian Case", *American Antiquity*, Vol. 69, No. 2, 2004.

Hodler R., Raschky P. A., "Regional Favoritism", *The Quarterly Journal of Economics*, Vol. 129, No. 2, 2014.

Jaworski, T., "World War II and the Industrialization of the American South", *NBER Working Papers*, 2017.

Jedwab R., Kerby E., Moradi A., "History, Path Dependence and Development: Evidence from Colonial Railways, Settlers and Cities in Kenya", *The Economic Journal*, Vol. 127, 2017.

Jia R., Weather Shocks, "Sweet Potatoes and Peasant Revolts in Historical China", *Economic Journal*, Vol. 124, No. 575, 2014a.

Jia R., "The Legacies of Forced Freedom: China's Treaty Ports", *Review of Economics & Statistics*, Vol. 96, No. 4, 2014b.

Joseph G. Altonji, Todd E. Elder, Christopher R. Taber, "Selection on Observed and Unobserved Variables: Assessing the Effectiveness of Catholic Schools", *Journal of Political Economy*, Vol. 113,

No. 1, 2005.

Julan Du, Yousha Liang, Change Xue, "Developments as Windfall: World War I and Economic Boom in China", 第五届量化历史年会论文集, 2017 年。

Keller, W., Shiue, C. and Wang, X., "Capital Markets in China and England. In: Proceedings of the 18th and 19th Centuries: Evidence from Grain Prices", *NBER Working Paper*, 2016.

Keller M., and Shiue, H., "Market Integration and Economic Development: A Long-Run Comparison", *Review of Development Economics*, Vol. 11, 2007.

Kodde D. A., Palm F. C., "Wald Criteria for Jointly Testing Equality and Inequality Restrictions", *Econometrica*, Vol. 54, No. 5, 1986.

Kris James, Mitchener, Se Yan, "Globalization, Trade and Wages: What Does History Tell Us About China?", *International Economic Review*, Vol. 55, 2014.

Krugman P., "Increasing Returns and Economic Geography", *Journal of Political Economy*, Vol. 99, No. 3, 1991.

Kung, James Kai-sing, and Chicheng Ma, "Can Cultural Norms Reduce Conflicts? Confucianism and Peasant Rebellions in Qing China", *The Journal of Development Economics*, Vol. 111, 2014.

La Porta R., Lopez-de-Silanes F., Shleifer A., Vishny R., "Law and Finance", *Journal of Political Economy*, Vol. 106, No. 6, 1998.

La Porta R., Lopez-de-Silanes F., Shleifer A., Vishny R., "Legal Determinants of External Finance", *The Journal of Finance*, Vol. 52, No. 3, 1997.

Liu, Guanglin, *The Chinese Market Economy, 1000 - 1500*, the State University of New York Press, 2015.

Mahoney P. G., "The Common Law and Economic Growth: Hayek Might Be Right", *The Journal of Legal Studies*, Vol. 30, No. 2, 2001.

Manilius M., *Astronomus: Liber Primus*, Cambridge University Press, 1937.

Midelfart Knarvik K. H., Overman H. G., Redding S. J., et al., "The Location of European Industry", *Economic Papers*, Vol. 142, 2000.

Miguel E., Roland G., "The Long-Run Impact of Bombing Vietnam", *Journal of Development Economics*, Vol. 96, No. 1, 2006.

Mitchener K., Ma D., "Introduction to the Special Issue: A New Economic History of China", *Explorations in Economic History*, Vol. 63, 2016.

Mitchener, K. J., Yan, S. E., "Globalization, Trade, and Wages: What Does History Tell Us About China?", *International Economic Review*, Vol. 55, No. 1, 2014.

Mulligan C. B., Shleifer A., "Conscription as Regulation", *American Law and Economics Review*, Vol. 7, No. 1, 2005a.

Mulligan C. B., Shleifer A., "The Extent of the Market and the Supply of Regulation", *The Quarterly Journal of Economics*, Vol. 120, No. 4, 2005b.

Murphy K. M., Shleifer A., Vishny R. W., "Industrialization and the Big Push", *Journal of Political Economy*, Vol. 97, No. 5, 1989.

Ni Yuping, Xu Yi, Bas van Leeuwen, "Calculating China's Historical Economic Aggregate: A GDP-Centered Overview", *Social Sciences in China*, Vol. 37, No. 4, 2016.

North D. C., Thomas R. P., *The Rise of the Western World*, Cambridge, UK: Cambridge University Press, 1973.

North D. C., "Structure and Change in Economic History", New York: W. W. Norton & Company, 1981.

Nunn N., "The Importance of History for Economic Development", *Annual Review of Economics*, Vol. 1, No. 1, 2009.

Peng, Kaixiang, Chen, Zhiwu, Yuan, Weiping, Cao, Huining,

Shallow Water and Heavy Boat: *Market Mechanism in Modern Chinese rural Credit* [*In Chinese. In*: Liu, Qiugen, Ma, Debin (Eds.)], *The Evolution of Chinese Industry*, *Commerce and Finance*, *an International Symposium*, Hebei University Press, Shijiazhuang, China, 2009.

Rawski T. G., *Economic Growth in prewar China*, Berkeley: University of California Press, 1989.

Romer P. M., "Increasing Returns and Long-Run Growth", *Journal of Political Economy*, Vol. 94, No. 5, 1986.

Rosenstein-Rodan P. N., "Problems of Industrialisation of Eastern and South-Eastern Europe", *The Economic Journal*, Vol. 53, No. 210/211, 1943.

Sascha O. Becker and Ludger Woessmann, "Was Weber Wrong? A Human Capital Theory of Protestant Economic History", *The Quarterly Journal of Economics*, Vol. 124, No. 2, 2009.

Solow R. M., "Economic History and Economics", *American Economic Review*, Vol. 75, No. 2, 1985.

Sui Wai Cheung, *The Price of Rice*: *Market Integration in Eighteen-Century China*, Bellingham: Western Washington University, 2008.

Voigtländer N., Voth H. J., "Gifts of Mars: Warfare and Europe's Early Rise to Riches", *Journal of Economic Perspectives*, Vol. 27, No. 4, 2013.

Weinstein, Donald R. Davis, David E., "Bones, Bombs and Break Points: The Geography of Economic Activity", *American Economic Review*, Vol. 92, 2002.

Wu J., He S., Peng J., Li W., Zhong X., "Intercalibration of DMSP-OLS Night-Time Light Data by the Invariant Region Method", *International Journal of Remote Sensing*, Vol. 42, 2013.

Yibei Guo, "Where Is the Beef? An Investigation of American Aid and

Wartime China Is Hyperinflation", 第五届量化历史年会论文集, 2017年。

Ying Bai, James Kai-sing Kung, "Diffusing Knowledge While Spreading God's Message: Protestantism and Economic Prosperity in China, 1840 – 1920", *Journal of the European Economic Association*, Vol. 13, No. 4, 2015.

Yuchtman N., "Teaching to the Tests: An Economic Analysis of Traditional and Modern Education in Late Imperial and Republican China", *Explorations in Economic History*, Vol. 63, No. 16, 2016.

Zhang D. D., Jim C. Y., Lin C. S., e. "Climatic Change, Wars and Dynastic Cycles in China Over the Last Millennium", *Climatic Change*, Vol. 76, No. 3 – 4, 2006.

索　引

A

安徽　10,11,37,38,53,54,58,63,80,119,124,125,135－139,146,147

B

比较优势　4－6,26,39,44,49,55,91,102,139,179,180

兵器工业　22,25,73,152

C

财务状况　99,139

产出指数　113,114

产权构成　42

产权性质　42,43,97,99

产业结构　40－42,44,89,107－110,137

产业政策　4,5

产业转移　4,15,19,33

长期影响　2,6,14,27,29,30,34,141,142,148,153,154,157,158,179－181

城市化率　29,161,162,177

初始经济状况　145

祠庙　145,146,148,149

D

灯光数据　142,143,157,158

地理特征　145,146

第二次内迁　81

第一次内迁　77,81

E

恶化　6,165

F

发电量　54

非国有企业　159－161

福建　6,7,10,11,18,36,37,43,53－55,77,85,117,119,124,135,137,138,147

负债　8,100,102,103

复工　17,84－90,107

G

甘肃 10,11,22,52－55,61,63,108,117,119－122,135,138,146,147,163,166,168

工厂法 45,72,77,91,105

工业布局 20,25,36,165

工业分布 15,52,166

工业投资 4,6,31,141,142,148,150,157,177,179,180

工业遗产 15,180

工具变量 26,31,152－154,177

公营 7,97－99,120,122－124,126－129,131－139,144

公路密度 174,175

固定资产 8,100,168－170,173－176

广西 9－11,17,22,37,38,52－55,72,73,75,76,79,84,85,87,92,116－122,124,135－137,140,147

国有企业 44,48,159－161,172

H

河流密度 145,146,148,149

后方 2－4,6,8,10－12,14－16,18,21－25,32,38,45,50,52,61,63,65,74－77,81,82,85,86,88－93,99,100,102,103,106,107,109－112,115－119,121－123,125,127－129,131,132,134－138,141－145,148,152,154,157,163,165,174,175,177－180

后方工业 3,6－9,11,12,14,15,19－21,23－25,31－34,45,63,69,73,83,87,89,91,92,94,96,100,102－105,107,111,112,117,118,120,122,125,130,133,136,139,141－145,152,153,158,163,176,178,179

后方工业概况 7,8,10,15,52,93,94,97,104,105,109,118－121,123,125,127,132,135,138,139,144

后方企业 4,8,106,118

湖北 6,10,11,18,23,37,38,53－55,58,61－63,75,82,88,117－120,123,124,135,138,147,152,163,166,170

湖南 6,9－11,17,37,38,50,52－55,58,61－63,74－77,82,84－88,92,116－124,129,135－138,163,166,170

黄立人 17,19,24,25,34,57,70,72,75,82,85,90,112,113,116,152,155

J

机制分析 173,174

计量史学 27

计量方法 12,14,25,34,172

技术非效率 46,47

技术效率 15,44,46,48－50,55

江西　6,7,10,11,23,37,38,53,54,58,61-63,66,80,82,88,117,119-123,135,138,147,166

近代化　29,35,116

经费补贴　68

经济不均衡　12,24

经济事业　61,62

经济部统计处　7,8,10,52,92,93,97,99,100,102,104,119,121,123,135,138,144

经济增长　4-6,12,14,25-27,29,30,33,141,142,150,161,171,172,174,176,178,179

经济政策　5,19,20,32,150

就业规模　110

K

开工年份　104,105,144

抗日战争　2,4,6,7,9,10,14,17,19,22,24,31,32,34,41,44,45,55,58,63,70,72,81,88,96,106,109,110,115,125,141,143-145,147,148,151,152,154-157,161-163,173,175,178,180

空间基尼系数　15,127-129,133

Kurgman 专业化指数　15

L

李紫翔　10,21,91,103,104,106-109,144,152

历史文化　145,146,148,151,153,158-162,173,175

烈女　145,146,148,149

林继庸　16-19,63,68,71,83,84,152

刘大钧　20,37,38,42,43,109,151

流动比率　102,103

路径依赖　15,34,141,162,163,172-174,177,178

M

贸易便利程度　145,146

民营工业　21,69,81,107,179

N

内迁　2,3,5-7,10,12,15-19,32-34,52,57,63-65,67-74,77-79,81-91,107,115,141,145,152-156,164,167,178,180

内迁路线　72,73

内迁政策　19,57,68

内生性　6,34,151

P

配置效率　55

平行趋势　155,157

Q

迁入人口　162

迁移地点　65

迁移放款　69

迁移委员会　17,64,72,78,79

R

人均工资 160,161
人口密度 145-148,150,151,154-157

S

三线建设 164,165,167,168,172,180
陕西 6,9-11,18,37,38,52,53,58,62,72,75-77,84-87,117-125,135,137,138,146,147,163,166,168,178
熵指数 134,137
上海工厂 63,64,68,72,78
史料 7,9,12-14,16-18,21,22,31,33,55,71,74,84,146,156,172,175,179
史无定法 11
书院 145,146,148,149
双重差分 154-156,177
四联总处 22,23
随机前沿方法 15
孙果达 17-19,64,67,68,71,78,81,152,164
损失 18,31,54,57,79,80,82-84,97,166,171
所有权 27,97,122,127

T

统计数据 8,9,11,14,15,22,29,31,68,84,92,97,126,147
统制经济 20,23,25,32,112
土壤适种指数 145,146,148
TFP 159,160

W

微观数据 25,27,86,130
翁文灏 19,20,40,41,61,72,84
五年计划 58,61,165,166

X

西部地区 2,4,6,11,15,18,30,32,37,38,50-56,82,87,102,115,139,143,145,163,166,167,171,176,178-180
现代化 6,24,29,43,180
选择性偏差 150,151

Y

移厂地带 65-67
因果效应 16,27
袁梅因 10,92,118
云南 7,10,11,21,22,52-55,62,74-77,108,116-122,124,129,135,137,146,147,163,166,168,171

Z

战前经济条件 148,151,158-162,173,175
政府经营 43,44,48,139

中国工业调查报告 7,15,37,38,43,
　45,55,108,109,151
专业化指数 134－139
资本分组 94,95,97,120－123
资本规模 6,8,50,52－54,94－100,
　105,110,115,117,118,120,122,
　124,125,139,144,152
资产回报率 101,102

资本额 7,8,41,45,46,51－53,93－
　97,99,106,107,110,111,118,120,
　123－126,144,178
资源委员会 8,17,18,22,23,58,61－
　64,66－70,82,91
自给率 39,40,49,50
自然实验 6,180